中国名镇志文化工程
Culture Project of Local Records of China's Famous Towns
中 国 名 镇 志 丛 书

柘皋镇志

LOCAL RECORDS OF ZHEGAO

安徽省巢湖市柘皋镇志编纂委员会 编

方志出版社
Publishing House of Local Records

图书在版编目（CIP）数据

柘皋镇志 / 安徽省巢湖市柘皋镇志编纂委员会编 . — 北京：方志出版社，2023.8
（中国名镇志丛书）
ISBN 978-7-5144-5031-6

Ⅰ . ①柘… Ⅱ . ①安… Ⅲ . ①乡镇—地方志—巢湖 Ⅳ . ① K295.45

中国版本图书馆 CIP 数据核字（2022）第 058706 号

责任编辑：王海荣
责任校对：刘玉霞
责任印制：赵楚
出 版 者：方志出版社
地　　址：北京市朝阳区潘家园东里 9 号（国家方志馆 4 层）
邮　　编：100021
网　　址：http://www.zgfzcb.cn
发　　行：方志出版社图书营销中心（010-67110500）
印　　刷：北京中科印刷有限公司
开　　本：787 毫米 ×1092 毫米　1/16
印　　张：17.75
字　　数：360 千字
版　　次：2023 年 8 月第 1 版
印　　次：2023 年 8 月第 1 次印刷
定　　价：158.00 元

序一

习近平总书记指出："不忘历史才能开辟未来，善于继承才能善于创新……只有坚持从历史走向未来，从延续民族文化血脉中开拓前进，我们才能做好今天的事业。"中国优秀传统文化是在漫长的历史长河中历经无数次涤荡和沉淀而形成的思想精髓，蕴藏着无穷的宝藏和无尽的力量。发掘和继承优秀传统文化，是延续中华文明"根"与"魂"的必由之路。与时俱进，推动传统文化不断开拓创新，是中华文明常葆勃勃生机的重要保证。

"国有史，邑有志。"编修地方志是中国特有的文化现象，是中华民族的优秀文化传统。数千年来，连绵不断的志书编修为保护中华民族根脉，传承中华文明发挥了不可替代的作用。中国现存古志有8000余种，占现存古籍的十分之一。中华人民共和国成立以来，编修完成数万种省、市、县三级综合性行政区域志、部门志、行业志、专志等，编纂数万种地方综合年鉴、行业年鉴和专门年鉴等，整理出版数千种历代方志及相关研究成果，发表相当数量的方志理论与年鉴理论研究成果。这既是对我国国情、地情持续开展的大规模普遍调查，也是对各地自然与社会发展状况进行的综合研究，其成果构成了一座丰富的文化资源宝藏，为各级领导科学决策提供了重要参考，为推动经济社会发展和文化建设发挥了重要作用。

当前，中国特色社会主义进入新时代，全国地方志事业也进入新时代。如今的地方志事业围绕党和国家利益、经济社会发展，以人民为中心开拓创新，志、鉴、馆、史"四驾马车"并驾齐驱，志、鉴、馆、网、库、用、会、刊、研、史"十业并举"，加快实现在全国范围内全面推进地方志从一项工作向一项事业转型升级。在党中央、国务院的亲切关怀和各级地方志工作者的共同努力下，一批紧密结合社会发展需求、具有独特创造性的工作逐步开展，涵盖中国名镇志、中国名村志、中国名山志、中国名水志、中国名街志等"名志"系列文化工程是其中代表。作为首个"名志"系列文化工程的中国名镇志文化工程，启动于2015年，至今已是第三个年头。中国名镇志丛书在记述主体上，选择中国历史文化名镇、经济强镇、特色镇等在全国具有影响力和代表性的乡镇，旨在全面展示中国名镇的文化精髓；在内容题材选择上，重在突出不同名镇的“名”和“特”，力求集中体现不同名镇最精彩的部分，增强可读性；在志书编纂程序设置方面，志书申报、篇目设计、专家审读、专家组验收等流程环环相扣，紧密结合，力争把每一部志书都打造成精品佳志。

习近平总书记指出：“历史和现实都表明，一个抛弃了或者背叛了自己历史文化的民族，不仅不可能发展起来，而且很可能上演一场历史悲剧。”2018年是改革开放40周年，40年来中华大地发生了翻天覆地的变化，乡镇发生了极为深刻的改变，从粗茶淡饭到有机食品，从粗布衣裙到精美时装，从土屋平房到高楼大厦，人民生活水平大大提高，城乡差距不断缩小。然而，在感受辉煌成就的同时，我们也应该看到，许多精巧的古建、精湛的工艺、亲切的乡音、独特的乡俗也在快节奏的发展中与我们渐行渐远，曾经的家乡正逐渐变为记忆中的故园。

党的十九大报告提出乡村振兴战略，此后党中央、国务院又推出一系列重大举措。实施乡村振兴战略，必须全面加强乡村文化建设，培养乡村文化自信，培植文化之“根”，铸牢文化之“魂”。没有乡村文化的高度自信，没有乡村文化的繁荣发展，就难以实现乡村振兴的伟大使命。振兴乡村文化，既要塑形，更要铸魂，必须遵循乡村发展的客观规律，在发展中把文化的精髓保留下来，把乡土味道、乡村风貌的“魂”传承下去。在保留优秀乡村文化内核的基础上，用现代表现方式，把反映时代精神、先进理念的内容通过群众喜闻乐见的文化产品表达出来，才能够让乡土文化具有更强大的生命力。用创新性的模式书写乡镇志，传承和抢救乡土历史文化，激发爱国爱乡情怀，为探索中国特色新型城镇化发展经验、发展模式、发展道路提供历史智慧和现实借鉴，正是实施中国名镇志文化工程的目的和意义所在。

“月是故乡明”。中国人素有“家国情怀”，家乡的山水是最为美丽的，家乡的风俗是充满温暖的，一声亲切的乡音，一口熟悉的家乡菜，都能拨动游子的心弦，让其魂牵梦萦。中国名镇志丛书是一套全面梳理中国名镇历史人文，挖掘文化特色，突出“名”和“特”的镇志。它能让人民群众深刻感受到本土本乡自然的优美、历史的醇厚、人物的杰出、艺文的风雅等，有助于培养人民群众对家乡文化的自信，激发起人民群众浓烈的爱乡爱国情怀，助力国家新型城镇化建设和乡村振兴战略的实施。

是为序。

中国社会科学院原院长
中国地方志指导小组原组长　　谢伏瞻

序二

连绵不断地编修地方志是我国特有的文化传统，为传承中华文明作出了巨大的贡献。在党中央、国务院的高度重视和支持下，这一古老的文化传统焕发勃勃生机，展现新的活力，成为保存、继承、发扬光大中华优秀传统文化的重要依托，培育和践行社会主义核心价值观的重要媒介，社会主义先进文化建设的重要组成部分，发展中国特色社会主义，增强道路自信、制度自信、理论自信的重要载体，在实现“两个一百年”奋斗目标和中华民族伟大复兴中国梦进程中具有不可替代的地位和作用。

事物总是在不断发展中前进。经过改革开放以来30余年的发展，中国特色地方志事业与传统的编修地方志已不可同日而语，形成了志（志书）、鉴（年鉴）、库（地情数据库）、馆（方志馆）、网（地情网站）、刊（期刊）、会（学会）、研（理论研究）、用（开发利用）等多业并举的新格局。截至2015年10月底，全国编纂完成首轮、二轮省、市、县志书8000多种，编修部门志、行业志、专业志、乡镇村志27000多种，编纂地方综合年鉴2300多种，累计整理旧志2500多种，还编纂出版了大量的地情书，字数以百亿计，形成以反映国情、地情为主要内容，全面系统、持续不断、卷帙浩繁的社会科学成果群。另外，还开通了27个省级网站、230个市级网站、816个县级网站；建成国家方志馆1个、省级方志馆16个、市级方志馆86个、县级方志馆近300个。这些成果，成为国家极为重要的文化资源，是国家文化软实力和公共文化服务体系的重要组成部分。

最近几年，地方志工作的触角在不断延伸，部门志、行业志、专业志、特色志、乡镇村志编纂方兴未艾，成为当前地方志事业发展新的增长点和亮点。特别是乡镇志，兴起了编纂热潮，从自发的民间行为逐渐过渡为政府组织的文化行为，有的省份以政府令形式将其纳入地方志编修范畴，像河南省还以省政府办公厅名义要求全省普修乡镇志。乡镇志并不是一个新生事物，据现有资料可考，宋代常棠所撰《澉水志》是现存最早的一部乡镇志。与省、市、县三级志书相比，乡镇志虽属小志，但意义却不小，特别是在当前国家全力推进新型城镇化建设的背景下，乡镇志的作用更显重要。

启动中国名镇志文化工程，是适应当前新型城镇化建设形势发展需要、地方志事业发展形势需要的重要举措，也是充分发挥地方志存史、资政、育人功能的重要手段。作为最基层行政组织的志书，镇志是最接近中国社会发展变迁的国情、地情记录文本，具有重要的历史文献价值。而作为充分反映本区域自然、政治、经济、文化和社会的历史与现状的资料性文献，镇志又能全面展示发展脉络，摸索发展经验，为探索中国乡镇未来发展方向提供借鉴和参考。当然，对于祖祖辈辈生于斯长于斯的中国人来说，故乡就是一个魂牵梦萦的地方，故乡的情怀终生难忘。留得住乡愁，记得住乡思，充分展示名镇文化魅力，激发爱乡、爱国情怀，正是中国名镇志文化工程题中应有之义。

是为序。

中国社会科学院原院长
中国地方志指导小组原组长　王伟光

序三

“国有史，邑有志”，中国自古就有注重编史修志的传统。按照我国目前地方志行政法规，国家各级地方志机构的法定职责是编纂省、市、县三级志书，并不包括县以下的乡镇志和村志。这种规定，一方面可能因为全国有数百万自然村落和数万乡镇，全部实行官修很难实现；另一方面可能因为我国历史上就有“皇权止于县”的说法，县以下的民间社会历来是一个以自治为主的领域。然而，改革开放几十年来，我国社会正在发生巨变，这种巨变在基层社会的乡镇、村落、家庭领域更为深刻。作为“乡之首，城之尾”的镇，逐渐被日益崛起的大都市淹没了光彩，村落在快速的城镇化过程中每天都在大量消失，农村家庭的小型化、空巢化趋势非常突出。在这种情况下，我一直在思考，如何留得住历史文化记忆和乡愁，如何把修志的工作向基层社会延伸？

中国人的“家国情怀”，是从“诚意、正心、修身”开始，到实现“齐家、治国、平天下”。所以从国家一统志，省、市、县三级志，到乡镇志、村志、家谱，也是一个完整的系统。

正是在这种背景下，我们决定启动中国名镇志文化工程。乡镇是无数中国人生命的底色和成长的摇篮。如何在城镇化进程中，留得住乡愁，记得住乡音，忘不了乡思，事关城镇化进程的人文关怀和文化保护，事关文化血脉的传承。同时，科学记录城镇化进程，反映城镇化成就，也为今后探索城镇化发展规律、积累经验提供了基本素材。作为全面系统记述一定行政区域的自然、政治、经济、文化和社会的资料性文献，志书是以上功能最好的载体。

我国目前有 4 万多个乡镇，全部修乡镇志还不具备条件。中国名镇志丛书选择的是传统文化名镇、历史军事重镇、革命历史名镇、民族特色名镇、特色经济名镇、旅游景观名镇等类型的乡镇，应该是最具代表性的，在中国乡镇文化传承和社会发展中具有标杆意义。

编纂中国名镇志丛书是对乡土历史文化的保护。随着城镇化进程加快，有不少乡镇被撤并，有些还是在历史上有重要意义的历史文化名镇、特色镇等。如不及时对其历史进行整理、记录，这些重要的历史资料将散佚殆尽。因此，中国名镇志丛书的编纂是对宝贵历史资料的抢救。

编纂中国名镇志丛书是对乡土意识的传承。什么东西有魅力？故乡的山水，乡音乡情的记忆，乡土的气息和家乡菜的味道，不管走到哪里，总是触动心弦。中国名镇志丛书记录的是家乡的山山水水，家乡的历史文化，家乡的风土人情，留住的是乡愁。这些最能激发远方游子和本地民众的爱乡情怀、爱国情怀。

编纂中国名镇志丛书是一种学术探索。镇志的编纂，实质也是一次深入的社会调查研究。“麻雀虽小五脏俱全”，相比省、市、县，乡镇第一手资料的获得需要付出更大的努力。我们也希望在志书编纂上有所创新，使中国名镇志丛书成为一套图文并茂、雅俗共赏的新型志书。

中国社会科学院原副院长
中国地方志指导小组原常务副组长

安徽省巢湖市柘皋镇志编纂委员会

总顾问 苏士珩

主　任 吴明哲　谢忠月

副主任 刘　磊　杨午松　朱四红　张文霞　徐先银　郭丰斌

编　委 孙其国　吴德涛　王友进　赵承友　范　尧　魏春保　李亚楠　唐青松　杨　龙　项科平　周　军　张树维　温祖锐　肖寒鸿　杨　帅　王　斌　吴祖忠　彭云龙　高金华　魏守稳　陈存云

顾　问 宁业高　储茂仁　秦亚父　许才辉　张邦锁　昂朝桂

安徽省巢湖市柘皋镇志编辑人员

主　编 钱凤超（2019年前）　杨临生（2020年后）

副主编 朱鹤年（2019年前）　柳迎春（2020年后）

编　委 刘三海　陆新生　金远胜　高金华

摄　影 陆新生　李远波　徐振华　赵　忠　王德培　柳迎春　盛利者　蒋　涛　黄晓峰

中国名镇志丛书凡例

一、以马克思列宁主义、毛泽东思想、邓小平理论、“三个代表”重要思想、科学发展观、习近平新时代中国特色社会主义思想为指导，坚持辩证唯物主义和历史唯物主义的立场、观点和方法，存真求实，全面、客观、系统记述中国名镇城镇化进程和改革开放成果，反映小康社会建设过程，传承和抢救乡土历史文化，激发爱国爱乡情怀，留住乡愁，为探索中国特色新型城镇化建设、服务乡村振兴战略提供历史智慧和现实借鉴。

二、为全面反映入志事物发展脉络，各志上限尽量追溯至事物发端，下限一般断至各志启动编修年份，个别重大事项可延至搁笔。详今明古，着重反映时代特色和地方特点，重点体现各镇的“名”与“特”。

三、记述地域范围以下限年份的行政辖区为主。为体现名镇在更大区域内的意义，可以从更开阔的区域视野记述与该镇相关的内容。

四、统一采用纲目体，设类目、分目、条目三个层次。横排门类，纵述史实，述而不论。

五、综合运用述、记、志、传、图、表、录等体裁，以志体为主。体裁运用适当创新，篇目设置不求面面俱到。

六、除引用文字和附录文献资料外，统一使用规范的现代语体文记述，行文力求朴实、严谨、简洁、流畅、优美，可读性强。

七、人物部类遵循“生不立传”原则，人物传主按生年排序，只选录对本镇发展有重大影响的人物，不面面俱到。

八、各项数据一般采用国家统计部门数据。数据缺乏的，采用主管部门或主办单位正式提供的数据。

九、数字用法、标点符号用法分别采用国家标准《出版物上数字用法》（GB/T 15835—2011）、《标点符号用法》（GB/T 15834—2011），计量单位采用国家技术监督局 1993 年 12 月发布的《量和单位》系列国家标准。历史上使用的计量单位，如斗、石、里、尺、磅、华氏度等，在引文时可照录。考虑到社会使用习惯，全书中亩不统一换算。

十、中华民国成立前的纪年，使用朝代年号纪年，括注公元年份；中华民国成立后的纪年，均使用公元纪年。志中所称“解放前（后）”，以该镇解放日为界；“新中国成立前（后）”，以中华人民共和国成立日 1949 年 10 月 1 日为界；“改革开放前（后）”，以 1978 年 12 月中共十一届三中全会召开为界。本志“××年代”，凡未加世纪者，均指 20 世纪。

十一、为节省篇幅，避免重复，本志采用条目互见法。参见条目的表示形式为：参见本志“××类目·××分目·××条目”。

十二、对旧志、古籍中的繁体字、冷僻字一般用简化字或通用字替换，易引起误解的则保留。

十三、记述各个历史时期的党派、机构、职务、地名等，均以当时的名称为准。对频繁使用的名称，首次用全称并括注简称，其后用简称。

十四、各镇志需要单独说明的事项，均在各自编后记中记述。

柘皋镇在中国的位置

1∶32 000 000

审图号：GS（2021）8722 号

柘皋镇在安徽省的位置

1 : 3 060 000

审图号：GS（2021）8722 号

柘皋镇地图

审图号：GS（2021）8722号

枕水人家——柘皋（2019年9月8日）

鸟瞰柘皋（2016年4月18日）

春播（2018年5月19日）

柘皋镇境内的光伏发电基地（2016年5月17日）

柘皋夏至民俗文化节期间的龙舟表演（2016年6月21日）

柘皋早茶美食一条街（2019年6月15日）

古民居一角（2017年8月22日）

李氏当铺的门罩及石雕（2017年6月5日）

柘皋镇北门（2018年4月18日）

美丽乡村汪桥集（2017年9月21日）

鸟瞰柘皋高铁站（2020年6月9日）

目录

会吴古城话柘皋

柘皋，古称橐皋。周敬王三十七年（前483），吴王夫差召集鲁哀公、卫出公在橐皋会盟，故称“会吴城”。

柘皋位于巢湖市西北部、石梁河（柘皋河）畔，全镇总面积148平方千米，人口8.4万人。距巢湖市区24千米、合肥市区48千米。柘皋镇区位优越，交通便捷，省道208及331公路、合芜高速公路和商合杭高铁穿境而过。柘皋镇历史悠久，文化底蕴厚重，商贸发达，自古以来就是江淮地区战略要地。

柘皋是有着两千多年历史的江淮名邑，以“橐皋”之名载入《春秋》《左传》《史记》，以“弥旮”之名刻记于楚简。汉代，这里为橐皋县治所。千百年来，柘皋一直以得天独厚的地理位置，成为皖中财物聚散的市埠、南北交通商旅的枢纽和江淮战略的要地。它既是古代吴楚文化与中原文化分野的一尊界碑，又是长江文化和淮河文化交流、融汇的一座通埠。

千年古镇　柘皋，古称橐皋，始见于《春秋》。《春秋·哀公十二年》载：“公会吴于橐皋，吴子使太宰嚭请寻盟。”《史记·吴太伯世家》载：“十三年，吴王召鲁卫之君会于橐皋。”《汉书·地理志》记：“九江郡，县十五：寿春邑……橐皋、阴陵……”《汉书新注·古今地名对照表》记：“橐皋，安徽巢县西北柘皋镇。”《中国古今地名大辞典》记：“橐皋县，春秋吴邑。……故城在安徽巢县西北，今为柘皋镇。”

柘皋地处吴头楚尾，时而属楚，时而属吴。西周初期，群舒一支在柘皋建立宗国，春秋前期隶属于楚国。吴王僚八年（前519），因边界纠纷，吴使公子光伐楚，隶属于楚的方国钟离（凤阳县）、巢国（巢湖市）先后被灭。处于钟离、巢国之间的柘皋也随之归附于吴国。周元王三年（前473），越灭吴，柘皋归楚。

北闸老街（2018年5月）

秦始皇统一天下后，分全国为 36 郡，橐皋为九江郡的城邑。西汉时期，设橐皋县，隶属于庐江郡。东汉废橐皋县，橐皋作为镇邑并入浚遒县（肥东县境内）。魏晋时期，浚遒县改为慎县，橐皋作为镇邑，属于慎县。唐代，经历了“立巢州”“废巢州”“立巢县”“归庐州”“并慎县”一系列行政改制。自唐代，经五代，历宋、金、元、明至清朝，柘皋一直作为巢县的镇邑而随之归属。

1938 年 4 月，日军占领巢县城。1938 年 7 月，巢县抗日民主政府在柘皋镇汪桥集成立。1938 年年底，中共皖江工委迁驻柘皋镇。1940 年，巢县政府从汪桥集迁到柘皋镇。1949 年 1 月 22 日，柘皋解放，巢县人民政府在柘皋镇成立。

从春秋时期的会吴城、西汉时期的橐皋县，到巢县人民政府在柘皋镇成立，柘皋作为古城、县治所、镇邑，留存在历史长河中。

文化厚重　明代史地学家曹学佺在《舆地名胜志》中记：“孔子南游至橐皋，与弟子憩台而返。”清代史学家钱泳到巢县时，曾特意做过考证：“孔子台在巢县西北五十里，土名柘皋。”清康熙《巢县志》也有孔子到柘皋讲学的记载。孔子到柘皋开坛讲学，传授儒家文化，在柘皋留下了“孔难桥”“晒书墩”“孔子台”“听书港”“洗砚池”等诸多历史遗址、遗迹。

柘皋人传承孔子思想，崇文兴教，风气弥笃。宋、明以后，柘皋乡村私塾星罗棋布。清光绪三十二年（1906），柘皋镇兴办两所公立小学。1914 年，柘皋镇设立巢县第二高等小学。抗日战争时期，柘皋成为巢县抗日民主政府所在地，教学机构也随之迁移。1939 年，巢县中学迁到柘皋北的黄山圆通庵。1940 年，安徽省立第五区七县联立中学在柘皋北的油坊集创办。新中国成立后，柘皋镇的教育事业得到快速发展，柘皋镇从义务教育、高中教育到职业教育，形成一套完整的教育体系。

红色记忆　柘皋有着光荣的革命传统。1919 年 12 月，柘皋青年李慰农、杨士彬与蔡和森等 50 余人赴法国勤工俭学。1922 年 6 月，李慰农和赵世炎、周恩来等在巴黎成立“旅欧中国少年共产党”（后为中国共产主义青年团旅欧支部），同年加入中国共产党。1923 年 11 月，李慰农赴莫斯科东方大学学习。1925 年 1 月，李慰农回国后任中央特派员赴山东工作，兼任青岛市委书记。在青岛期间，他组织工人开展反帝爱国运动，后牺牲于青岛。

抗日战争时期，柘皋是巢北抗日根据地。1938 年 6 月，共产党员冯文华领导的巢县黄山抗日游击队在柘皋镇汪桥集整编，队伍逐渐发展壮大。1939 年 2 月，日军步兵、骑兵、炮兵700多人包围了新四军八团驻地方老人洼村，新四军八团与巢县黄山抗日游击队相互配合，击毙日军150多人，取得了方老人洼战斗的胜利。1942年，中共巢二区委成立，开辟了浮槎山革命根据地，建立巢二区游击队，开展对日游击战争，陈俊、吴屏周、周衣冰等热血青年战斗在巢北地区。在中国共产党的领导下，巢二区游击队成为巢北地区抗日武装的中坚力量，有力地打击了侵华日军的嚣张气焰。

解放战争时期，柘皋是打击国民党势力的重要战场。1946年5月，中共华中四地委决定，派李刚组建皖江联络队返回巢北开辟游击战场。皖江联络队返回巢北后，迅速恢复党的组织和地下交通线，重建浮槎山革命根据地，开辟巢北游击战场。他们端掉烔炀警察所，生擒叛徒吴谷山，激战茅公山，粉碎国民党军“围剿”，给国民党政权以沉重打击，取得了一个又一个胜利。1949年1月22日，李刚率巢县游击总队解放柘皋，历尽磨难的古镇柘皋，回到了人民的怀抱。

商贸重镇　柘皋，自古以来交通便利、商贸繁荣，是巢县商贸重镇，清末为安徽省三大商贸重镇之一。柘皋地处江淮之间，通湖达江，古驿道横贯东西，水陆交通便捷。早在唐大和三年（829），新任尚书主客郎中陈鸿巡访时曾记载：“乃于湖东北岸橐皋里作仓廪三十九间。州东二邑人米输于此，由申港出新妇江至白沙。人不劳。水无害。”清咸丰年间（1851—1861），柘皋镇亦为储粮基地。《中国古今地名大辞典》载：“柘皋，清时，于此置巡司，自巢县到合肥，必经之地，商业颇为发达。”柘皋成为古代米粮屯集库和转运站。

抗日战争时期，柘皋镇拥有商铺326家，粮棉商行遍布，集镇人口达万人以上。新中国成立前，独特的位置、丰富的资源、便捷的交通造就了柘皋商贾云集、商贸繁荣的繁华景象。外地的商贾云集于此，镇上设有广东会馆、福建会馆、江西会馆、徽州会馆等。

新中国成立后，柘皋经济得到恢复和发展。1956年，经过“一化三改造”，国营经济、供销社、合作商店成为柘皋商贸主阵地。改革开放后，柘皋商贸以国有经济为主，民营经济、个体经济迅速发展，日趋繁荣昌盛。截至2019年年底，全镇有工业企业47家（其中规上企业14家），集体经济组织4个，个体工商户3000多户，农民专业合作经济组织63个。规上工业总产值完成8.6亿元，招商引资完成8.013亿元，全年税收为6312万元，全社会固定资产投资总额为14.89亿元。城镇常住居民人均可支配收入为28702元，农村常住居民人均可支配收入为15478元。

枕水新镇 新中国成立后，柘皋人民励精图治，为社会主义建设努力工作。改革开放后，柘皋人抓住机遇，以经济建设为中心，社会事业全面发展。今天的柘皋，以“青山绿水、镇村美丽、民生殷实、乡风文明”为目标，打造“千年古镇、产业新城”。这里是延续两千多年的古镇，石梁河、会吴城、晒书墩和北闸老街是人们穿越时空、追寻人文历史的胜迹，“夏至民俗文化节”和“柘皋早茶一条街”，是柘皋镇亮丽的旅游文化名片。集镇建设日新月异，正在崛起的产业新城生机勃勃。历史悠久的柘皋商业，培养了柘皋人开放的市场意识和服务意识。柘皋人不仅以历史悠久、文化厚重为荣，他们更是用辛勤的汗水和吃苦耐劳的精神，把柘皋建设成为江淮大地上一座现代特色的农业强镇、秀美如画的枕水新镇、宜居宜业的工商旅重镇。

柘皋镇先后入选安徽省第二批千年古镇（2016 年）、安徽省第四届文明村镇（2017 年）、安徽省第二批优秀旅游乡镇（2017 年）、安徽省第四批特色景观旅游名镇（2017 年）、安徽省第十一批生态乡镇（2017 年）、安徽省第五届文明村镇（2020 年）。柘皋北闸老街入选安徽省第二批传统村落（2016 年）和第五批中国传统村落名录（2019 年）。李氏当铺被列为安徽省第八批文物保护单位（2019 年）。柘皋镇东街社区、汪桥集、五爪岗入选安徽省乡村旅游示范村（2017 年）。汪桥村入选第二届中国美丽乡村百佳范例（2019 年）。

基本镇情

柘皋镇历史悠久，自然条件优越，物产丰富，清末曾为安徽省三大古镇之一。

1930 年，巢县在柘皋镇设立区公所，推行政令。1938 年 7 月，巢县抗日民主政府在柘皋镇汪桥集成立，同年 12 月，巢二区（柘皋）抗日民主政权成立。抗日战争时期，巢县抗日民主政府及军事、党团机关均设在柘皋镇。

1949 年 1 月，巢县人民政府在柘皋镇成立，同年 2 月，柘黄区和柘皋镇人民政府成立，柘皋镇成为全县政治、经济、文化中心。新中国成立后，柘皋镇经济、社会各项事业都取得了长足发展。近年来，柘皋镇经济社会蓬勃发展，产业新城初展英姿，城乡面貌全面提升，“三农”工作稳步推进，成为皖中地区的枕水新镇。

柘皋河（2017年）

建置区划

地名由来 柘皋是有着两千多年历史的江淮名邑，历史上曾以“橐皋”“弥台”“会吴城”“拓皋”载入史册，南宋初年正式以“柘皋”记入史书。

柘皋曾以“橐皋”之名载入《春秋》《左传》《史记》，以“弥台”之名刻记于楚简。台湾的中国文化大学史学教授刘信芳等提出研究结论：“‘弥台’及橐皋，今安徽巢湖西北之柘皋。”南京师范大学教授施谢捷赞同此说：“将‘弥台’读为‘橐皋’极是。”宋朝诗人王之道在北宋宣和年间（1119—1125）和南宋绍兴年间（1131—1162），曾多次到柘皋作诗，称柘皋为“橐皋”，这是历史文献中最晚使用“橐皋”地名的记载。

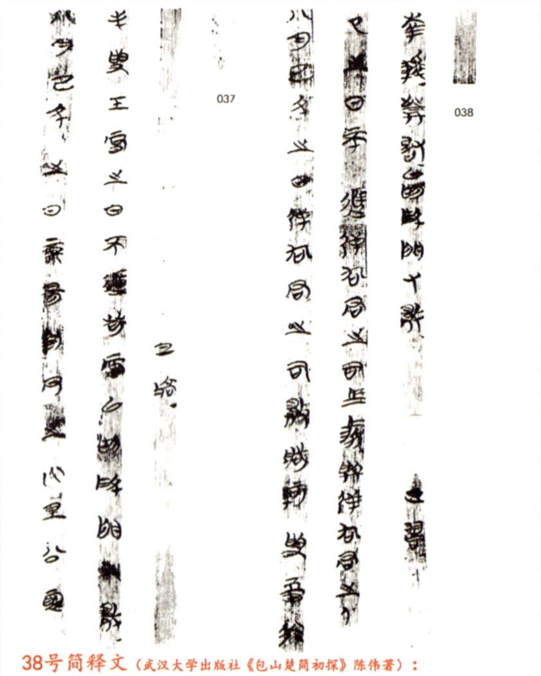

38号简释文（武汉大学出版社《包山楚简初探》陈伟著）：

八月己丑之日，张（射28、52）郘君之司败臧（臧）知（52）受期，癸巳之日不迡张（射）郘君之司馬駕與张（射）郘君之人南轻、登敢以廷，阩門又（有）敗。　疋詈41 38

《包山楚简初探》中有关“张郘”的记载

柘皋雅称“会吴城”，周敬王三十七年（前483），鲁哀公与吴王夫差在槖皋会盟。《读史方舆纪要》载：“槖皋城，县西北六十里，一名‘会吴城’。”《江南通志》载：“槖皋城在庐州府巢县北六十里，亦名‘会吴城’。”《春秋·哀十二年》载：“公会吴于槖皋。”故又名“会吴城”。

柘皋曾以“拓皋”记入史书。《宋史》载：“宋绍兴十一年，兀术再举，取寿春，入庐州，诸将邵隆、王德、关师古等连战皆捷，杨沂中战拓皋，又破之。”《金史》载，金天会八年（1130）四月，“阿鲁补战于拓皋”。“再攻庐州，与迪古不败敌万众于拓皋，至庐州……”南宋绍兴十一年（1141）三月，南宋抗金部队在柘皋大败金兵的喜讯传开后，宋臣庞恭孙当即作诗10首，题为《闻虏人败于柘皋作口号十首》，这是历史文献中最早使用“柘皋”的记载。从北宋宣和年间到南宋绍兴十一年，20多年中，从“槖皋”“拓皋”，演变为“柘皋”。清代史学家钱泳到柘皋考察古迹孔子台而作考证：“孔子台在巢县西北五十里，土名柘皋。”“……其云，‘槖皋’者……想‘槖’‘拓’音相近，后人又因‘拓’字类‘柘’而再讹也。”以后各种史书均持此说。《史记·索隐》注音为“拓姑”，后为“拓皋”，再成“柘皋”。

综上所述，柘皋以“槖皋”之名载入《春秋》《左传》《史记》，以“张郘”之名起于战国，作为“槖皋”镇邑复用于东汉、魏晋，一直使用到唐代。南宋初年正式以“柘皋”记入史书，“柘皋”地名沿用至今。

建置沿革　柘皋历史悠久，西周初期，是群舒驻地。群舒是东夷后裔，偃姓。槖皋为宗国，居巢为巢国。因舒人是皋陶之后，居此而名槖皋。春秋时期，群舒先后为楚国所灭。周敬王十四年（前506），隶于吴国。周敬王三十七年（前483），鲁哀公与吴王夫差在橐皋会盟。

周元王三年（前473），越灭吴，橐皋还楚国。

秦统一后，设居巢县，属九江郡，橐皋属居巢县。

汉高祖四年（前203），设橐皋县，属淮南国。东汉建武六年（30），设居巢侯国，橐皋入浚遒县（今肥东县梁园镇境内）。汉末，袁术占据淮南，重设居巢县，橐皋回属居巢县。东汉建安二十二年（217），曹操占领居巢县，废居巢县并入合肥县，属曹魏所辖。三国时期，橐皋一直隶属合肥县管辖。

隋朝，橐皋入襄安县。唐武德三年（620），襄安县升为巢州府，将襄安县分为开城、扶阳两县，橐皋隶属巢州府。武德七年（624），废巢州，合并开城、扶阳两县，称巢县（巢县一名始于此），橐皋归属巢县。

北宋熙宁三年（1070），将巢县南部、庐江东部划给无为县。至此，巢县（今巢湖市）四至界限基本确定。南宋景定三年（1262），升巢县为镇巢军，属沿江制置使司。柘皋隶属镇巢军管辖。

元朝地方实行行省制度。元至元二十八年（1291）重设巢县，属河南江北行省，柘皋属巢县。

明朝废行省设三司，其中布政司掌管民政，县以下为里甲制。明洪武年间（1368—1398），巢县属直隶中书省庐州府无为州。明永乐十八年（1420），南京改称南直隶，无为州、巢县直属南直隶，柘皋属巢县。

清顺治二年（1645），南直隶改为江南省，巢县属江南省庐州府。清康熙六年（1667），江南省分为安徽、江苏两省。巢县属安徽省庐凤道庐州府，柘皋属巢县。

清康熙年间（1662—1722），县以下为乡、保、村，在巢县北设柘皋乡。1930年，巢县在柘皋镇设立区公所，委派区长，推行政令。

抗日战争初期，设巢二区（柘皋区）。1938年7月，巢县抗日民主政府在柘皋镇汪桥集成立。1938年12月，巢二区（柘皋）抗日民主政府成立。抗日战争期间，柘皋镇是巢县抗日民主政府及军事、党团机关所在地。

1949年1月22日，柘皋解放，巢县人民政府在柘皋镇成立。1949年2月，柘黄区人民政府成立，区政府设在柘皋镇。

1952年2月，柘黄区撤销，设柘皋区、清涧区。

1956年1月，清涧区撤销，所辖范围并入柘皋区，区政府改为区公所。

1959年7月，柘皋区撤销，成立柘皋、庙岗人民公社。1961年6月，撤销柘皋、庙岗人民公社，恢复柘皋区。

1968年8月，柘皋区革命委员会成立。

1981年12月，柘皋区革命委员会撤销，恢复柘皋区公所，辖区内人民公社革命委员会改为管理委员会。

1984年1月，恢复乡镇建制，各人民公社管理委员会改为乡（镇）人民政府。

1986年，柘皋镇人民政府撤销，设柘皋街道办事处（乡级）。

1992年2月，撤区并乡，成立柘皋镇。柘皋乡、峏山乡、分路乡、柘皋街道并入柘皋镇。

2000年，巢湖地区撤销，成立地级巢湖市，原县级巢湖市撤销，成立巢湖市居巢区，柘皋镇属巢湖市居巢区。

2011年，地级巢湖市撤销，成立县级巢湖市，柘皋镇属巢湖市。

辖区变迁 柘皋镇历史悠久。西汉时期，设橐皋县。东汉时期橐皋县撤销入浚遒县。隋代，橐皋入襄安县。唐代，橐皋入巢县。两宋时期，“橐皋”逐渐演变成“拓皋”“柘皋”，为巢县镇邑。元代，柘皋曾设立突厥府。清康熙年间（1662—1722），设立柘皋乡、柘皋上乡、柘皋下乡，辖区范围为巢县的北部地区和巢县的西部地区。

柘皋乡划为7个村、13个保。清道光年间（1821—1850），村改为里，柘皋乡有7个里。抗日战争前，柘皋区域范围北起原柳集乡（现并入栏杆集镇）三李村、界墩集南界碑，东北至黄山大弄岭界碑，西至尖山、浮槎山以分水岭为界与合肥县（今肥东县）接壤，东至尉子桥与西姚庙之间（包括西峰庵）界碑与含山县分界，东南从苏家垅村南至双庙子、观音庵、大焦村、大荚村到柘皋河沿岸，南至天齐庵、驷马山，总面积约385平方千米。境内划为7个联保、104个保。柘皋镇区在乡保建制前划为太平、珍珠、升福、佛祖、伍英、降福、仁寿、北闸、乐岁、紫金、仁圣、大慈、福德13个坊。

抗日战争时期，设巢二区（柘皋区），辖清水涧、童庙、天齐、凤凰、大庙、包坊6个乡和柘皋镇。1949年1月，柘皋解放，巢县人民政府在柘皋成立。1949年2月，柘黄区成立，辖合兴、大塘、大桥、石马、国胜、双集、胜利、沿山、迎水、五里、蛹山、大新、天齐、三星14个乡和柘皋镇，共72个村。

1952年2月，柘黄区撤销，设柘皋区、清涧区。柘皋区辖14个乡镇。

1956年，撤销清涧区，所辖范围并入柘皋区，区政府改为区公所。柘皋区辖峏山、驷马、杨岗、庙岗、方集、分路、大塘、板桥 8 个乡和柘皋镇。

1959 年 7 月，柘皋区撤销，成立柘皋、庙岗人民公社。1961 年 6 月，撤销柘皋、庙岗人民公社，恢复柘皋区，下辖柘皋、板桥、分路、方集、庙岗、岫山人民公社和柘皋镇。

1968 年 8 月，柘皋区革命委员会成立。

1981 年 12 月，柘皋区革命委员会撤销，复置柘皋区公所，辖区内人民公社革命委员会改为管理委员会。

1984 年 1 月，恢复乡镇建制，各人民公社管理委员会改为乡（镇）人民政府。

1986 年，柘皋镇人民政府撤销，设柘皋街道办事处。

1992 年 2 月，撤销柘皋区，成立柘皋镇。柘皋乡、岫山乡、分路乡、柘皋街道合并为柘皋镇。

2000 年，巢湖地区撤销，成立地级巢湖市，原县级巢湖市撤销，成立巢湖市居巢区，柘皋镇属巢湖市居巢区，辖区未变。

2004 年，板桥乡撤销，板桥乡的建国、板桥、联塘、汪桥、大塘、五星 6 个行政村并入柘皋镇。区划调整后，柘皋镇辖蔬菜、东湾、北闸、桥西 4 个居委会和兴坝、三星、建和、驷马、柯尹、工民、大树刘、接引庵、锦旗、星火、合浦、东岳、天齐、前圩、唐马、岫山、钱墩、大魏、建国、板桥、大塘、汪桥、五星、联塘 24 个村委会，面积

金平河畔健身绿道（2018年）

154 平方千米，人口 7.48 万人。

2011 年，地级巢湖市撤销，成立县级巢湖市，归合肥市代管。柘皋镇属于巢湖市，辖区未变。

经过区划调整，截至 2019 年年底，柘皋镇设星火、三星、板桥、工民、合浦、锦旗、大塘、岬山、接引庵、双泉、汪桥、大树刘、兴坝、五星、驷马、建和 16 个行政村和东街、西街 2 个社区居委会。

村庄社区

星火村 星火村位于柘皋镇西南金平河畔，全村耕地面积 2800 余亩，人口 2500 人，下辖仓房、翟二份、三份村、贾徐、张湾、孔村等 10 个自然村。东与西街社区相接，南与岬山村相连，西北与合浦村毗邻，地理位置优越，交通便捷。20 世纪 70 年代，村域形成了田成方、路成网的格局。星火村大力开展水利建设，该村土地平坦，水利条件良好，灌溉渠道网络完善，利于防汛、抗旱和排涝，农业生产得到发展。农业生产以种植水稻、油菜、蔬菜为主，农业机械化程度达 90%，特别是大棚蔬菜的发展给农业生产增添了活力，大量的劳务输出提高了星火村村民的生活水平。

三星村 三星村位于柘皋镇西北，属丘陵地貌。全村耕地面积 8476 亩，人口 2447 人，辖 14 个自然村。该村南与锦旗村相接，东与接引庵村隔河相望，东北与工民村相邻，西与庙岗乡军高村、路店村交界。三星村交通便利，距柘皋镇区 5.5 千米，离合芜高速公路新出口 3.5 千米。该村水利条件优越，两条小河穿村而过，全村有大小塘坝 100 多口。2018 年，该村的三星集、杨冲自然村实施美丽乡村建设，村民的居住环境得到改善。截至 2019 年年底，全村流转土地 3000 多亩，成立 8 个家庭农场，主要种植大棚蔬菜、花卉苗木，并发展稻田养虾等，村级集体经济收入和农民人均收入都得到大幅度提升。

2017 年，该村三星集自然村被列入市级美丽乡村中心村建设计划。

板桥村 板桥村位于柘皋镇东，下辖 17 个自然村，人口 5076 人，耕地面积 7000 亩，属半山半圩，圩田面积约 3000 亩。该村东与夏阁镇国胜村为邻，西与建和村相接，南至柘皋河，北与大塘、五星村相连。该村交通便利，国道 329 线穿过该村，与柘皋开发区相连，合巢产业新城皖维项目落户板桥村，占地 260 亩。

2016 年，板桥村分路埠自然村被列入省级美丽乡村中心村建设计划。

2018 年 12 月，板桥村获第六届“巢湖市文明村镇”称号。2020 年 12 月，板桥村获第五届“合肥市文明村镇”称号。

工民村 工民村位于柘皋镇北7千米的分路集，原为分路乡政府所在地。全村下辖27个村民小组，1300户，5230人，耕地总面积8000余亩，山岗面积万余平方米。已建成小刘生态林场、大方果林园，以种植水稻、棉花、经果林及水产养殖为主。该村交通便利，东距省道331线14千米，北距柳集5千米、栏杆集8千米，西距清涧集7千米，栏滨公路穿村而过。

工民村具有百年历史，商贸较为繁荣，建有占地3000平方米的农贸市场，为当地农副产品交易中心。有农副产品收购加工企业5家、商店及餐饮店20多家。

工民村地理位置独特，土地肥沃，水源充分，物产丰富。区域内的小龙山适宜栽种各种林木和果树。山下有座水库，水质优良，能养殖多种水产品。大方果林园占地300多亩，养殖水面200多亩，种植果树千余棵，有集休闲、垂钓、餐饮于一体的农家乐——果林山庄。

2008年，工民村被安徽省司法厅、民政厅评为安徽省民主法治示范村。村内设有社会综合治理工作站、文化卫生委员会、司法工作室、为民服务全程式代理室等。

2018年，该村分路集自然村被列入省级美丽乡村中心村建设计划。

合浦村 合浦村位于柘皋镇西、庙岗乡东，毗邻肥东县。该村交通便捷，合芜高速公路和省道331穿村而过。该村人口3744人，耕地面积3087亩，下辖18个自然村。巢湖强生水泥厂、中团市政工程有限公司、明洋服装厂等一批中小型企业坐落于该村。该村分3片，合浦片、白安片以农业为主，劳务输出为辅；柘皋片以蔬菜种植和销售运输为主。

锦旗村 锦旗村位于柘皋镇北部，距镇区2.5千米，耕地面积3524亩，水面面积545亩，人口3883人，辖21个村民小组。该村水利条件优越，金府坝与邢家坝两水系贯穿全村，村内有蓄水10000立方米以上的塘10

锦旗村蔬菜种植大棚（2018年）

口，5000 立方米以上的塘 25 口，同时拥有村级抗旱设施 5 座。

全村种植蔬菜面积近 2000 亩。番茄、辣椒、茄子等 12 个品种获得省级无公害认证，年产量近 7000 吨。巢湖市万达养殖有限公司和巢湖市华扬养殖有限公司坐落于该村。该村有巢湖市同兴养猪协会和巢湖市柘皋镇蔬菜专业合作社 2 个经济合作组织。

大塘村　大塘村位于柘皋镇东北，与柘皋镇开发区相连。全村耕地面积 3700 亩，12 个村民小组，人口 2950 人。该村东与五星村、南与板桥村、西与建和村、北与苏湾大坝村相接。该村交通便捷，合芜高速公路穿村通过，开发区建设的 5 千米长的水泥路贯穿全村主干道，总长 15 千米的砂石路使自然村相通，新建的柘仙路穿境而过。

2020 年，该村大塘赵自然村被列入省级美丽乡村中心村建设计划。

岻山村　岻山村位于柘皋镇南，全村有 22 个自然村，总面积 6.16 平方千米，其中耕地面积 5894 亩，人口 5475 人。岻山村委会是原岻山乡政府所在地。该村农业生产以

省级美丽乡村五爪岗自然村（2018年）

种植水稻、油菜为主，同时依托地方特色，发展水产养殖、生态土鸡养殖、湖羊养殖、生猪养殖等。巢湖市新宇电力公司以及朱氏水业建在该村，年上缴税收 30 余万元。该村交通便利，天齐路、庙柘路穿村而过，距商合杭高铁柘皋站不足千米。新建的柘皋农贸南路将柘皋镇与岬山村紧密相连，有良好的区位优势。该村唐马自然村一直保留着端午节、夏至赛龙舟的习俗。

2017 年，该村五爪岗自然村被列入省级美丽乡村中心村建设计划。2020 年 3 月，岬山村入选安徽省第二批美丽乡村示范村。

接引庵村　接引庵村位于柘皋镇北 3000 米处，总面积约 7 平方千米，耕地面积 6700 余亩，水面面积约 1000 亩。该村辖 21 个自然村，人口 3026 人。该村盛产稻米、油菜、棉花、西瓜和水产品。2007 年 10 月，该村注册成立棉花专业合作社，社员 500 多名，联合开展棉花种植，总面积 1000 多亩。该村种植甘蔗、毛豆面积 1000 多亩；有养鸭和养鹅专业户 2 户，年出栏 5000 多羽。

双泉村　双泉村位于柘皋镇南，南与中垾镇、东与夏阁镇交界。全村有 23 个村民小组，人口 4500 人。全村耕地面积 5800 亩，山林面积 2231 亩，水面面积 489 亩。该村引进外资新建天齐集农贸市场，市场繁荣，秩序井然。小杨村的银杏树已有 700 多年历史，为国家一级古树，已挂牌保护。

2016 年，该村天齐集自然村被列入市级美丽乡村中心村建设计划。

大杨自然村是“岬山杨”中医妇科杨氏祖居地。杨氏以中医妇科名扬乡梓，代代相传，名医辈出。

汪桥村　汪桥村位于柘皋镇东北，属丘陵地区。全村辖 18 个自然村、22 个村民小组，人口 2748 人。全村总面积约 12 平方千米，其中耕地面积 2800 余亩，山场面积 6000 余亩。

村内交通便捷，6 米宽的柏油路由巢柘路板桥段横穿汪桥村，村部所在地汪桥集通往各村民小组的水泥路全线畅通。

2016 年，该村汪桥集被列入省级美丽乡村中心村建设计划。2019 年，该村六甲王自然村被列入省级美丽乡村中心村建设计划。

2017 年，汪桥集自然村入选安徽省乡村旅游示范村。2018 年 8 月，汪桥村被授予巢湖市第一批研学旅游基地称号。2019 年 1 月，汪桥村入选第二届中国美丽乡村百佳范例。2019 年 4 月，汪桥村入选安徽省第三批传统村落名录。2019 年 12 月，汪桥村入选第二批合肥市生态环境教育基地。

中国美丽乡村百佳范例汪桥集自然村（2020年）

大树刘村 大树刘村位于柘皋镇北面，北与苏湾镇相接，省道311穿村而过。该村区位优越，交通便利。全村有24个自然村，人口4455人，耕地面积5242亩，退耕还林200亩。该村特色产业主要有养殖业、建材、农副产品加工。全村有10个专业化养鸡场、3个专业化养猪场、10个精养鱼塘、1家生态养殖公司、1个果园采摘中心、3家绿色植物油厂、3家农副产品收购企业。

2020年，该村大树刘自然村被列入市级美丽乡村中心村建设计划。

兴坝村 兴坝村位于柘皋镇西南，辖16个自然村，总面积12.8平方千米，其中耕地面积5190亩，人口3700人。兴坝村南与中埠镇相连，西与庙岗乡相接。兴坝村交通便捷，庙柘路、柘彭路、栏滨路、商合杭高铁穿村而过，村内有3条主干道与16个自然村相连。该村是劳务输出大村，有三分之一的劳力外出务工。该村先后办起了10多家养鸡场，年出栏肉鸡近20万羽。兴坝自然村进行产业结构调整，通过招商引资流转土地2200余亩，发展花卉苗木基地和家庭农场。该村有花卉苗木和经果林500亩，1700余亩的家庭农场全部实行机械化栽种、收割。

2016年，该村塘头赵自然村被列入省级美丽乡村中心村建设计划。

五星村 五星村位于柘皋镇东北，总面积13.56平方千米，其中耕地面积12631亩，人口6137人。该村有林场2家，其中五星林场80亩、吴家大山林场200亩，林种均以松树为主。

五星村交通便捷，板汪公路纵穿全村，村内路段全长4.2千米。该村水资源丰富，村内一条东西向的河流——沙坝河贯穿全村。全村盛产水稻、棉花、小麦、油菜等，是农业大村。

2016年，该村王祥自然村被列入市级美丽乡村中心村建设计划。2017年，王祥自然村被列入省级美丽乡村中心村建设计划。

驷马村 驷马村位于柘皋镇西南。该村交通便利，栏滨路穿村而过，商合杭高铁柘皋站设在村内。全村辖15个自然村，人口3972人，耕地面积5500亩，山地林场面积601亩，水面面积637亩。

该村在2012年、2013年、2014年连续三年被巢湖市委、市政府授予“巢湖市先进模范村”称号；2015年、2016年，被巢湖市委授予“先进基层党组织”称号；2017年，被合肥市委授予“五个好村党组织”“合肥市文明村”称号，被巢湖市委组织部授予“基层党建工作示范点”等称号。

2018年，该村大魏自然村被列入省级美丽乡村中心村建设计划。

建和村 建和村位于柘皋镇东北部，面积约8.5平方千米，辖27个自然村，耕地面

丹参花开（2018年）

鸟瞰北闸老街（2019年）

积 7698 亩，人口 6105 人。该村以种植小麦、油菜、棉花、水稻等传统作物为主，间种花生、大豆、玉米、西瓜、甘蔗、韭菜等经济作物，特色种植业主要以种植韭菜、甘蔗、西瓜等为主，养殖业以养羊、养猪、养蟹等为主。

该村交通发达，毗邻合芜高速路口，邻近栏滨路，省道 331、208 穿村而过。柘皋镇工业集中区设在该村区域内。

2019 年，该村沈碾自然村被列入省级美丽乡村中心村建设计划。

东街社区　东街社区位于柘皋镇区东半部，北临合芜高速公路，南与西街社区相接，东与建和村交界，西靠柘皋河，总面积 1.5 平方千米，常住人口 10000 余人。辖区内有 23 个企事业单位，有 7 个住宅小区。东街社区交通便利、区位优越，是柘皋镇区的核心区之一。辖区内的桥西街保存有大量明清时期的古民居，其中北闸老街 2007 年被列入巢湖市文物保护单位（市级），2019 年 6 月被列入第五批中国传统村落名录。2019 年 4 月，北闸老街的李氏当铺（李鸿章当铺）被列入安徽省第八批文物保护单位名录。

东街社区对上湾、尹岗、庙坎 3 条约 1.5 千米长的路面进行铺装硬化，部分区域内污水管道协调开挖铺设，疏通修复老旧管道，提升主干道两侧绿化景观，清理辖区内陈年垃圾，安装路灯，配合主管部门改造公厕，整治新建大塘，改善了社区环境。东街社区推出“楼栋长”创新举措，实现无物业小区治理；同时配合镇政府开展北闸老街管理运营和业态建设。2016 年，东街社区入选安徽省乡村旅游示范村。

西街社区 西街社区由蔬菜居委会、桥西居委会合并而成，东与建和村、南与岻山村相接，西与星火村、合浦村相连，北与东街社区居委会相邻，总面积0.75平方千米，下辖蔬菜东片区、蔬菜西片区、桥西东北片区、桥西西北片区、桥西东南片区、桥西西南片区、桥西南片区，常住人口12100人，其中农业人口386人。辖区内的桥西街保存有大量明清时期的古民居，为巢湖市文物保护单位。

自然地理

地理位置 柘皋镇位于巢湖市西北部，距巢湖市区 22 千米，距合肥市区 48 千米。地理坐标为北纬 31° 42′ ~ 31° 53′，东经 117° 41′ ~ 117° 50′。东与夏阁镇相接，南与烔炀镇、中垾镇为邻，西与庙岗乡相邻，北与栏杆镇、苏湾镇毗连。东西宽 21.5 千米，南北长 22.5 千米，全镇总面积 148 平方千米，属于局部平原地区。

浮槎山（2019年）

山脉 柘皋镇位于江淮分水岭南侧，属江淮丘陵地带，境内有山有水。周边有簸箕山、九龙山、浮槎山、火龙山、尖山、崳山、驷马山，其中浮槎山主峰海拔 418 米，系柘皋镇内的最高峰。

柘皋镇的东北西三面被山包围，中间呈现出一片辽阔的平原地貌。地势西北高，东南低。柘皋河发源于浮槎山，穿镇而过，向南汇入巢湖，形成山地、丘陵、圩田三大块。

柘皋镇与相邻的肥东县的交界处，以山岭的分水岭为界。

柘皋镇山脉一览表

表 1

山脉名称	地理位置	海拔（米）	占地面积（亩）	绿化率（%）	岩石
簸箕山	柘皋镇北部方集北端	257.0	1620	92	
九龙山	方集山周村西侧	307.0	2940	70	
浮槎山	方集西部	418.0	2490	—	
火龙山	方集西部	160.0	780	—	砂质石山
尖山	省道331线南尖山水库西	203.0	1300	75	
崳山	柘皋镇南部	114.9	6500	82	
驷马山	柘皋镇西部	51.5	2000	65	

河流

柘皋四周被浮槎山、尖山、驷马山和崳山等山环绕，自然形成周围高、中间低的地形，河流纵横。镇内有柘皋河、沙坝河、远景河、金屏河等主要河流。

柘皋河 古代称石梁河，发源于浮槎山东麓，原为凹入的巢湖滩，汉唐时期两侧通过垦滩圈圩，留下宽窄不等的河道雏形，后经治理成为通航河流。柘皋河北起金府坝，南到中埠河口村汇入巢湖，全长 31 千米，柘皋境内长 26 千米。柘皋河从柘皋镇到巢湖的 26 千米河流常年通航，从柘皋镇区到金府坝的上游河流（长约 6 千米）因河床弯窄水浅不通航。金府坝以上至浮槎山麓间有 5 座蓄水大坝。

柘皋河两侧自然形成众多溢洪沟渠，分纳上游洪水汇入柘皋河，流域面积 540 平方千米。

柘皋河穿镇而过（2019年）

新中国成立前，因河道狭窄且受淤沙影响，河床增高，仅能季节性通航，溢洪不畅，每遇汛期暴雨集中，柘皋河两侧农田常遭淹没。新中国成立后，经过多次治理，提高了溢洪能力，最大洪峰流量每秒840立方米。

秦桥港河 位于岠山东南侧，是双泉村与中埠镇的交界河。该河发源于岠山东南麓和中埠镇部分丘陵。从秦桥村到柘皋河，全长3千米，宽8～10米，能通航木帆船。流域面积约15平方千米。

柘皋河汊河 位于柘皋镇北部，是柘皋河的一个支流，现为柘黄电灌站进水渠，全长3千米，河宽15～20米。该河发源于柳集乡上小岘山麓，汛期山水经垅山水库、赵云坝入高家坝，再由邢家坝进入柘皋河，流域面积50平方千米。

沙坝河 位于板桥村西北部，系柘皋河的一个支流，发源于黄山山麓。从双河口水库溢洪汇入沙坝河，再入柘皋河，沙坝河全长10千米。从沙坝到柘皋河长约5千米，河宽8～12米，小木船能进入巢柘公路桥，流域面积40平方千米。

远景河 位于柘皋镇东侧东街与大塘村交界处，系柘皋河的一个支流。该河发源于黄山西南麓。汛期洪水经包家坊三阳陂大塘，流经赵家大坝，再汇入远景河。该河曾经断流，1972年重新疏通。从李官桥村到柘皋河，全长2.5千米，河宽8～10米，不通航，流域面积35平方千米。

秦桥港河治理水患（2019年）

金屏河 位于柘皋镇南星火村境内，是柘皋河支流。该河发源于火龙山、尖山东麓，汛期洪水由尖山水库流经大沙河、王家坝、老坝，汇入驷马山、莲花塘、聊家坝，从平家坝流向金屏河再入柘皋河。该河曾经淤塞，1976 年重新疏通。从平家坝到柘皋河，河长 3.5 千米，河宽 8 ～ 10 米，流域面积约 50 平方千米。

建丰河 位于柘皋河南侧、双泉村东北龙王庙处，是柘皋河支流。该河发源于岎山西麓、驷马山东侧。汛期洪水经新坝、五爪岗东、白兀赵村前诸塘坝汇入建丰河，再入柘皋河。该河从大魏村到柘皋河，全长约 5 千米，宽 8 ～ 10 米，流域面积约 20 平方千米。

气候与物候

柘皋属亚热带季风性气候，且有海洋性气候向大陆性气候过渡的湿润气候的特点，加之巢湖水面的调节，气候条件较为优越。雨量适中，光照充足，无霜期长，但易旱易涝。总的特征是四季分明，春温多变，夏热多雨，秋高气爽，冬冷干燥。

气候 柘皋镇春季日平均气温 10℃～ 22℃。春季大致从清明（4 月 5 日）开始，夏至（6 月 21 日）为止。春季雨量增多，少数年份在这一时期还会出现寒潮和霜冻、冰雹灾害性天气。当日平均气温稳定在 22℃以上时进入夏季，大致从夏至到秋分（9 月 22 日）结束，为期 90 天左右。夏季天气主要特征是温度高，湿度大，雨量集中。梅雨期年均 30 天左右。秋季是从秋分到冬至（12 月 21 日），秋季天气晴好，雨水较少。冬季，一般从 11 月中旬开始，至次年清明。冬季干燥，雨量少。西北风天数占 50% 以上。

气温 境内气候温和，多年年平均气温为 16℃左右。1961 年最高，达 17℃；1972 年、1980 年最低，仅 15℃。年平均气温高低差在 2℃左右，年际变化比较稳定。最热月为 7 月，月平均气温为 28.7℃；最冷月为 1 月，月平均气温仅 2.5℃。年平均极端最高气温为 37℃，年平均极端最低气温为 −8℃。全年无霜期 247 天左右，一般年份初霜期在 11 月中旬。

降水 受季风气候和地理环境影响，境内降水基本特征是雨量适中，梅雨季节显著，分布不均。全年平均降水量约为 920 毫米，大多数年份年降水量在 850 毫米以上，最大降水量是 1600 毫米（1954 年），最小降水量仅 500 毫米（1978 年）。降水季节变化明显，四季分配不均。夏季（6—9 月）占年降水量的 48%，秋冬季（10 月至次年 2 月）较少，占年降水量的 21%。降水最多的月份是 7 月，降水量达 150 毫米以上。历年连续三天以上降水量 150 毫米的大暴雨大部分出现在 7 月、8 月。

梅雨季节显著，每年大约在 6 月中旬入梅，7 月中旬出梅，持续天数一般为 30 天左右。梅雨期降水量平均为 207 毫米。

乡间日出（2019年）

日照　境内历年日照时数约2100小时，年日照率为48%。最多日照时数为2340小时（1966年），最少日照时数仅1700小时（1970年）。日照时数最多是8月，为224小时；最少是2月，仅131.2小时。活动积温在5000℃以上。

全年太阳辐射总量为114千卡/平方厘米，月总辐射量最多为7月，为14千卡/平方厘米；最少的是12月，为6千卡/平方厘米。日照时数和太阳辐射量的年内变化规律是夏季多，冬季少。

物候　一月，越冬农作物基本停止生长，上旬蜡梅、水仙开花，蛇、蛙、龟等动物处于冬眠阶段。

冬季采藕（2018年）

二月，油菜上中旬返青，下旬起薹现蕾；小麦中旬返青；迎春、春兰中下旬开花，杏树、桃树中下旬变绿；蚂蚁、小麦蚜虫、菜蛾、蚜虫下旬开始活动。

三月，小麦中下旬拔节，油菜下旬始花；柳树、梨树上旬发绿，中旬生叶；油桐、杏树下旬始花；大雁上旬北去，蛇、虫、蛙开始活动；燕子回归。

四月，小麦下旬抽穗，棉花下旬出苗；泡桐、椿树、桑树、桃树上旬开花；中旬刺槐展叶；地老虎、小麦粘虫中下旬羽化，家蚕下旬孵化。

五月，棉花中旬现蕾，油菜上旬成熟，冬季茬花生上中旬出苗，大麦中迟熟品种下旬成熟；梨树、枣树上旬开花，下旬柿树始花；布谷鸟中旬始鸣，棉蚜虫中旬出现。

六月，花生上中旬开花，夏播黄豆中旬出苗，早稻早熟品种下旬抽穗；桑葚、桃上旬成熟；葡萄、石榴、栀子花上旬开花，蟋蟀上旬始鸣；稻蓟马、稻螟虫、叶跳虫、玉米螟中下旬危害农作物。

七月，棉花上旬始花，绿豆中旬出苗，大豆下旬现蕾，早稻早中熟品种成熟；中稻早熟品种抽穗，荷花上旬开花，吊兰中旬开花，蝉中旬始鸣；棉铃虫下旬危害棉桃。

八月，早稻迟熟品种下旬成熟，迟中稻、杂交中稻中旬抽穗，中稻早熟品种下旬成熟，黄豆中旬开花，棉花下旬吐絮，梨上旬成熟，莲蓬下旬成熟，秋蚕中旬孵化。

九月，中稻中熟品种上旬成熟，双季晚稻中旬抽穗，迟熟中稻中下旬成熟，夏玉米中旬成熟，早大豆下旬成熟，桂花下旬开放，柿树果熟。稻飞虱中下旬开始危害水稻。

十月，单季晚稻上中旬成熟，油菜中旬出苗，小麦下旬出苗；菊花上旬开花，银杏、泡桐上旬果熟；燕子中旬南去；蝉中旬终鸣，蛇、蛙下旬停止活动，大雁下旬南下。

十一月，棉花上旬停止吐絮，双季晚稻迟熟品种上旬成熟，早播小麦中下旬开始分蘖；油桐上旬果熟，枇杷中旬始花。

十二月，小麦、油菜下旬进入越冬期，基本停止生长。

自然资源

动物资源　随着自然环境的改善，柘皋野生动物数量和种类逐年增多。

柘皋镇野生动物资源一览表

表 2

种类	名称
兽类	狼、狐狸、狗獾、蝙蝠、黄鼬、刺猬
野禽类	鸳鸯、长尾雉（野鸡）、白鹭、啄木鸟、燕子、黄莺、乌鸦、八哥、画眉、翠鸟、麻雀、喜鹊、鸽子、白头翁、麻老鹰、猫头鹰、黑老鹰、斑鸠、山雀、灰喜鹊、子规鸟、布谷鸟
水产类	青鱼、草鱼、鲢鱼、鳙鱼、鲤鱼、鲫鱼、鳊鱼、鳜鱼、鳗鲡（白鳝）、黄颡鱼、鲇鱼、黑鱼、黄鳝、翘嘴鱼、鳡鱼、刀鳅、大虾、草虾、白米虾、河蟹、螺、蚌、乌龟、鳖
其他动物	蜥蜴（四脚蛇）、水蛇、赤板蛇、土蚣蛇、泥蛇、青蛙、蟾蜍、壁虎、老鼠、田鼠

植物资源　柘皋除了集镇、山地和田野，其他地方常年保持绿色。截至 2017 年年底，柘皋林业面积达 103 公顷。野生树木有悬铃木、楮树、刺槐树、柳树、枫杨树、白杨树、臭椿树、香椿树、松树、柏树、冬青树、泡桐树、苦楝树、川楝树、香樟树、黄

双泉村前圩区稻田（2018年）

栗头树、皂角树、青桐树、水杉树、杉木树、柳杉树、乌桕树、合欢树、广玉兰树、樱花树、桂花树、桃树、梨树、柿树、杏树、李树、枇杷树等。

土地资源 柘皋土壤以水稻土为主，另有黄棕壤、石灰土和麻石黄棕壤。其中黄棕壤主要分布地带为板桥村、工民村、峏山村，原方集乡、柘皋镇街道等地；石灰土、麻石黄棕壤，主要分布在庙岗一带。

柘皋辖区内的土地较为平整，大多数为黑色的壤土，松软肥沃，适宜种植农作物。

根据第二次全国土地调查，柘皋镇有农业用地12596.33公顷、建设用地2013.12公顷、其他367.40公顷。

2011年，柘皋镇高标准农田改造项目在驷马、兴坝两个村进行，建设规模1.68万亩。2013年，五星村实施高标准农田改造项目，面积为1.7万亩。2014年，高标准农田建设工程涉及6个行政村，区域面积为2万亩，总投资为2070万元。2015年，高标准农田建设工程涉及三星、工民等村，面积为2万多亩，总投资为5700多万元。

水资源 柘皋镇水资源丰富，有地表水、地下水和孔隙水。

地表水。柘皋境内有柘皋河、沙坝河、远景河、建丰河、金屏河、秦桥港河以及塘坝、水库蓄水。柘皋河系众多，水资源充足。据1990年调查统计，柘皋区域有蓄水塘坝3224口，蓄水总容量为1181万立方米。

地下水。柘皋境内地下水为井水和泉水。井水为居民生活用水，泉水为地表以下的

水韵家园（2020年）

矿石中的水。柘皋镇境内的地下水水质普遍较好，在柘皋镇西北部及柘皋镇周围出露的基岩中，蕴藏有基岩裂隙水，并有乳泉、九龙泉等多处泉眼，单泉眼出水量一般一昼夜10立方米。构造破碎带一昼夜出水量大于100立方米。柘皋镇东南至岫山一带，蕴藏有碳酸盐裂隙岩溶，单泉眼出水量为一昼夜10～100立方米，同时也有乳泉出露。

巢湖市重点水利工程梁冲二坝（2018年）

孔隙水。第四系分布区蕴藏的松散岩类孔隙水，除在河流边岸的第四系沉积层较厚的地带，单井出水量为一昼夜30～100立方米，其他地带均小于一昼夜10立方米。

矿产资源　柘皋镇地质岩层特别，受地理位置和北温带气候的影响，柘皋的地下矿产资源丰富多样。

磁铁矿。在茅草山一带曾进行过小规模开采，主要产于横山组底部，其中铁含量一般为20%～30%，储量不大。

千枚岩。分布于方集小高村后，可用于园林建设，多制作成美化厂区、庭院的院景石和家庭装饰用的盆景石。

花岗岩、灰岩。产于岻山，可加工成板材，用于墙面、地表装饰。

溶蚀灰岩。产于岻山，可在园林、厂区做假山之用。

石英岩。分布于方集龚垅头道水库坝边及九龙口一带，呈层状产出，质地较纯，二氧化铝含量达97%，可用作生产玻璃和陶瓷的原料，以及硅酸盐水泥的校正原料等。在化学工业上还可用于制造硅酸盐。

建筑石料。浮槎山坡出露的大量混合岩等，可作建筑石料。岻山产的灰岩、花岗岩也是良好的建筑材料。同时灰岩可作为冶金熔剂、陶瓷和搪瓷产品生产中的助熔剂，也可以加工成岩粉，用于中和酸性土壤，还可用于生产水泥和石灰。

陈桥水库（2018年）

人口 民族

人口总量 柘皋镇既是历史悠久的古镇，又是兵家必争的军事要地，地处“吴头楚尾”南北交会处。三国时期，曹仁率部万余人驻扎柘皋。北宋末年，金军驻扎柘皋与宋军对峙。元朝末年，江淮地区战乱频繁，数万名巢湖水师跟随朱元璋征战长江流域，人口骤减。清康熙《巢县志》记载，从元朝末年至清朝初期的400多年里，柘皋人口增长缓慢，全镇人口长期徘徊在2万~4万人。中华民国中期，人口增长较快，1928年柘皋境内有38271人，1946年有54344人。1949年年初，柘皋人口增加到63529人。新中国成立后，全镇人口增长较快，截至1959年年底，柘皋区人口增长到88048人，10年时间净增24519人，年均增长2452人。

1959—1961年三年经济困难时期，柘皋区人口降至64669人。到1964年7月，全区人口恢复到74177人。1982年，全区人口达109520人。1990年年底为112110人。1992年区划调整，新的柘皋镇区域面积减少。截至2017年年底，柘皋镇人口总数为84735人。

源流迁徙 柘皋地处吴头楚尾、南北交通要津，历史上这里曾发生过多次战争。从魏吴争战巢湖40年，到宋高宗赵构南迁；从南宋初年的“柘皋之战”，到元朝末年数万名巢湖水师跟随朱元璋征战大江南北，巢北地区人口骤减。柘皋地处局部平原，水资源丰富，土地肥沃。北宋南迁给柘皋带来了北方先进的农耕技术，明洪武大移民给柘皋带来圩湖（河）造田技术，使古老的石梁河畔成为巢北地区的粮仓，为移民到柘皋生存提供了必要的条件。

据《唐氏宗谱》记载，唐氏源于河南商丘归德府，先人是北宋的团练。金军进入中原，唐氏先人为保卫宋高宗南迁身负重伤，率家人到巢县西乡定居，在巢县西乡西黄山下兴建唐家畽村。南宋初期，由于人丁兴旺，有一唐姓分支从唐畽村迁居柘皋小马村，后小马村改为唐马村。据《杨氏宗谱》记载，杨氏第一代始祖杨九州，在南宋末年从福建迁到浙江慈溪，从慈溪迁到姑孰，后归隐于柘皋。

明朝建立后，朝廷为了弥补因战争造成的人口骤减，从江西、江南等地向江淮地区、巢湖地区移民，建立了以宗族为纽带的村落。据《昌氏宗谱》记载，昌姓始祖文公于明洪武四年（1371）从江西南昌迁到柘皋建村定居。据《张氏宗谱》记载，明正德年间（1506—1521），张姓始祖张荣从江西瓦屑坝紫金刘村迁到柘皋，建蛮张村。据《陆氏宗谱》记载，明永乐年间（1403—1424），陆姓始祖陆华一从姑苏游商至巢湖，定居于巢城西门外陆家嘴，其孙陆镇在明成化年间（1465—1487）迁居柘皋西门，建立陆家园和陆家闸两个村。据《周氏宗谱》记载，周氏原籍为江西南康府，先祖文公元朝末年任湖广荆州知府，明洪武三年（1370）辞官到巢湖，隐居在巢县东门外岠嶂山区，后因子孙繁衍，人口发展较快，清雍正八年（1730），周姓后人分居到柘皋镇北门外高岗上，建屋定居，形成周岗村。

移民的到来，为柘皋的农业发展、文化交融、商业繁荣和商业街区的建设，起到积极作用。

民族结构 柘皋镇主要以汉族为主，少数民族有回族、满族、苗族、蒙古族、藏族、维吾尔族、彝族、布依族、土家族、黎族等。

姓氏组成 根据第四次全国人口普查结果统计，截至 1990 年 6 月底，全镇姓氏有卜、丁、万、卞、方、王、尹、孔、韦、倪、邓、牛、毛、叶、刘、邝、包、石、冯、史、卢、田、宁、左、龙、司、冉、甘、伍、孙、朱、许、闺、江、汤、冈、任、仰、阮、祁、吕、向、齐、邢、应、杨、宋、张、陈、沈、陆、李、吴、苏、汪、何、余、严、杜、邵、束、肖、花、芮、茆、连、邹、邱、辛、於、盂、昂、金、周、昌、郑、罗、季、杭、单、范、尚、庞、武、欧、茅、岳、郎、房、茹、胡、董、赵、晏、姚、洪、费、宣、俞、施、钟、祖、侯、姜、祝、荣、闻、柳、贺、项、徐、高、郭、钱、唐、衰、贾、荚、秦、晋、夏、耿、殷、席、聂、莫、顾、桂、黄、龚、梁、曹、崔、盛、聊、梅、康、章、程、谢、储、彭、舒、蒋、温、童、韩、喻、傅、薛、焦、褚、葛、靳、路、窦、雍、翟、裴、管、蔡、熊、缪、鲁、潘、颜、樊、阐、滕、陶、穰等，共 171 个姓氏。

万江果林专业合作社百亩桃园（2018年）

镇域经济

经济总量　新中国成立后，柘皋镇经济得到恢复和发展。农业走合作化道路，推广科学种田，以粮为纲，农、林、牧、副、渔有了长足的发展。工商业、手工业实行公私合营，走合作化道路。改革开放后，柘皋经济以国有经济为主，民营经济、个体经济迅速发展。

2019 年，全镇企业发展势头强劲，工业集中区规划占地 4.16 平方千米，已建成 2.4 平方千米，入园项目 24 个，产业以服装、轻纺、建材、食品加工业等为主，其中亿元以上企业 3 家，全国驰名商标企业 1 家，安徽省知名商标企业 3 家，拥有外贸自营出口权企业 3 家。截至 2019 年年底，全镇有工业企业 47 家（规上企业 14 家）、集体经济组织 4 个、个体工商户 3000 多户、农民专业合作经济组织 63 个。

2019年，柘皋镇规上工业总产值完成8.6亿元，招商引资完成8.013亿元，全年税收6312万元，全社会固定资产投资总额14.89亿元，城镇常住居民人均可支配收入28702元，农村常住居民人均可支配收入15478元。

全镇农业以粮食生产为主，主要有水稻、麦类等，主要经济作物有棉花、油菜、花生、西瓜、蔬菜等。其中蔬菜种植是柘皋传统优势产业，产值占全镇农业产值的1/3。2019年，粮食种植面积14万亩（含复种），总产4万吨；油料种植面积58095亩，总产8500吨；皮棉总产700吨；蔬菜总产6.89万吨。

养殖业主要集中在6个养殖场和60家养鸡大户。2019年，耕牛出栏300头，湖羊出栏3000只，生猪出栏1.8万头；禽类出栏30万羽，禽蛋产量2000吨。前圩、龙泉、唐马3个村率先示范生态养殖、无公害养殖。

2019年，全镇养殖池塘总水面14800亩，稻渔综合种养12900亩，水产品总产量4470吨，其中名特优水产品养殖面积3100亩。柘皋镇通过政策扶持、示范种养及辐射带动，培育出鸿鹏家庭农场等一批规模稻虾种养基地，全镇稻虾综合种养面积达到12400亩，带动了贫困户增收致富，促进了农业产业结构调整，形成了初具规模和影响力的柘皋镇稻香米产业。

东涵合作社500亩药用牡丹（2018年）

农业

种植业 三国时期，魏国军队驻扎在柘皋，带来了北方的种植技术，柘皋先民由此掌握了北方豆麦类种植技术。唐朝时期，经过垦滩围圩，柘皋水稻田面积扩大。两宋时期，巢湖流域大面积推广占城稻种植，水稻产量大增。同时，棉花、油菜开始种植，家禽、家畜饲养迅速推广。明朝初期，江西、江南移民到柘皋促进了当地农业发展。从20世纪70年代起，通过农田整治、开挖排洪沟以及种植绿肥，土壤墒情得到改善，大部分农田均能种植夏、秋两季作物，或早稻晚稻两季。

2014年后，柘皋镇家庭农场兴起，三星村由之家庭农场流转土地近2000亩，拥有日产50吨的大米加工流水线，实现了耕地机械化和贮粮现代化，并顺应市场形势，种植400亩特色小红稻，满足人们对健康的需求。接引庵村鸿鹏家庭农场的稻虾综合种植面积540亩，年产稻米15万千克，带动30余户贫困户增收。兴坝村龙毅胜家庭农场以生产稻鸭富硒米闻名，种植面积1100亩。工民村王家滩家庭农场承包土地650亩，发展经果林、鱼塘养殖和稻田养虾。截至2018年年底，柘皋镇有“安徽省示范家庭农场”4家、“合肥市示范家庭农场”11家、“巢湖市示范家庭农场”12家，获全国稻渔综合种养优质渔米评比“绿色生态奖”。在第三届全国稻渔综合种养模式创新大赛暨2019年优质渔米评比推介活动中，巢湖市柘皋镇如锋九先家庭农场的稻虾米获优质渔米（籼米组）金奖。

养殖业 柘皋境内畜禽养殖历史悠久，大牲畜耕牛居多，农民素有饲养猪、鸡、鹅、鸭的习惯，饲养面较广。中共十一届三中全会后，随着社会经济的快速发展，人们对畜禽产品的需求量不断增长，促使畜禽养殖业发展迅猛。2005年，柘皋镇成立了专业协会——巢湖市万达养殖专业协会，有会员130人，辐射带动周边养殖规模户近百户。2008年，柘皋镇以万达养殖有限公司为依托，成立巢湖市兴农农民养猪专业合作社，引领了当时巢湖市畜牧业发展规模化道路。2011年4月3日，国家知识产权局向万达养殖有限公司颁发“富硒猪肉的生产方法”发明专利证书。2011年6月，中国科协、财政部授予巢湖市万达养殖有限公司“全国科普

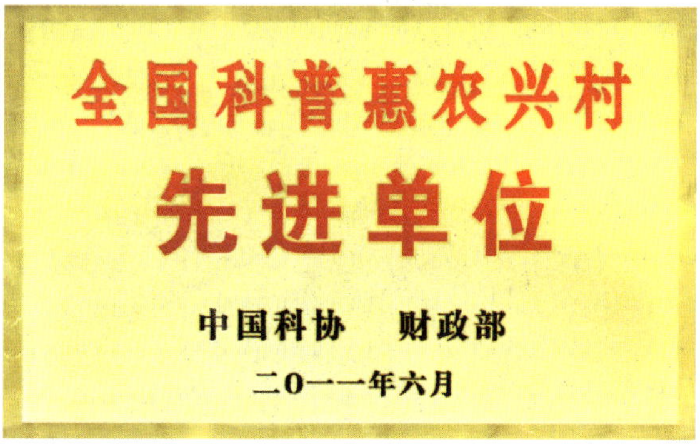

巢湖市万达养殖有限公司获奖奖牌

龙毅胜家庭农场（2017年）

湖羊养殖（2018年）

生猪养殖（2018年）

惠农兴村先进单位”称号。

截至2015年年底，柘皋镇拥有养殖规模大户126户，其中合肥市龙头企业3家，巢湖市龙头企业6家，养殖专业合作社8家，规模以上家庭农场4家，国家级无公害食用农产品基地2家，牲畜存栏3万头，家禽存栏35万羽。建有大型生猪屠宰场1个，年屠宰量13000余头。

新中国成立前，柘皋镇的渔业生产不甚发达。境内的柘皋河及其支流为天然捕捞场所，放养成鱼主要是在塘坝，多为自产自食，少数投放市场交易。农业合作化后，塘坝归属集体，生产队集体养殖，属粗放管理，产量不高。1980年10月，中共安徽省委改革渔业体制，渔业生产才有所发展。1982年，随着农业联产承包责任制不断完善，柘皋镇渔业发展为小水面（10亩以下）独户承包放养，100亩以下联户承包放养，100亩以上如水库、大型塘坝由集体或确定专人承包放养的定产到塘、超产归自己的生产方式，从而推动了境内渔业生产的发展。

从1989年起，在柘皋河两岸水面上“三网”（网箱、拦网、围网）

养鱼。1990年，柘皋区网箱养鱼170箱，分布于柘皋河下游两岸，年产鱼34吨；拦网、围网养鱼4处，计350亩，分布在原板桥乡蒋渡村和峏山乡前圩、后圩以及唐马村等处，年产鱼4.5吨。2017年5月，巢湖市全面推行河长制，柘皋镇全力加强柘皋河水环境治理工作，"三网"养鱼退出了历史舞台。

截至2015年年底，柘皋镇水产养殖总面积15100亩，其中池塘养殖面积13700亩、稻渔综合种养1400亩，名特优水产品养殖面积1200亩。2015年，全镇水产品总产量4800吨（其中养殖产量4350吨，捕捞产量450吨），水面100亩以上养殖户72户，50～100亩养殖户86户。养殖青鱼、草鱼、鲢鱼、鳙鱼、鲤鱼、鲫鱼、鳊鱼、黄颡鱼、鳜鱼、黑鱼、河蟹、青虾、小龙虾、甲鱼、泥鳅、黄鳝等20多个品种。

工业

手工业 从大城墩遗址中发现鬲鼎断足和印纹陶片，经文物部门鉴定为新石器时代的遗物，证明柘皋镇当时陶制手工业已初步形成。1990年，柘皋轮窑厂在北古楼口挖方取土，发掘出一座古墓。古墓内发掘出铜镜1面、铜剑1柄、陶器数件，另有一枚正方形拓印，现出"槖皋"二字，经考证属西汉时期的制品，可见当时的手工业已初具规模。

工艺木雕制作（2015年）

新中国成立前，柘皋境内有染坊13家、酱坊13家、糖坊8家和其他作坊70多家。手工业涉及铁器、木器、篾器、铜器、锡器、石器、银器、油漆、雕刻、弹花、制伞、制秤、纺织、纸扎、缝纫、钟表修理等20余种。

新中国成立后，个体手工业逐步纳入集体轨道。境内先后办起酒厂、粮油加工厂、轧花厂、屠宰厂4家国有企业。

工业园区 改革开放后，为推动镇村经济发展，承接发达地区项目产业转移，2006年柘皋镇建设工业园区。园区位于柘

工业园区鸟瞰（2020年）

兰天大诚门窗幕墙有限公司（2020年）

皋镇区东北部，合芜高速以南、省道331以东、省道208以北，规划面积4.161平方千米。截至2017年年底，园区内有规模以上企业9家，拥有外贸自主出口权企业4家。

截至2019年年底，全镇有工业企业47家，其中规模以上企业14家，规模以下企业33家。2019年年底，工业园区内入驻企业30多家，形成以鑫皖新能源、中团市政、强生建材、兰天大诚为代表的新能源、建材业，以优尼雅、诚凯、晨辉、海萌、新宇服装为代表的服装加工业，以金巢酒业、大鑫食品、金喜猫糖果、同享食品为代表的食品加工业，以春维纺织、强发纺织为代表的纺织业等四大支柱产业。

产业新城 合巢产业新城位于柘皋镇、庙岗乡境内，是安徽巢湖经济开发区和巢湖市人民政府共同建设的产业新区，2018 年 8 月启动建设，规划面积 128 平方千米。产业新城集聚安徽巢湖经济开发区、巢湖市两地发展合力，积极融入合肥市发展，承接长三角地区产业转移，建设创新制造基地。

产业新城从启动建设以来，已正式签约项目 34 个，总投资约 207.9 亿元。截至 2019 年年底，总投资 76 亿元的皖维（安徽皖维集团有限责任公司）、融捷、普洛斯、国瑞、竞乾电子及华夏幸福产业港等已在新城落地。占地面积约 1100 亩的新能源动力电池循环产业园项目是融捷投资控股集团有限公司在安徽投资建设的首个循环经济产业园。安徽皖维集团在合巢产业新城重点发展 PVA 光学薄膜、偏光片、PVB 胶片等新材料产业。苏开电气高低压成套设备项目、科霖智行智能数控设备研发制造项目、竞乾智能家电及家用机器人项目、英和电气智能配电网设备生产基地项目、优治环保水性新材料研发制造项目、腾泰中科大阻燃新材料研发制造项目正在建设当中。

社会发展

文化事业

文化馆（站） 1949 年 2 月，巢县人民政府在柘皋成立。1950 年，巢县文化馆在柘皋成立。同年，柘皋第一个综合性群众文艺团体“柘皋镇文艺俱乐部”成立。1952 年，巢县人民政府迁到巢城，原巢县文化馆改为巢县文化馆柘皋分馆，1965 年巢县文化馆柘皋分馆改为柘皋文化站。2001 年后，文化站、广播电视站合并，成立柘皋镇文化广播电视站。

1958 年，柘皋区域有图书室 31 个、文工团 24 个、展览馆 4 个、业余剧团 25 个、文艺创作组 32 个、美术组 18 个，以及舞蹈、歌咏等群众文化组织。

1980 年，安徽省召开全省文化工作会议，与会代表到柘皋文化站参观学习，交流开

文艺宣传队排练（1973年）

展群众文化活动经验。1981 年，巢湖地区建设集镇文化中心现场会在柘皋镇召开，各县分管领导和文化局、文化馆负责人参加现场会。

2005 年 5 月，柘皋镇文化广播电视站被列为巢湖市“杜鹃花工程”试点单位。2005 年 12 月，柘皋镇文化广播电视站被列为安徽省“杜鹃花工程”试点单位。

2011 年 5 月，柘皋镇综合文化站建成，建筑面积 380 平方米。站内设有办公室、文化信息资源共享室、书报刊阅览室、电子阅览室、多功能活动厅（文化科技培训室）等配套设施。站内配备了计算机、投影仪、桌椅等办公设备，音响、二胡、笛子、锣鼓、象棋、乒乓球、篮球等文化体育器材，全年免费对公众开放。同时建成 2200 平方米的文化体育广场 1 座、200 平方米露天舞台 1 个、篮球场 2 个、体育健身器材 12 套、室外乒乓球台 7 张。综合文化站和文化体育广场每天有数百人前来休闲、娱乐、学习、锻炼，成为柘皋镇广大群众开展文化体育活动的主阵地。

文化活动 柘皋镇依托综合文化站、村级文化服务中心，通过举办不同层次、不同形式的文化体育活动，如文艺演出、体育比赛、读书征文演讲、摄影书画展览等，激发群众主动参与文化活动的积极性。全镇相继成立京剧联谊会、老来乐艺术团、金龙舞狮协会、二胡协会、书画协会等业余文艺团体，有计划、有秩序地开展文化活动。同时，文化站举办展览、比赛、笔会、采风、研讨、讲座、培训等，为文艺爱好者和广大群众创造学习和交流的机会。

柘皋镇每年主办、承办、协办各种群众性文化体育活动 20 多场次，新时代文艺宣传小分队巡回演出、广场舞展演、乡村春晚等文艺演出活动受到村民热情欢迎。2013—2020 年，柘皋镇以“游老街、品早茶、走夏至、赏民俗”为主题，连续举办了 8 届夏至民俗文化节，给游客和当地群众带来了别具特色的民俗文化盛宴，国家级、省级、市级等多家媒体进行了宣传报道。

开展群众文化活动（2017年）

柘皋镇注重文化艺术人才的发掘和培育，积极选拔优秀歌手参加第十一届、第十二届巢湖市民歌大赛，并取得优异成绩。柘皋镇积极开展广场舞比赛，举办农民运动会和京剧演唱会活动，全民娱乐和健身活动十分活跃。利用峏山卫生院旧址，建立峏山杨中医展馆，弘扬地方医学精粹，塑造柘皋镇文化品牌。2012 年 10 月，柘皋镇民间书画家程华炎国画人物作品《白衣观音》入选美术院校教学范本《中国当代书画名家画册》。

图书馆（屋） 1929 年，柘皋镇开设了文化书局。1949 年，柘皋新华书店成立。1950 年，巢县文化馆设立图书室。2015 年 10 月，柘皋文化站图书室升级为巢湖市图书馆柘皋分馆，与巢湖市图书馆联网，统借统还。截至 2017 年年底，巢湖市图书馆柘皋分馆藏书近万册。

2011 年，全镇 18 个村（社区）建成农家书屋，免费对群众开放，解决了农民看书难的问题。

广播 1965 年 9 月，柘皋区广播站建立。20 世纪 70 年代各乡镇广播站相继建立。全区广播实现了村村通。1992 年撤区并乡，成立柘皋镇广播电视站，机房设备使用的是 275 瓦 ×2 电子管扩大机，广播信号通过铁丝作导线传输，信号传输到 25 瓦或 12.5 瓦高音喇叭。

2007 年 5 月底，柘皋镇启动调频广播建设，建成 40 平方米的机房和高度为 15 米的

巢湖市图书馆柘皋分馆阅览室（2018年）

村级农家书屋（2018年）

农民书画展（2017年）

老街故事会（2017年）

铁塔1座。2007年10月1日，柘皋镇调频广播正式开播，安装调频喇叭220个，覆盖全镇每个自然村，村民们足不出户就可以通过高音喇叭或调频收音机收听到柘皋镇自办节目，提高了政府的工作效能，也为村民的生产生活提供了方便。

教育事业

孔子台是孔子在柘皋兴办的第一所学堂。明、清时期，柘皋镇私塾星罗棋布。截至1948年年底，柘皋地区有私塾72所，学生约1850人。

新学教育 清朝末年，清政府宣布废除科举，广开学堂。清光绪三十一年（1905），周监三在柘皋镇创立育英学堂，开设算数、体育等新学科。光绪三十二年（1906），柘皋设公立初级小学2所。光绪三十三年（1907），杨鹤龄创办养正小学，开设修身、读经、地理、格致、图画、体操等课程；同年，柘皋增设公立初级小学2所。光绪三十四年（1908），大叶村设私立初级小学1所。1914年，柘皋镇设立巢县第二高等小学，是柘皋镇兴办的第一所公立高等小学。

学前教育 1956年，柘皋兴办第一所民办幼儿园。1958年，柘皋较大的村庄办起幼儿园、托儿所，1960 年全部停办。20 世纪 70 年代，柘皋有幼儿班、学前班、幼儿园 18 个。20 世纪 80 年代，柘皋镇民办幼儿园在三湾增设分班。

2013 年，柘皋镇中心幼儿园在柘皋镇经济开发区建成，是一所公办幼儿园。园区占地面积 2972 平方米，建筑面积 2430 平方米。设 9 个班级，有幼儿 210 人、教职员工 29 人。2013—2016 年，柘皋镇中心幼儿园连续 4 年被巢湖市教体局评为巢湖市安全工作先进单位；2017 年、2018 年被评为巢湖市优秀幼儿园；2018 年被评为巢湖市学前教育保教先进单位。2019 年 5 月，该园通过了合肥市一类幼儿园评审，成为巢湖市唯一一所设在乡镇的合肥市一类幼儿园，同年被评为全国幼儿足球首批试点幼儿园。

义务教育　新中国成立后，柘皋镇设立专门机构抓教育，部分塾师和教育人士开始筹办私立或民办小学。到 1951 年年底，柘皋镇有民办小学 40 所、教师 155 人、在校学生 3896 人。1952 年下半年，民办小学全部转为公办，经费由政府拨发，教师按学历、职务评定级别，发放工资。

1956 年，柘皋镇创办中学——柘皋初级中学，招收初一新生 4 个班，1970 年更名为巢县柘皋中学，成立高中部。1974 年，柘皋公社设立初级中学，1989 年更名为柘皋乡初级中学，1991 年更名为柘皋初级中学。2004 年，柘皋镇教育办公室撤销，设柘皋镇中心学校，2016 年 9 月，柘皋镇中心学校更名为柘皋镇学区管委会。

截至 2017 年，柘皋镇有初中 1 所、九年制学校 2 所、完全小学 3 所、教学点 1 个。全镇有在职教师 326 人，其中义务阶段教师 311 人，正高级教师 1 人，高级教师 55 人。有全国优秀教师 1 人、合肥市名师工作室首席名师 1 人、巢湖市名师工作室首席名师 1 人、巢湖市名班主任 1 人。全镇在校生 5268 人，其中初中在校生数 1268 人，小学在校生数 2876 人。

柘皋镇中心幼儿园（2018年）

上海卢湾柘皋希望小学（2018年）

柘皋镇初级中学校园（2018年）

柘皋中学（2018年）

柘皋镇中心小学是巢湖市示范小学，2015—2016年度被评为巢湖市优秀学校，2015—2016年度获巢湖市农村中心小学教育教学质量综合一等奖，2016年获评巢湖市文明校园，2017年获评巢湖市安全工作先进集体。该校先后获市级“平安校园”“绿色学校”“文明单位”等称号。

柘皋镇初级中学先后被评为安徽省现代教育技术实验学校、合肥市第五批语言文字规范化示范校、合肥市卫生先进单位、安徽省留守儿童示范之家、合肥市廉政文化先进学校示范点、安徽省2013年度少儿科普教育工作先进单位、合肥市平安校园、合肥市绿色学校、合肥市先进集体、合肥市特色学校、合肥市素质教育示范校、合肥市义务教育管理标准示范校、合肥市防震减灾科普示范校等多项荣誉，连续五年获巢湖市农村组教育教学质量综合评比一等奖。

柘皋中学　柘皋中学创办于1956年，时为巢县柘皋初级中学，又名巢县第二初级中学，最初招收学生240人。1970年春更名为巢县柘皋中学，1983年改制为完全中学，1984年更名为巢湖市柘皋中学，2001年9月初中部停止招生，为高级中学。2007年1月，柘皋中学获批为巢湖市示范性高中，该校有30个教学班，在校生1800多人。截至2017年，学校占地面积百余亩，建筑面积近16000平方米，绿地面积5400平方米，建有现代化教学楼1幢，内设30间标准教室（均配有语音系统），实验室、微机室、多媒体教室、录播室等均按要求配齐。学校设有图书馆，藏书6万余册，报刊100多种，教学参考书200种以上。此外，学校还拥有功能齐全的师生餐厅和300米标准运动场。

职业学校　1950年，巢县总工会在柘皋镇成立，同时组建工人业余学校。1951年发展到4所学校18个班，学员1160人。1954年，设初中班（会计班）、高小班、初小班共10个班，学员300多人。

1985年，个体缝纫师刘忠平创办巢湖市扬名职业技术学校，向市内外输送了数千名技术人员。

1986年，柘皋镇玛钢厂自办初中文化补习班，聘请柘皋中学教师任教。厂内有10名青年工人参加大专、中专函授学习。

体育事业

学校体育 1930年以后，巢县第二高等小学开设体育课，每周两节课。有小型运动场地，有沙池及滑梯、秋千、篮球架等设施。

新中国成立后，柘皋地区陆续办起了小学、初中、高中，学校体育设施齐全。柘皋中学建有7500平方米的运动场，每年都举办一届运动会。全镇中小学校常年开展体育活动。

群众体育 柘皋镇群众体育活动开展得较早，1951年，柘皋镇举办了新中国成立后首次运动会，比赛项目有田径、篮球、乒乓球等。

柘皋镇民间体育活动丰富多彩，传统活动有划龙舟、舞狮子、舞龙灯、走高跷等。柘皋镇多次参加合肥市的农民体育比赛，并取得冠军1次、亚军2次、三等奖多次。2009年10月，柘皋镇被国家体育总局授予“2005—2008年度全国群众体育先进单位”称号；2011年，柘皋镇被授予“安徽省亿万农民体育运动先进乡镇”称号。2018年10

2005—2008年度全国群众体育先进单位奖牌

农民运动会上进行拔河比赛（2018年）

农民运动会上进行挑担子接力赛（2018年）

月，为庆祝改革开放 40 周年，柘皋镇举办大型农民趣味运动会，为期 16 天，有拔河、女子跳绳、自行车慢骑、男子挑担子接力赛、田径等 10 个比赛项目，参赛运动员达 500 多人。

柘皋镇民间武术活动活跃，三星村陈华金是国家武术一级裁判，义务教授武术 40 载，他的学生多次在国家、省、市级武术比赛上获奖。2015 年，陈华金被授予“巢湖市学雷锋标兵”和“巢湖好人”称号。

截至 2019 年年底，柘皋镇各村（社区）均建成标准化篮球场、全民健身广场、室外乒乓球台。镇区建成全民健身广场和多功能运动场、健身步道等，为全镇村（居）民健身休闲提供了便利。

医疗卫生 新中国成立前，柘皋境内有中医、西医、儿科、妇科、牙科等多家私人诊所。中医有王汉三诊所、汤立夫诊所、唐绍禄诊所，西医有郑子范诊所、方子鳌诊所、李会卿诊所、朱树生诊所，中西医结合的有普济医院。妇科医生有杨少庭、杨万章、杨鸣琦、杨福生等，中医有刘敬吾、王济生、王少卿、窦石秋、英道源等。另有蛇毒医生丁年、膏药医生陈四一、肿毒医生昌礼登、儿科医生龙德久、“牙疳”医生蒋少斋、蒋维仪、蒋家藩、蒋维富等。

新中国成立后，柘皋镇成立了联合诊所。1951 年，联合诊所更名为柘皋区卫生所。卫生所设西医内科、妇产科、外科。1962 年，柘皋区卫生所更名为柘皋区卫生院。1965 年，柘皋区卫生院更名为巢县人民医院柘皋分院。1992 年，柘皋分院更名为柘皋镇中心

巢湖市柘皋镇中心卫生院（2018年）

卫生院，为一级甲等综合医院，也是新型农村合作医疗及城镇居民医保定点单位。柘皋镇中心卫生院有在职职工 84 人，其中副主任医师 2 人、主治医师 29 人、医师 48 人、其他医务人员 5 人，编制床位 65 张。辖区内有 16 所村级卫生室，53 名乡村医生。

柘皋镇中心卫生院主要医疗设备有 12 导联心电图机、多参数心电监护仪、CR 数字成像系统、X 线透视系统、彩超、全自动血液分析仪和尿液分析仪、全自动麻醉机及眼科超声乳化仪、手术显微镜、裂隙灯、全自动非接触眼压仪、A/B 超声诊断仪等。卫生院设内科、外科、儿科、妇科、中医科、手术室、门（急）诊、功能科、检验科、放射科、健康体检科、计划生育服务科和防疫科等科室。2017 年，柘皋镇中心卫生院被国家卫计委评为“2016—2017 年全国满意乡村卫生院”。

居民生活

千百年来，柘皋历来是征战的军事战略要地。从春秋战国开始，直到宋元明清，再到新中国成立前，柘皋民众经历了无数次战乱。柘皋地处巢湖市西北边缘，农民收入有限，加上匪患不断，柘皋农民的生活极其贫困。

新中国成立后，农民从土地改革中获得了生产资料，生活水平有了很大改善。20 世纪 60 年代安徽省实行包产到户政策，进一步调动了农民的生产积极性，广大群众收入增加，生活水平进一步改善。改革开放后，国家经济快速发展，居民生活水平大幅度提升。从 20 世纪 80 年代开始，电视机、电话、手机、电脑、小汽车等逐渐进入普通家庭。

居民采购生活用品（2016年）

农家办喜宴（2014年）

物质生活　衣。清末和民国时期，农民主要穿自织的土棉布，当地人叫“家织布”或“老土布”。白布坯在染坊加工成白、黑、灰或蓝扎花。男子冬季穿大襟长袍，春秋季节上身都是对襟短褂，下身穿接腰封裆筒裤，秋冬季节外加套裤。夏季炎热时，男子一般只穿一件大裤衩，上身赤膊，肩搭一条大汗巾。逢年过节，则要穿整齐的衣裤。妇女上身穿大襟短上衣，青年妇女喜用其他颜色布镶边，腰束短围腰，春、秋、冬三季外加背心，下身穿接腰筒裤。做客或节日外出另加套裙。姑娘们一般穿士林布、人造丝花布衣。贫苦农民的衣服是一件衣服穿两代，多数子女衣服是“新老大、旧老二、缝缝补补破老三”。集镇上的居民主要穿机织细纱布（洋布），少数富者则穿绫罗绸缎，时髦的妇女身穿旗袍，足穿绣花鞋。五四运动后，青年人逐步改接腰封裆筒裤为西裤，集镇妇女服装式样比农村时髦，颜色、款式也多种多样，不断换新。

20 世纪 50 年代，城乡居民穿着不断变化，衣服布料已逐步为细布、花布、斜纹布及咔叽，但衣着都很朴素，平时一律穿布衣便服。60 年代，城乡居民的衣料主要为线卡、灯芯绒、平绒、毛绒。70 年代，衣料逐渐为涤卡、涤纶等化纤织物所代替，颜色以蓝、灰、黑、黄为主。80 年代后，人民群众生活普遍好转，布料品种越发丰富，人们的衣着更趋多样化。

食。柘皋当地的主要食物是大米、小麦、荞麦、玉米、山芋（红薯）。丰收年，大部分时间吃大米，灾荒年田里收什么就吃什么。

旧时歉收年，农民春季用芥菜搭饭吃，冬季用山芋、萝卜搭饭吃，只有农忙时节中午才能吃米饭。入冬后，有的是一干一稀或两顿稀饭，常年难见荤菜。大部分村民及集

农家小别墅（2018年）

农家私家车（2018年）

镇贫穷人家搭饭的菜主要是青菜和自家腌制的咸菜，只有在逢年过节、喜庆日及招待客人时才有荤菜吃。1941 年，巢北大旱，柘皋丘陵地区颗粒无收，村民大都到圩区要饭，有的甚至是背井离乡乞讨。

新中国成立后，农民有了自己的土地，生活不断得到改善。1956 年，农民解决了低标准温饱问题。1959—1961 年三年经济困难时期，柘皋粮食严重缺乏，部分村民基本生活得不到保障。1962 年后，农民生活略有好转。改革开放后，农民逐渐富裕起来，生活水平逐步提高，鸡、鱼、肉、蛋成为餐桌上的主菜，饮食也逐渐开始注重营养，关注养生保健。

党的十八大之后，农民的物质生活得到了极大丰富。农历腊月，柘皋人把米饭煮熟晒干，炒成米泡，加入饴糖做成糖果，还有用花生、芝麻等做成花生糖、花生酥、芝麻糖，以备过年。

住。旧时，柘皋农村居住条件较差，除少数富户有砖瓦结构房屋外，一般是茅屋泥墙，或是小瓦土墙，房屋低矮阴暗，简陋狭窄，仅能遮风避雨。多数人家人畜（禽）混居，空气浑浊，卫生条件很差。遇大雨、久阴和大雪，很多民居房屋有倒塌的危险。

集镇上的房屋大都是砖瓦平房结构，房屋按层次建，一般三进至五进，进与进之间留有小院或天井。第一进为铺面，其余为作坊、堆货房和食宿场所，房屋多以杉木做柱支撑，五木落地七木朝天，中嵌木板为壁。房屋都较狭窄，又少窗户，通风采光条件很差，仅有旧时少数官宦绅商的房屋雕梁画栋，窗明屏亮。

20 世纪 80 年代，农村出现了建房热，大多数住房是预制板和砖混结构。21 世纪后，

柘皋河畔居民小区（2020年）

富裕起来的农民建起钢筋混凝土的楼房和四合院式的新瓦房，家家户户都有自来水或压水井，别墅式的小洋楼也争相涌现。

2017 年，柘皋镇建成区有居民住宅小区 14 处，居住户 4000 多户，常住人口约 3 万人。

2017年柘皋镇住宅小区一览表

表 3

小区名称	位置	规模	占地面积
金泰新城	东街社区两侧	2000户	150亩
首信花园	道口路东侧（原柘皋轧花厂）	15栋305户 商铺50间	40亩
三丰景苑小区	道口路西侧（原金丰公司）	3栋110户	13亩
金马小区	道口路东侧（原柘北粮站）	5栋139户	14.5亩

续表 3

小区名称	位置	规模	占地面积
和谐园小区	道口路西侧（原柘皋啤酒厂）	4栋104户	15亩
怡园小区	道口路西侧（原柘皋供销社仓库）	3栋80户	10亩
富通新家园	道口路西侧	2栋32户	5亩
鸿泰玛钢小区	331省道北侧（原柘皋玛钢厂）	10栋202	28亩
金巢商贸城	331省道北侧（原柘皋酒厂）	10栋325户	30亩
金色阳光小区	331省道南侧	2栋50户	6亩
西街社区	农贸南路西侧	3栋52户	7亩
桥西小区	桥西街	3栋99户	11亩
桥西影剧院小区	桥西街	3栋61户	8亩
河下小区	巢庙路南侧（原柘皋供销社化肥仓库）	4栋104户	12亩

行。新中国成立前，人们外出以步行为主，少数有钱人雇毛驴代步，官绅富豪坐两人抬的小轿出门。农村中少有富户，有的养马、骡、驴驮物或代步。

新中国成立初期，柘皋周边菜农到巢县城里卖菜，一般肩挑百余斤担子，半夜动身，肩挑步行 30 千米，拂晓抵达巢县城里菜市，菜卖完，当天步行返回。

20 世纪 80 年代，自行车成为近距离的主要交通工具。90 年代初期，交通工具多样化，短途骑自行车、摩托车，中长途坐汽车。农民卖菜、售粮从板车到三轮车，有的家庭还购置农用车和汽车。

2010 年后，运输专业户的货车、面包车大量涌现，水陆交通十分便利。2017 年，巢湖市城乡公交开通，方便群众出行，小汽车也逐步进入百姓家，日行千里成为现实。

用。随着人民生活水平的不断提高，家庭生活用品也不断更新换代。农村木架板床变为席梦思床，冬有电热毯，夏有电风扇、空调。电视机、电冰箱、洗衣机和电脑，大部分人家都有。太阳能热水器、电热水器、燃气热水器已经全面普及。

休闲娱乐 柘皋镇是巢北地区最大商品集散地，商贸发达，人口众多，经济繁荣，文化生活也丰富多彩。

新中国成立前，当地村民娱乐活动少，娱乐形式单调，主要是在劳动中自娱自乐，如喊秧歌，妇女们边插秧边唱，一人唱罢另一人接着唱，有时也会两人对唱。如果农田在村与村农田交界处，还会以村为单位相互赛歌，歌声此起彼伏，劳动热情高涨。秧歌

庐剧表演（2012年）

的唱词大多是临时自编，内容从日常生活到诉艰苦讲故事，甚至拿对方打趣。歌声伴随着劳动，一趟秧歌一趟秧，使劳动不再单调，也消除疲劳。

新中国成立后，柘皋相继成立了文化馆、文化分馆、文化站，有专门机构负责开展群众文化活动。群众自发成立民歌演唱队、京剧联谊会。每逢重大节日，如劳动节、建党节、国庆节、春节等，柘皋镇文化部门都会组织文艺团体、文艺骨干和文艺爱好者举办文化体育活动，如文艺演出、书画展览、体育比赛、民俗灯会等，群众文化生活丰富多彩。

社会保障　改革开放以来，柘皋镇社会保障制度逐步建立健全，“学有所教、劳有所得、病有所医、老有所养、住有所居”政策得到落实。柘皋镇有敬老院 3 所，基本做到养老服务全覆盖。全镇建成农村“留守儿童之家”18 个。

2008 年 1 月，柘皋镇实施城镇居民基本医疗保险工作，全镇城镇居民基本参加了基本医疗保险，居民在各类医院住院，按不同比例报销医疗费用。2017 年，柘皋镇基本实现新型农村合作医疗的全覆盖，全镇参合率达 98% 以上。

截至 2019 年年底，柘皋镇建立健全社会保险体系，基本做到应保尽保。养老、失业、医疗、工伤、生育五项基本社会保险制度不断完善，基本社会保险参保人数 41582 人。部分农民工参加医疗保险和工伤保险。2019 年，全镇农村、城市低保 1391 户 2419 人，特困人员 418 人，发放低保、政策救助、残疾人补助等各类资金共 1270.38 万元。

柘皋镇境内原厂矿企业众多，随着社会主义市场经济体制的建立和完善，部分厂矿

开展敬老爱老活动（2018年）

企业倒闭、转让，许多工人下岗。截至 2017 年年底，全镇有下岗失业人员 2106 人。多年来，柘皋镇鼓励和协调社会力量，坚持开展多种形式、多渠道、多技术门类的就业、再就业技能培训，共培训下岗职工和需要就业的社会人员 1240 人次。落实再就业帮扶优惠政策，发放再就业优惠证 1372 本，落实税费征免政策和贷款扶持优惠政策。2015 年，柘皋镇发放小额贷款 100 多万元，帮助 21 家企业和 312 名下岗失业人员进行创业。因地制宜地推动发展各类就业实体多渠道创造就业岗位，鼓励和引导 417 名下岗失业人员以多种形式实现再就业。镇财政每年拿出 100 万元资金进行岗位补助，定期或不定期地由镇劳动保障事务所召开供职需求见面会，发布就业信息，提供就业岗位。

精神文明建设

文明创建工作 柘皋镇围绕“千年古镇、产业新城”的发展定位，努力打造宜居、宜业、宜游的“柘皋水韵古镇”“特色典范小镇”，大力实施乡村振兴战略。在全镇广

爱心妈妈与留守儿童开展结对慰问活动（2011年）

泛开展文明单位、文明村创建活动，提高社会文明程度，增强服务功能，树立文明新风尚。深入推进移风易俗工作，通过建立健全村规民约，发挥“一约四会”等群众组织作用，广泛开展烟花禁燃禁放、倡导红白喜事简办等活动。2017 年 4 月，建成柘皋乡贤馆，并申报为合肥市爱国主义教育基地，每年接待游客约6万人次，成为广大党员干部、群众，特别是青少年思想道德建设的重要阵地。全镇广泛开展评选“柘皋好人”“十星级文明户”“好婆婆”“好媳妇”“五好文明家庭”等先进典型评选活动。截至 2019 年年底，柘皋镇有“中国好人”1 名、“安徽好人”1 名、“合肥好人”4 名、“巢湖好人”12 名。2017 年 11 月，李永中家庭被评为“合肥市首届文明家庭”。柘皋镇中心卫生院职工张黎明、社区居民詹荣政在 2017 年度合肥市学雷锋志愿活动中被评为“合肥市五星级志愿者”。2018 年 5 月，温宗英、何昌菊获合肥市第二届“好婆媳”称号。柘皋农贸市场获“2017 年度巢湖市文明诚信市场”称号。全镇注重抓好志愿服务与推进中心工作、满足居民需求、文明城市创建“三个结合”，深入开展学雷锋志愿服务活动。组织村（社区）文艺队、广场舞队、舞狮龙队等，在春节、元宵节等重大节庆日开展民俗文化和志愿服务活动。扎实推进未成年人思想道德建设，坚持以立德树人为目标，结合重要时间节点开展形式多样的教育活动。

进行柘皋河水环境综合整治（2020年）

柘皋镇先后获第五届、第六届“巢湖市文明村镇”，第三届、第四届“合肥市文明村镇”，第三届、第四届、第五届“安徽省文明村镇”称号。

人居环境整治 2018 年，柘皋镇被确定为合肥市小城镇及农村人居环境提升项目试点单位，资金总投入约 8500 万元。2019 年 3 月，柘皋镇人居环境提升试点工程项目开工建设，通过实施道路改造、市政设施、景观绿化、综合杆管线和特色风貌整治等工程，为居民预留更多的活动空间，满足居民休闲、健身、娱乐等多种需求，构建绿色、健康、宜居小城镇。

2016 年后，柘皋镇通过巢湖市改善农村人居环境项目、合肥市小城镇及农村人居环境提升试点项目和北闸老街综合整治项目，已完成集镇建设投资 7000 余万元，提升改造主干道约 8 千米，硬化、亮化、美化背街小巷 12 条，新增给排水管道约 11 千米，安装路灯近 2000 盏，改造“臭水塘”为亲水公园。完成亚行污水二期工程，主要区域污水管网全面贯通；常态化开展全域垃圾治理和镇区环境综合整治工作，市场化保洁机制日趋完善，拆违控违、环境整治等工作成效明显。一体化推进农村环境“三大革命”，3 个中心村安装了污水处理设施，完成农村 2200 户改厕工作。“河长制”“林长制”工作有序推进，水清岸绿景美的良好生态环境不断巩固。

商合杭高铁柘皋站

镇村建设

交通 柘皋镇交通发达，商合杭高铁、合芜高速公路、国道 329、省道 208 和 331 穿境而过，柘东路、合巢路、合浦路、栏滨路 4 条主干道，横跨东西，贯通南北。

截至 2017 年年底，全镇投资 4720 万元建成宽 5 米、总里程 150 千米的村级公路，新建、扩建村村通水泥路面 41 千米。全镇 18 个村（居）、300 个自然村告别了村级砂石道路，全镇村级公路网建成，结束了村级道路晴通雨阻的历史，给农民的生产生活和出行带来便利。

商合杭高铁柘皋站 位于巢湖市柘皋镇钱墩村北，距合肥东站 28 千米，距巢湖东站 24 千米，站房建筑面积 4999 平方米。有两座站台四条铁路线，为线侧平式车站。柘皋站设计方案以“湖水”“白鹭”为切入点，力图打造一座富有地方特色的现代铁路站房建筑。建筑轮廓取水的灵动性，以现代手法诠释了巢湖的生机与活力。起伏的建筑曲线以水波的形态在立面上展开，舒展而流畅，是巢湖水景的象征。徽派建筑的意蕴，是城市地域文化的又一体现。

商合杭高铁柘皋站正式开通运营，可直通合肥、芜湖、杭州、武汉、重庆、成都等地，柘皋镇正式迈入高铁时代，缩短了与沿线大城市间的时空距离，形成“一日交通圈”。

水利电力 柘皋境内丘陵起伏，水利条件较差，旱涝频繁。新中国成立后，根据“小型为主，蓄水为主，社办为主”的治水方针，柘皋大规模水利兴修，电力排灌站发挥了应有效益，全镇80%以上的农田达到旱涝保收。

1961年，巢县水利部门先后在柘皋境内兴建了柘黄、柘方两个多级提水电灌站。20世纪70年代末，柘皋境内共建有大小电灌站20座，总装机62台（套），总容量8834千瓦，灌溉域内面积约12万亩，占总耕地面积的72.3%。

柘黄灌区位于巢湖市北部，灌区总面积95.2平方千米，受益人口11万人，是巢湖市最大的灌溉区。柘方二级站是柘方灌区最重要的中转站，受益农田4.5万亩。2006年6月，总投资210万元的柘方二级站技改工程通过验收，被评为优良工程。

2008年，投资597.6万元的国家农业综合开发土地治理项目在柘皋落地，新建和改建灌溉提水站72座，装机7台（套）90.5千瓦，新建桥梁17座、排水涵73座、过路涵25座、毛门200座，扩建和加固当家塘坝6座，新建拦水坝9座，开挖疏浚渠道20

柘黄电灌站（2018年）

条 19.12 千米，渠道衬砌 17.5 千米。2011 年 4 月，总投资 70 万元的星火村平家坝清淤扩建工程完工。

2013 年，总投资 2290 万元的柘皋河柘皋段治理工程项目全面完工。同年，日处理 4000 吨污水的污水处理厂试运行。2014 年 11 月初，总投资 1525 万元的巢湖市柘方中型灌区节水配套改造项目完工，受益耕地面积 5 万余亩。

2017 年，投资 2980 万元的柘皋河金屏河段治理项目、投资 1800 万元的柘皋河水毁修复及灾后重建项目、投资 1000 万元的柘皋河流域国家开发银行三期远景河整治工程全部完工。

2018 年，投资 1500 万元的驷马、兴坝、岬山 3 个村农田水利进行改造工程完工，刘岗、庙集（柘皋片）灌区 3 万亩农田受益，改善了当地的生产条件。

1950 年 5 月，柘皋镇建小型火力发电厂 1 座，可满足 300 户居民用电。1960 年，柘皋三里店变电所建成运行，火力发电厂停止发电。截至 2015 年年底，全镇有农业配变器 226 台、工业配变器 28 台，110 千伏输电线路向四方延伸。

2015 年年底，总投资 5 亿元的柘皋光伏电站建成，2016 年 3 月实现并网发电。柘皋光伏电站坐落在汪桥村境内，占用荒山 1800 亩，总装机容量约 50 兆瓦。

2017 年 9 月，鑫皖新能源有限公司农林生物质发电项目在柘皋镇建和村开工，2019 年 2 月机组并网，3 月顺利通过“72+24”小时试运行。一期项目总投资 3.4 亿元，占地面积 269 亩，年利用农林生物质 27.5 万吨，年发电量约 2.16 亿千瓦时，年供电 1.915 亿千瓦时，吸纳 100 多人就业，实现利税 1000 万元以上。2019 年年底，该公司与柘皋镇及周边乡镇签订秸秆收购协议，以满足正常生产需求。

柘方电灌站（2018年）

千年古镇

柘皋历史悠久，有两千多年的历史。春秋战国时期，吴王夫差和鲁哀公等在此会盟，又称为“会吴城”。西汉，这里设橐皋县。南宋初年，宋将刘琦、杨沂中在这里大败金军，取得“柘皋之战”胜利。北闸街、桥西街等老街，存有江淮地区整体保存较为完好的明清时期古建筑、古民居。

“会吴城”浮雕

千年古邑

烟波浩渺的巢湖北岸，蜿蜒曲折的石梁河畔，柘皋像一颗璀璨的明珠镶嵌于江淮大地。柘皋镇历史悠久，文化底蕴深厚。千百年来，柘皋一直以得天独厚的地理位置，成为南北交通商旅汇聚之地和江淮军事战略要地。柘皋既是古代吴楚文化与中原文化分野的一尊界碑，又是长江文化和淮河文化交流、融汇的一座通埠。

考古发现，新石器时代石梁河畔就有人类活动。相传，大禹治水时，曾到巢湖组织民众疏通濡须水（裕溪河），力劈石梁山，开通石梁河（柘皋河），根治巢湖水患。

柘皋古称“橐皋”，是商周时期的部落方国，群舒之宗国故地。因系皋陶后裔（偃姓），为表怀念祖先而名橐皋。

鲁哀公橐皋会夫差　柘皋，古称橐皋，以“橐皋”之名载入《春秋》《左传》《史记》，以“弥召”之名刻记于楚简。周敬王三十七年（前483），吴王夫差在战胜越国后，急于北上争霸中原重建橐皋，以橐皋为北伐的前沿。他召集鲁哀公、卫出公等在橐皋会盟，欲与楚国争夺江淮地区。《春秋·哀公十二年》记："公会吴于橐皋，吴子使太宰嚭请寻盟。"《史记·吴太伯世家》记："十三年，吴王召鲁卫之君会于橐皋。"这是吴王夫差最后的一次会盟，柘皋又称"会吴城"。

秦始皇统一天下后，分全国为36个郡，橐皋为九江郡的城邑。西汉时期，设橐皋县。《汉书·地理志》记："九江郡，县十五：寿春邑……橐皋、阴陵……"《汉书新注·古今地名对照表》记："橐皋，安徽巢县西北柘皋镇。"《中国古今地名大辞典》记："橐皋县，春秋吴邑。……故城在安徽巢县西北，今为柘皋镇。"东汉以后，橐皋先后并入浚遒县、合肥县、巢州府、巢县。南宋时，橐皋地名改为柘皋，后一直沿用。

从春秋时期的会吴城、西汉时期的橐皋县，到1949年1月巢县人民政府在柘皋镇成立，柘皋一直作为古城、县治所和镇邑，留存在历史长河之中。

孔子橐皋讲学 孔子是中国古代思想家、政治家、教育家。鲁定公十二年（前498），孔子为削弱"三桓"（鲁国的卿大夫孟孙氏、叔孙氏、季孙氏）采取了"隳三都"的措施，与"三桓"产生矛盾。鲁定公十三年（前497），齐国送80名美女到鲁国，季桓子接受了女乐，君臣迷恋歌舞，多日不理朝政，孔子气愤辞去司寇之职离开鲁国，带领学生们到各诸侯国游学，宣传自己的思想。

孔子台遗址（2020年）

孔子南游到楚国，遭到楚昭王冷遇，孔子带领弟子去吴国，到吴国境内的柘皋三板桥时，乘坐的车倾倒，书简落入水中，孔子及弟子就在附近古墩晾晒书简，后又在一个叫月亮地（孔子台）的地方开坛讲学。明代史地学家曹学佺编著的《舆地名胜志》记载：“孔子南游至橐皋，与弟子憩台而返。”清代史学家钱泳到巢县时，曾特意做过考证：“孔子台在巢县西北五十里，土名柘皋。”清康熙《巢县志》记：“孔子台，在县西北五十里，其台上平坦，高可二三丈。相传孔子南游，楚昭王不能用，将适吴，乃驻车台上，与群弟子讲习。”《安徽大词典》记：“柘皋镇东建有烽火台，孔子南游曾至此讲学。”孔子南游在柘皋开坛讲学，传授儒家思想，在柘皋留下了孔难桥（三板桥）、晒书墩、月亮地、听书港、洗砚池等诸多的历史遗迹。2010 年，“晒书墩”“月亮地”被巢湖市人民政府列为文物保护单位。

战略要地古战场　柘皋地处江淮之间，雄踞南北要冲，水路、陆路四通八达，是古代南北的交通要道和江淮地区的古战场。

周敬王二年（前 518），吴使公子光奉命伐楚，楚王率王师在巢湖东南岸决战，吴军胜利，楚平王败退至圉阳（巢湖南边），吴国一举攻占巢国城池，巢国灭亡。橐皋作为故都城邑，归附于吴国。三国魏黄初三年（222）九月，魏将曹仁率数万骑兵、步兵驻守柘皋。次年二月，曹仁挥师进逼濡须城。三国吴五凤二年（255）正月，魏将文钦率众叛魏，与魏军战于乐嘉（今河南项城西北），兵败，退至柘皋。二月，吴将孙峻率吴军袭取寿春，大军至东兴堤（东关），率军进入柘皋，文钦归降孙吴，淮南余部数万魏军同时归吴。曹魏和孙吴征战巢湖 40 年，留下“曹操四越巢湖不成”之说。

南宋建炎四年（1130），金军两战柘皋，击败宋军万余人。南宋绍兴十一年（1141），刘锜、杨沂中率领宋军在柘皋大破金军拐子马阵，金军惨败逃到濠州。这场战争史称“柘皋之战”，是南宋初年抗击金军的一场重要战役，后被收录到《影响中国的 100 次战争》。绍兴三十一年（1161），姚兴在尉子桥浴血抗金，成为抗金名将。

抗日战争期间，柘皋是巢县抗日民主政府所在地和抗日游击根据地。1939 年 2 月，日军重兵包围新四军八团驻地方老人洼村，新四军八团与巢县抗日游击大队相互配合，击毙日军 150 多人，取得了方老人洼战斗胜利。1941 年 2 月，日军步兵、骑兵、炮兵 1000 余人围攻柘皋，柘皋军民奋战 4 昼夜，击毙日军 500 多人，取得了柘皋防御战胜利。漫漫几千年，柘皋不是战场，就是兵道，干戈连年，硝烟不熄，直到 1949 年 1 月柘皋解放，千年古镇柘皋，回到了人民的怀抱。

古镇风貌

古街区 柘皋镇坐落在一块平坦地带的中央部位，古街区沿柘皋河两岸兴建，古老的石梁河穿镇而过，是枕水而居的水乡古镇。古街区内存有明清时期的古建筑、古民居，街区青石路面，古色古香。

柘皋镇街区沿河两岸兴建，并在河上架设了玉栏桥、珍珠桥、洋桥、阳光大桥、农贸南路大桥 5 座桥梁，将镇区两大片连成整体，从空中俯瞰，柘皋古街区呈现十字形。柘皋镇自古以来是江淮地区的商贸重镇和农产品集散地。清末民国初期，柘皋镇商业处于鼎盛时期，柘皋拥有商铺数百家，粮棉商行遍布街区，人口达万人以上，镇上设有广

俯瞰古镇（2019年）

东会馆、福建会馆、江西会馆、徽州会馆等。

新中国成立后，柘皋经济得到恢复和发展。1956年，柘皋商贸经过“一化三改造”，国营经济、供销社、合作商店成为商贸活动主阵地。改革开放后，柘皋商贸经济以国有经济为主，民营经济、个体经济迅速发展，各种经济形式共同发展，商贸日趋繁荣昌盛。

石板街道（1986年）

由于历史原因，柘皋老街在改造过程中，部分青石板街面被拆除，古镇风貌遭到不同程度破坏。中共十一届三中全会后，柘皋镇在保护古街区的同时，扩大新区建设，镇区面积得到了拓展，镇区由原有的十字形状变成了一个块状的城市格局，镇区内新建4条马路和4条街道，新建楼房288幢、56751平方米。

近年来，在柘皋镇政府和当地群众的积极努力下，对柘皋老街进行了有效保护，老街上的商铺、民居、街道和条石恢复了原貌，尤其是北闸老街、桥西街、东湾街的古建筑，以及李家大屋、杨家大屋、汤家大屋等古民居得到有效保护，为千年古镇留下历史的记忆。2007年，北闸老街被巢湖市人民政府列为市级文物保护单位。2018年，北闸老街被列为第五批中国传统村落。镇政府规划了老街保护区范围和控制带，保护区内有600余间古民居、古建筑。

古建筑　清末，柘皋镇共有9条街道、13条巷道。9条街道是东街、西街、十字街、河东街、河西街、北街、北门外大小街、上湾街、下湾街。13条巷道是刘大圣巷、四老巷、升福巷、高井驿巷、河西大巷口、小巷口、河东巷、北门大街巷、小街巷、大观园巷、茹家巷、徐坤大巷、牛市巷。街道用条石铺成，宽处宽 5 米，窄处宽 3 米，中间略高，呈鲫鱼背形，横石下为阴沟。河东街、河西街分别沿河滨驳成石岸，并砌成石阶踏步 4 处，踏步宽 2.5 米，深至河水搁浅为止，供居民洗衣淘米和码头箩夫搬运货物之用。镇内街道总长 4320 米。

柘皋镇现存 5 条古街：东湾街、桥西街、北闸街、河东街、河西街，保存最为完好的是北闸街和桥西街，建在柘皋河东西两岸。北闸街南北长 230 米，东西宽 80 ~ 100 米，街道宽约 5 米，是柘皋古镇主要的商业街区。桥西街长约 700 米，东西宽 80 ~ 100 米，街道宽约 5 米。柘皋老街内保存有大量明清时期的古建筑和古民居，沿街房屋大多数是两层小楼，第一层略高，第二层较矮。明朝政府规定，民房超过限定的高度，就要征收

古民居门楼上的石雕（2018年）

古民居上的木雕（2018年）

北闸老街（2019年）

超高税，因此，这些明朝建造的民居都相对较矮。

北闸老街建于明末清初，以徽派建筑为主，粉墙、黛瓦、马头墙、砖木雕刻犹在，风格清新典雅，工艺精湛。老街古民居以两层多进为主，内有古井，通水、透光、排水，被誉为江淮地区保存较好的明清古建筑群之一。北闸老街的古民居有 145 户、600 余间，其中民房 70 户，公房 75 户。

李氏当铺是北闸老街规模较大的古建筑，建于清同治九年（1870），现今依然完好地保存着昔日的风貌。

当铺原为七进，建筑面积 5000 多平方米。现存的李氏当铺为三进，均为两层，占地面积约 1300 平方米。临街门楼为 3 间，宽约 30 米，1 个正门，2 个侧门，3 条建筑轴线，由中通道、侧庭院构成，进与进之间由串楼相连。三座高大的石门门额上方塑有八仙塑像砖雕，雕刻精美，生动活泼。大门高约 3 米，在大门的两边，分别镂空雕有 4 个拴马桩，立有 4 个拴马石。当铺内有以清代画家朱耷的书画为模雕刻的砖雕，如舜耕历山、五老观太极、喜上梅梢、竹报平安和周公下棋的“松鹿图”等。大门有楹联一副，上联为：当亦有本，一诺千金，惠民启富；下联为：铺能生利，四通八达，盛业昌隆。横批：公德致祥。

2015 年 1 月，李氏当铺开始维修，按照“修旧如旧”的原则，力求再现当年当铺的历史原貌。2019 年，李氏当铺被列为安徽省第八批文物保护单位。

李氏当铺门前的拴马石（2018年）

三进古民居（2018年）

老街古民居一角（2018年）

“春和义”药店曾经是柘皋镇最大的药店，药店正门上方有精美的立体石刻浮雕“鹤鹿盘松”四个大字，正中牌匾上有“春和义”三个镏金大字，大门旁一副正楷对联“参茸桂燕，九散膏丹；精制饮片，虎鹿仙胶”镶嵌左右。铁包的黑漆大门旁有铁栅栏拱护，门联用白铜铸字“春雨灵芝润，和风瑞草香”。店堂内有四块竖立的金字匾额、青石地面和高高的柜台，柜台两旁有两个木雕隔栅拱门，隔栅上雕饰各种小动物，将柜台与账房、客房分开，显得庄重、和谐、典雅。在第三进、第四进楼房之间的天井内，有一个能贮300担水的“太平池”，以防火灾。药店整体结构为六幢、四厢、两层木质楼房建筑，面积约1200平方米。

李家大屋坐落在柘皋镇桥西街407号，建于清康熙年间（1662—1722），清政府曾在此设焦湖巡检司。1962年，大屋归李仰儒所有，故称“李家大屋”。20世纪80年代初，李仰儒后人从美国回柘皋探亲，将这栋老屋无偿地捐献给柘皋中学。

老街的古建筑和古民居，虽历经风雨和岁月的沧桑，仍较为完好地保存着古风古韵。

古镇商贸

商业服务业 春秋时，柘皋既为宗国之都，亦是交易场所。秦、汉、唐置橐皋县，商业较为繁荣。唐代，柘皋建有 39 间储粮仓廪，柘皋成了米粮屯集库和转运站。

明代，柘皋商业活跃，晚清时期柘皋商业繁荣，很多外地客商到柘皋经商，镇上分别建立江西会馆、徽州会馆、福建会馆、广东会馆等。其中江西会馆规模较大，活动频繁。1931 年，臧励龢编印的《中国古今地名大辞典》记载："柘皋，清时，于此置巡司，自巢县到合肥，必经之地，商业颇为发达。"

新中国成立前，柘皋商业主要经营百货、南货、山货、窑货，有铁木制作、饮食服务等几十种行业。资本从几十元到几万元（银圆）不等。开业较早、资本雄厚的大商号主要集中在柘皋镇区。镇区共有杂货店 35 家，茶馆（酒店）31 家，牛行、猪行、粮行、油行、面行、纱行等 82 家。新中国成立前，柘皋镇各种行业店铺共有 326 家。

新中国成立初期，国营商业、供销合作商业处于初创阶段，市场仍以私营为主，1953 年年底，全境有私营经营户 938 户，从业人员近 2000 人。

1956 年，经过"一化三改造"，国营经济、供销社、合作商店成为商贸主阵地。1956 年，全镇 8 个农村集镇全部由供销社经营。1958 年后，条件较好的个体商贩再次被吸收到公私合营、合作的商店之中，私营商业基本消失。

中共十一届三中全会后，国家确定了以国有经济为主导、集体经济及个体经济并存的体制，私营经济获得恢复和发展。截至 2019 年，全镇有商业经营户 1769 家，从业人员 10853 人，其中上规模的 215 家（超市 31 家），临时摊点 1120 家。

商贸老字号

李氏当铺 李鸿章家族曾在合肥、巢湖柘皋、巢湖烔炀、含山运漕、桐城孔城等商贸重镇开设当铺，享有"江淮第一铺"的美誉。位于柘皋镇北闸老街中段的李氏当铺于

李鸿章当铺（2018年）

“春和义”药店（2013年）

清同治九年（1870）兴建，由李鸿章四弟李蕴章具体选址操办，已有 150 多年的历史。

柘皋镇李氏当铺原有七进，拥有着行政、结算、仓储等职能，是李氏当铺的仓库和港口运输货物集散地之一。2019 年，柘皋李氏当铺被列为安徽省第八批文物保护单位。

“春和义”药店 1922 年，“春和义”药店在柘皋镇开业，是芜湖张恒春药店的一个分店，有近百年的历史。1929 年冬，“春和义”药店发生一场大火，药店焚烧殆尽。1930 年，张恒春老店投资 10000 银圆，重建“春和义”药店。

抗日战争时期，柘皋曾被日军占领，药店遭到洗劫，员工被解雇。抗日战争胜利后，药店恢复营业。1956 年，药店实行公私合营，成立柘皋医药公司，“春和义”药店更名为巢湖市医药公司柘皋分销处。

晋丰茶庄 晋丰茶庄位于柘皋镇玉栏桥东侧，清光绪二十四年（1898），徽商项坤铨到柘皋经商创业，在玉栏桥东侧紫金街临街购买一套房产，做茶叶零售生意，取店号晋丰茶庄。晋丰茶庄地处柘皋老街闹市区，店铺属典型的徽派建筑，前后三进，上下两层。楼下临街三间用作铺面，面积 50 多平方米，楼上用作茶叶后续加工和仓储。

项坤铨是太平县三门村人（今黄山市黄山区新明乡猴坑村）。1916 年，项坤铨病故，其长子项炳椿接掌经营，项炳椿兄弟三人齐心合力，茶庄逐渐进入鼎盛时期。1938 年 5 月 19 日，日军占领柘皋，项炳椿被日军打死，晋丰茶庄逐渐衰败。其后，晋丰茶庄由项炳华、项炳宣兄弟俩勉强维持经营，直至 1956 年公私合营，融入合作商业。

德隆源杂货店 德隆源杂货店原名高春茂杂货店，创办于清朝末年。经营到第三代高少候时，改名为德隆源杂货店。高少候在经营杂货店的同时，兼营五洋（洋油、洋火、洋糖、洋烟、洋肥皂）商品和钱庄。1926 年为鼎盛时期，增设 2 个洋油货栈、2 个鸡蛋坊、1 个油行、1 个土布行、1 个转运公司（有 2 艘小轮、2 艘驳船）和钱庄，常年用工 100 多人，资本 10 万银圆以上。

三阳杂货店 三阳杂货店位于柘皋西街。1922 年，任氏兄弟三人从丹阳迁到柘皋，开设杂货店，主要经营洋油、洋火、洋糖、洋烟、洋肥皂等商品，经过数年的资本积累，在西街兴建两层楼房 1 座，占地面积 2000 平方米，建筑面积 600 平方米，曾是柘皋镇行业巨头，1942 年衰落倒闭。

鼎新、陈义兴酱坊 柘皋镇有很多酱坊，最负盛名的是鼎新酱坊和陈义兴酱坊，均创办于 1912 年前后。鼎新、陈义新酱坊为前店后坊，规模较大，用工较多，资本都在万元（银圆）以上。陈义兴生产的蒲包干子，细嫩味香；鼎新生产的酱油，色浓味鲜，口感醇正。这两家酱坊，一直经营到 1956 年，公私合营后成立合作商店。

迎河轩茶馆 迎河轩茶馆位于玉栏桥东北侧，依柘皋河临水而建，早上经营茶和点心，中午、晚上经营酒菜，因位于主街闹市区，生意特别红火。茶馆前后共五进，第五进建有小楼，设雅座，供茶朋酒友凭栏眺望，柘皋河上舟船帆影、玉栏桥上人群来往尽收眼底。

柘皋居民在迎河轩茶馆吃早茶（1985年）

柘皋镇除有迎河轩茶馆外，还有群贤聚、怡心园、如意、天香楼、一条龙等老字号茶馆、酒楼，深受客人青睐。这些茶馆、酒楼从早到晚人声鼎沸，熙来攘往，热闹非凡。新中国成立前后，柘皋镇商贸繁荣，盛极一时，当地人称柘皋为“小南京”。

中共十一届三中全会后，柘皋镇百业复苏，茶馆、酒楼发展兴旺。2004 年，柘皋镇被列为全国重点镇，更加促进了柘皋镇的商贸发展，“柘皋早茶”也成为柘皋镇对外交流和旅游开发的一张文化名片。

1956年柘皋镇老交易行一览表

表 4

种类	名称
竹木行	同福祥（吴海洲）、同兴祥（贺永祥）、褚光照木行、王克近木行、苏宗睦木行
粮食行	翟义胜（崔记）、翟利农（翟宗礼）、翟祥丰（翟宗信）、晏义和（晏记）、闰玉泰（茹记）、金恒元（金记）、洪鸣九粮食行、杨文泰（杨记）、李振兴（李春华）、盛家兴粮行、闫隆泰粮行、刘朝轩粮行、徐坤大粮行、茹长泰粮行、袁广发粮行、张其鉴粮行、徐占炎粮行、张德鉴粮行、汪登发粮行、翟宗兴粮行、翟宗水粮行
棉花行	晏光发棉花行
猪行	温家猪行
柴草行	何昌俊
草扎行	沈苍龙
牛市	尹家岗牛市

三湾竹木行 柘皋木材经营历史悠久，在同行业中，三湾竹木行最为出名，清末民国初期是其鼎盛时期。

清朝中后期，柘皋凭借四通八达的水陆运输便捷条件，宿松、太湖、江西等地的木材商人，把大批的木材通过水路运到柘皋，在柘皋河的上湾、中湾、下湾的河滩上建立几百个木材棚，木材堆积如山，这些木材再由陆路从柘皋运往梁园、定远、凤阳、全椒、嘉山等地，销售量最大年份达 2 万两白银（一两白银折合一立方米木材）。

新中国成立初期，木材为私人经营。1953 年，国家对木材实行统购统销。1955 年，柘皋成立木材代销点，归口安排从业人员 7 人。1956 年，代销点将毛元竹商店并入，成立公私合营的柘皋木材分销处。1962 年，毛元竹商店从木材分销处分离，独立核算，木材分销处改为木材经营处，沿袭至今。

1956年柘皋镇老字号一览表

表 5

种类	名称
杂货店	德隆源（兼营钱庄）、三阳（任和卿）、徐兴源（徐汉卿）、唐同康（唐逊庭）、聚泰（张怀家）、王俊和（王存宽）、僚泰恒（丁荫庭）、盛又记（盛华堂）、詹恒记（詹士宏）、鑫昌（张楚材）、生活商店（杨承宇）、王恒茂（王德民）、钱同昌（钱际祖）、吴恒隆（吴汉川）、钱信泰（钱迺慰）、李永泰（李春和）、杨宏发（杨畅辰）、杨源发（杨根元）、元生（金子开）、徐恒隆（徐子厚）、福元（陈氏）、翟恒记（翟其炳）、大兴（霍氏）、益丰隆
京广货	李敏涂京货店、章仲轩京货店、衡发（孟耀东）京货店、吕维顺京货店、汤梦觉京货店、陈忠国京货店、陈福海京货店、黄烟店（前店后厂）、郑福泰（郑作佳）、郑洪泰（郑伯川）、同泰祥、郑一大（郑伯福）、舒复盛
药店	春和义（芜湖张恒春分店、经理陶希斋）、陆恒春（陆翰章）、橘井春（沈仲方）、杏林堂（魏敬舆）、长春和（沈金生）、仁和堂（王世懋）、泰和堂（戴延年）、新昌（魏秋江）
布店	陈同泰（陈荣卿）、天昌永（牛恒夫）、益丰（高益民）、钱晓卿布行、钱延升布店、倪赞布摊、武绍南布店、大成（李广生）
锅瓷店	朱裕康（朱少峰）、致中和（陆记）、周裕丰（周久芬）、黄成复（孟）、立成（徐国卿）、黄时学锅瓷店、钱裕隆锅瓷店（钱嵩卿）
茶叶店	义丰和（陈子衡）、晋丰（项培业）、天生（葛子方）
山货店	兴隆和（李昆泰）、袁正隆山货店、李炳发山货店、杨开发山货店
毛笔店	时庆云（时祝三）、丁占云（丁仕宏）、丁占元
文具店	开泰（褚光来，兼营钱庄）
书店	文化书店（陈翰奇）、文盛书店
煤炭店	徐兴源煤炭店、杨宏发煤炭店、徐立成煤炭店、陈仲泉柴炭行

1956年柘皋镇老手工作坊一览表

表 6

种类	名称
酱园槽坊	鼎新、陈义兴、周先大、王聚和、盛元记、荣昌聚
染坊	钱信泰、大顺和、东泰和、许才藩染坊、正泰和
木匠店	韩家凤木匠店、荚存元修独车行、木砻行
银匠店	宋记银匠店、洪聚宝、徐记银匠店、夏记金银加工老店

续表 6

种类	名称
缫丝店	胡德成、王兴记
缝纫店	赵克金裁缝店、陈道德裁缝店、程再豪裁缝店、张同大帽子店
皮匠堂（制革）	丁业泉皮匠堂、徐家本皮匠堂、孙家皮匠堂、丁大华皮匠堂
铁匠店	张宏才铁匠店、翟记铁匠店、马记铁匠店
纸坊	褚复盛、陈长泰
印刷	韦同丰、闫式祥印刷店
铜匠店	赵聚盛
裱画店	戴承玉裱画店、裴九皋裱画店
刻字	罗希圣刻字店、胡启胜刻字店
粮油加工	庆丰米厂、大丰米厂、齐民米厂、温氏米厂
烟厂	大东烟厂、中南烟厂、裕泰烟厂、大丰烟厂

1956年柘皋镇服务行业店铺一览表

表 7

种类	名称
诊所	中医：汤立夫、刘敬吾、汤伯林、王仲陶、龙德九（小儿科）、段世和（外科）、陈四一膏药店（陈荣庭） 西医：郑子范
浴室	大星池（赵启荣）、三星池（尹学敏）、铭新园（刘传鼎）、大观园（何昌佑）、新星池
茶馆、酒楼	群贤聚（王荣才）、怡心园（王宗旺）、如意（姚志道）、天香楼（邓晓山）、迎河轩（许承基）、王朝政牛肉馆（王记）、李玉竹酒馆、金瑞章羊肉馆、一条龙（曹益旺）
理发	洪作顺理发店、居记理发店、李记理发店、王记理发店
旅社	迎宾旅社（陈记）、北门草扎行（寄养骡、驴、马等）
照相馆	中华（杨修林）、友谊（郑桂才）
箩行（搬运、丧葬）	李荣根
电灯厂（小火力发电）	电灯厂由郑作佳、盛华堂、鲍春谷、陆翰章等于1949年创办，一般晚上5—6点送电，9点停电
命馆	效茅庐命馆（茆氏）
当铺	李氏当铺

枕水而居的古民居（2017年）

古镇保护

为了切实保护历史文化遗产，合理利用历史文化资源，从 1993 年起，柘皋镇停止老街改造，加强老街保护工作。2007 年，柘皋镇北闸老街被巢湖市人民政府列为市级文物保护单位，并划定保护范围和控制带。2012 年，巢湖市人大常委会组织专人到柘皋老街进行为期一个月的调研，收集整理出 20 万字的《柘皋老街调查资料汇编》，为柘皋老街的保护、开发利用提供了第一手资料。柘皋镇通过舆论宣传、落实老街保护措施、成立保护管理队伍，对柘皋老街的古建筑、古民居、文物古迹进行全面保护。

保护规划　2000 年起，柘皋镇加大了镇域内古建筑、古宅院、古民居的保护力度，并制定保护规划。2009 年，巢湖市居巢区政府拨出专项资金，制定《柘皋北闸老街保护规划》，并制定了北闸老街单体古建筑、古民居建设详细规划。2015 年，柘皋镇对北闸老街、李氏当铺等具有代表性的明清古建筑、古民居进行登记建档，实施保护措施。根

修复后的柘皋镇北闸老街（2018年）

据《中华人民共和国文物保护法》的相关规定和《巢湖市柘皋镇总体规划》中的柘皋老街保护相关条款，明确镇区内的古民居、古建筑在维护修缮、建设审批上严格把关，明确规定老街保护范围和控制带内严禁违章建设，对违反规定的依法追究相关责任。对具有历史价值的古建筑、古民居，根据《中华人民共和国文物保护法》，按照“修旧如旧”的原则，在规划审核通过后，进行必要的修缮。2018 年，柘皋镇北闸老街被列为第五批中国传统村落。

保护机构 2014 年，柘皋镇成立柘皋老街保护领导小组，柘皋镇党政一把手担任领导小组正、副组长，加强对镇区内的古建筑、古民居、文物古迹以及古镇风貌全方位的保护和恢复建设。领导小组下设老街保护机构，配备专职人员，负责老街的规划建设，落实老街的各项保护措施。与此同时，聘请当地居民担任老街保护信息员，向保护机构反馈老街范围内的违章搭盖、违章建筑等信息，政府相关部门及时纠正和查处，使镇区内的古民居、古建筑、文物古迹得到有效保护。

保护措施

修复北闸老街 柘皋镇北闸老街是皖中地区保护较好的一条古街，已有 400 余年历史，街内存有大量的明清古建筑。2015 年，柘皋镇政府投资 2200 万元，对北闸老街进行维修，在保留历史风貌的基础上，恢复老街风貌。2018 年 12 月，柘皋镇实施北闸老街综合整治工程，工程总造价 2500 万元，项目内容涉及北闸老街强电、弱电和给排水综合整治和青石路面铺装，恢复青石板路面，“三线”（电话线、电视信号线、电线）、

“一管”（自来水管道）全部下地，拆除老街内所有线杆。

修复李氏当铺　李氏当铺位于柘皋镇北闸老街中段，建于清同治九年（1870），原占地面积约为5000平方米。2015年1月，投资300多万元，对李氏当铺的前三进房屋进行维修，维修总面积1300平方米。沿用原来的磉墩（石柱脚）、石柱础、阶沿等老材料进行修复，达到修旧如旧的效果。2017年4月，李氏当铺内设乡贤馆，并免费对外开放。2019年，柘皋镇李氏当铺列入安徽省第八批文物保护单位。

修复李家大屋　李家大屋位于柘皋镇西街407号，建于清康熙年间（1662—1722），曾经是焦湖巡检司的驻地。清乾隆三十五年（1770）改焦湖巡检司为柘皋巡检司，1912年废柘皋巡检司，设柘皋司，1926年柘皋司被废除。该房产归当地董绅李仰儒所有，后人称“李家大屋”。李家大屋为四进，十七间房，两个院子，是三个天井构成的明末清初的古建筑。由于年久失修，屋上有些瓦椽已经脱落，柘皋镇将该建筑列为重点保护古建筑，拨专款进行维修。

提升人居环境　2018年4月，柘皋镇被确定为合肥市小城镇及农村人居环境提升项目试点单位，工程项目重点实施3大板块和6个工程项目。三大板块：一是省道331、省道208市政道路改造和综合整治，二是“一街一河”环境综合整治，三是北闸老街二期和零星节点综合整治。

截至2019年年底，总投资8500万元的滨河西街及桥头堡景观工程、北闸老街二期特色风貌工程、滨河东街和桥西街周边整治提升工程、省道331综合整治工程、柘皋河两岸景观提升工程、游客服务中心综合楼和玉栏中街两侧特色风貌提升6项工程项目全部完工。

老字号店铺修复现场（2018年）

老街修复现场（2018年）

合芜高速柘皋出口（2019年）

文物古迹

考古证明，新石器时代柘皋就有人类活动。春秋时期，孔子周游列国在柘皋讲学，留下了孔子台、听书港、晒书墩等历史遗迹。周敬王三十七年（前483），鲁哀公会吴于橐皋，筑坛缔盟。柘皋土地上留下的古遗址、古墓葬、古井、古碑等文物，印证了柘皋悠久的历史。

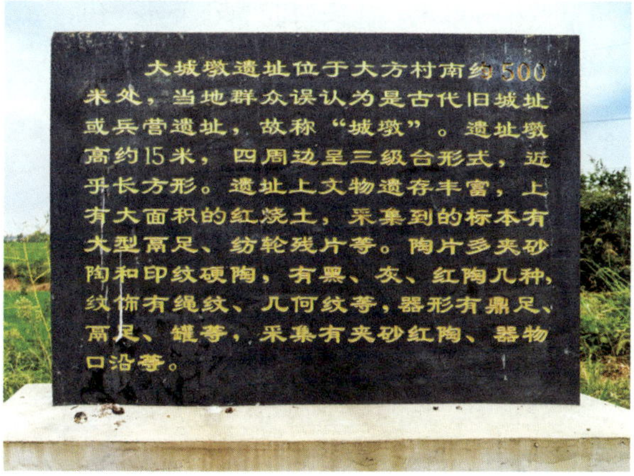

大城墩遗址碑文（2016年）

古遗址

大城墩遗址　大城墩遗址位于大方村南 500 米处，为新石器时代遗址，距今约 4000 年。遗址是由大方村大城墩遗址、小城子遗址和梁家冲小城子遗址共同组成的遗址群，面积分别为 1.8 万平方米、0.32 万平方米和 0.29 万平方米。大方村大城墩遗址是其中最大的也是文物遗存最丰富的一个，生活层达 10 层。该遗址高约 30 米，近乎长方形，四边呈三级台形式。遗址上有大面积的红烧土，陶片也很多，采集到的标本有大型鬲足、纺轮残片等。陶片多夹砂陶和印纹硬陶，有黑陶、灰陶、红陶，纹饰有绳纹、几何纹等，器形有鼎足、鬲足、罐等。

大方村大城墩遗址南边 200 米处为梁家冲小城子遗址，此遗址陶片不多，采集有夹砂红陶、器物口沿等。

大方村大城墩遗址北边 100 米处为大方村小城子遗址，此遗址陶片不多，采集有夹砂红陶、腹片等。

1982 年 11 月，大城墩遗址被巢县人民政府列为文物保护单位。

城里岗遗址　城里岗遗址位于柘皋镇东500米、徐岗村西200米处。1985年第二次全国文物普查时发现，为新石器时代至商周时期遗址。遗址面积约7000平方米，四边高出周围地表约1.7米，中间最高处高出周围地表约3米。遗址呈长方形，属典型的台形遗址，表面略呈漫坡状，四周边缘陡直。

经钻探，土质土色分为四层：第一层厚约1.2米，为灰褐土，夹红烧土颗粒；第二层为10多厘米厚的黄土，土质硬密，夹少量灰褐土和极少量红烧土颗粒；第三层厚约1米，为灰色土，夹较多红烧土颗粒，土质松软；第四层厚约40厘米，出现夹铁锰结核的黄土，第四层有炭块和烧土颗粒。据分析第二层的黄土很可能是人类活动的一个间歇期，遗址下可能还有新石器堆积。

该遗址地表可见大量陶片，但较破碎。陶片以夹砂红陶为主，有较多印纹硬陶和少量印纹软陶、夹砂灰陶。纹饰以绳纹为多，印纹陶纹饰丰富，有米字纹等。器形有鬲裆片、鬲足（足跟略平而小）和甑等。此外在遗址东南部发现2件残的横装扁平鼎足，为新石器时代之物。

古老墩遗址　古老墩遗址位于柘皋镇锦旗村郭湾自然村东南约100米处，是一个椭圆形土墩，1985年第二次全国文物普查时发现，为商朝末期遗址。遗址面积约4000平方米，周长220余米。遗址呈不规则形，墩高约1米，表面相对平坦，略呈漫坡状，与典型

古老墩遗址的陶片（2018年）

的台形遗址相差很大。遗址四周均较低平，很远处有低矮岗地，东面 100 米有小河流过。

该遗址地表可见陶片不多，且较为碎小，与典型商周遗址不同。从陶片看，可以确认有两个大的时期，一为龙山时期，二为商周时期。龙山时期的陶片可以确认的不多，有几件鼎足，一为夹细砂褐陶侧装扁平足，一为夹砂陶侧装扁平足而足尖部用手提凹，一为典型的侧装扁平足，另有一件小石锛。商周时期的陶片也不太多，以夹砂红褐陶稍多，另有极少夹砂灰陶、印纹陶片。器形有平跟鬲足、甗等。纹饰有绳纹、几何纹。

山柯遗址 山柯遗址位于柘皋镇建和村河稍刘自然村南 700 米处，高约 10 米。1985 年第二次全国文物普查时被发现，为新石器至商周时期的古聚落遗址。遗址面积 5700 余平方米，周长 280 米，呈长方形。从侧面的自然剖面看，有文化层堆积，夹杂有大量陶片。根据土质土色可分为四个自然层：第一层为耕土层，厚 30 厘米；第二层为商周文化层，厚 70 厘米，土质松散，呈灰黑色，含红烧土颗粒及炭粒；第三层厚 60 厘米，呈浅灰色黄土，水分较多；第四层厚 40 厘米，黄土。

该遗址地表可见较多的碎陶片，出土有新石器时代的石器残片和商周时期的蚌刀、鼎足、鬲足和器物口沿等。陶片以夹砂红陶、红褐陶为多，也有少量泥质灰陶以及印纹硬陶片，另有个别绳纹砖、绳纹板瓦。绳纹砖的厚度较薄，地表红烧土颗粒不多，主要位于遗址西部。1990 年 3 月，农民平整土地时挖掘出石盘、青石斧和麻石斧：石盘长 45 厘米、宽 34 厘米、厚 7 厘米；青石斧长 14 厘米、下宽 5.5 厘米、上宽 4 厘米、厚 3 厘米；麻石斧长 16 厘米、下宽 6 厘米、上宽 3 厘米、厚 4 厘米。

大储遗址 大储遗址位于柘皋镇建和村大储自然村西南 500 米处，为商周时期遗址。遗址总面积约 10000 平方米，遗址顶部面积约 8670 平方米。遗址呈斜长方形，顶部高出地面约 3 米。该遗址地表陶片多，南半部尤甚，陶片较大，以夹砂红陶为主，也有少量泥质灰胎黑皮陶，另外可见不少印纹硬陶，红烧土块不多但较大。器形有平跟鬲足、矮锥状鬲足、泥质红陶罐底等。矮鬲足有刮痕，印纹陶有少量印纹软陶，硬陶数量稍多，还出土有小陶网坠、陶拍残片和鬲足等。

施家岗遗址 施家岗遗址位于柘皋镇五星村施岗自然村南 150 米处。1985 年第二次全国文物普查时被发现，为新石器至商周时期遗址。遗址位于一独立的矮小山头上，呈椭圆形，似馒头状，顶部较平整。总面积约 1.3 万平方米，周长约 450 米，四周地势低平，顶部高出农田约 5 米。

该遗址通往敬老院后面的路面上可见清晰的文化层。根据土质土色分为三个自然层：第一层为耕土层；第二层为商周文化层，为多层灰褐土，并有大面积红烧土层，暴露处厚达 2 米；第三层为新石器文化层。

该遗址地表陶片密集，商周时期陶片有夹砂红褐陶、印纹硬陶等，器形有锥状的平跟鬲足、鬲口沿、甗腰等，纹饰有绳纹、附加堆纹。该遗址出土一批新石器时期陶片，以夹砂红陶的鼎足为典型，鼎足有侧装扁平、槽装扁平，有些上有 1 ~ 2 道深凹槽，另有蓝纹缸片。

阳河岗遗址 阳河岗遗址位于柘皋镇西南、合浦公路南侧，曾为柘皋粮站站址。1985 年第二次全国文物普查时被发现，为商周时期遗址。遗址总面积约 2 万平方米，遗址高出地面约 4 米，遗址东边 30 米处是柘皋河。

20 世纪 50 年代，柘皋粮站建站时发现有印纹和绳纹陶片、筒瓦、完整的双耳水壶、狼牙箭镞头等文物。遗址上采集到的遗物有陶片和铜镞等，陶片有夹砂灰陶、红陶和印纹硬陶等，纹饰有绳纹、几何纹，器形有鬲足等。另有绳纹瓦片等，经文物部门初步鉴定，阳河岗遗址为三国时期曹仁屯兵处所。

会吴城遗址 周敬王三十七年（前 483），鲁哀公会吴于槖皋，筑坛缔盟。清《读史方舆纪要》载："会吴台在柘皋东十五里。"民国初年，柘皋人杨瑞筠参照史实，到塔子山实地察看。《汤氏宗谱》序中载："当日吴王入淮，鲁侯应召南下，会盟于槖皋。计里复相合，又地势特殊，会吴城或即此也。"

会吴城遗址（2018年）

会吴城遗址位于柘皋镇东郊，在板桥村境内的古河道西侧，现为板桥敬老院所在地，名坛子山，当地人又称塔子山。坛子山高出地面约 7 米，顶圆平，面积约 1 万平方米。遗址上遍地散落鬲鼎残片断足、印绳回纹陶片，呈红、灰、黑三色。文化层厚 3 米多。遗址上发现有怪状烂铜铁片，有火烧红的土块。经安徽省考古研究所考证，为东周末期遗址。

晒书墩、孔子台遗址 晒书墩遗址位于柘皋镇东郊板桥村省道 208 南侧，是一个高约 7 米平坦的土墩，面积约 70 平方米。孔子过三板桥（由三块石板架成的桥）时，车子翻倒在地，书简落入水中。孔子和弟子将书简捞起，在附近的土墩上晒书，故人们称之为晒书墩。

距晒书墩不远处有一高台，状如圆坛，后人称之为孔子台，又名月亮地，可容千人。孔子在周游列国到柘皋时，与众弟子在台上讲学。如今，孔子台依然保持原状。

在孔子台（月亮地）一侧的柘皋河有一个河港，当地人称听书港。听书港旁，有一溪流水，清泓澄澈，溪边有一水池，传说孔子的弟子们常在池边洗砚，故人们称此池为洗砚池。清康熙《巢县志》载：“相传孔子于台上讲习，人于台下听之，因名其港曰听书港。弟子于此洗砚，故又名曰洗砚池。”

在孔子台周边，留下了孔难桥、晒书墩、孔探桥、听书港、洗砚池等历史遗址、遗迹。晒书墩遗址、孔子台遗址，被巢湖市人民政府列为文物保护单位。

晒书墩遗址（2018年）

古墓

谷墩塘古墓 谷墩塘古墓位于板桥村大庞自然村北500米谷墩塘埂高处，1976年9月，农民整地时掘出墓道。墓地为正方形，长、宽各3米，深2米。墓的东西各有门洞，墓底用方砖铺成。挖出墓砖4000余块，砖边有半圆环套花纹。墓内有大刀、带鞘宝剑、铜香炉、铜刀、陶罐。铜器、铜钱均腐。根据仅存涂釉两鼻陶罐鉴定为宋代古墓。

马道古墓 1966年8月，民众在岷山马道抗旱挖渠时，发现一座古墓。古墓距地表1.8米，深3米，宽3米，高2.5米，墓砖浮现“永昌二年十二月”字样。出土文物有铜棺钉、五铢钱、铜尊、青釉四鼻瓷罐、青釉瓷水盂、瓷碗、青釉十二生肖瓷罐、金镯、银镯、弩机。

古楼口汉墓群 1986年1月，原柘皋轮窑厂民工取土时挖出6座汉代古墓葬，这些墓葬皆为长方形竖穴土坑墓，长约2.5米，宽约1.5米。墓穴多数坍塌，共发掘文物50余件，其中有陶楼、陶灶、陶仓、陶碗、青黄瓷罐、壶、钵、瓶及泥质五铢钱、带钩等。

东岳古墓 1989年，原柘皋轮窑厂民工在柘皋镇北东岳庙后150米处取土，离地表2米深处，发现了“橐皋”阴文篆书古铜印2方（一大一小，均为正方体，大印边长8厘米，小印7厘米，厚2厘米）及铜箭、铜镜、铜锅、碎陶片等，古铜印经复旦大学考古专家初步考证，属西汉时期的文物。

大苏古墓 1991年3月，五星村大苏自然村农民在挖塘时，发现一座古墓，出土文物有白色釉壶、陶罐、古铜镜2面，背有“千秋万代”4字，还有五铢钱及开元、浮化、成平、天禧、天圣、宝元、熙宁、元丰、元祐、绍圣等各代通宝若干枚。

分路古墓 1993年8月22日，分路窑厂取土时发现一座古墓，墓中有一块墓碑，墓碑上有文字记载，该墓建于西汉建始元年（前32），距今2000多年。古墓为砖木结构，在巢湖地区属首次发现。

大树刘古墓 1993 年 9 月，大树刘村发现一座西晋古墓，古墓中出土铜镜、铁剑、瓷罐、瓷碗等文物 8 件。墓为砖石结构，并有文字记载，标有年号，在巢湖地区尚属首次发现，安徽省亦属少见。

石口古墓 2006 年 4 月，石口村发现一座西汉古墓。由于当地村民文物保护意识较强，使该墓出土的一批珍贵陶器得到保护。

酒厂古墓 2009 年 10 月 15 日，原柘皋酒厂发现一座宋代古墓葬。墓葬里的一批珍贵文物保存完整，有四系罐、釉陶壶、钵各 1 件和 1 把残缺的木梳、数枚唐代开元通宝。此墓为研究巢北区域的历史文化提供了较为丰富的实物依据。

古井 古泉

大魏村古井 该井位于驷马村大魏自然村中心，井水甘甜，井圈外径 74 厘米、内径 44 厘米，井圈为青石质地，有 26 道磨得很深的绳沟槽，井内壁上面由小青砖砌成，下面部分为黄麻石。相传，大魏村古井生于龙体，大魏村内还有三口小古井，有两口小井是龙眼睛，另一口小井是龙肛门。这几口古井泉水清冽，造福一方百姓。2015 年被列为巢湖市不可移动文物。

大魏村古井（2018年）

舒黄明代古井 该井位于柘皋镇东边舒黄自然村东南 50 米处，井深 11 米。青石井栏上磨有 32 道绳沟，最深的达 3.5 厘

舒黄明代古井（2015年）

大塘赵村古井（2015年）

张湾村古井（2018年）

西街古井（2018年）

九龙泉（2018年）

古人庵泉（2018年）

米。井壁用大小头砖圈成，井栏为八角形，上刻有："崇祯癸酉年仲考二月十四日，黄舒同立"。该井2015年被列为巢湖市不可移动文物。

大塘赵村古井　柘皋镇大塘赵村有古井2口，分别位于村东和村南老虎塘旁，口径不大，年久未用，损毁严重，为明末清初所建。

张湾村古井　柘皋镇张湾村古井外径82厘米，内径45厘米，高45厘米，为青石质地，表面坑坑洼洼。井圈上有20道绳沟。里面的井壁由青砖圈砌而成。东南方向的外壁上刻有“大清光绪□□（字体不清）年冬月”的字样，为清代古井。该井2015年被列为巢湖市不可移动文物。

西街古井 西街古井位于柘皋镇桥西街中段，外径80厘米，内径约45厘米，高50厘米，勒沟很深。据当地老人说，古井为明代所建。

九步三井 柘皋镇的西街南侧，有三口古井，呈品字形摆开。每口井与井之间的距离约有三步，当地人称九步三眼井。相传是曹操的大将曹仁屯兵柘皋时挖掘的古井。此三口井，清水充沛，每遇大旱无水饮用时，就开启此井。掏清井内淤泥，即有清泉涌出。井口直径1米多，井壁套缸，虽越千年，但依旧保存完好。

浮槎乳泉 浮槎乳泉位于柘皋镇西浮槎山庙龙王殿前，处于肥东县与巢湖交界处。浮槎乳泉有合（肥）巢（县）二泉，合泉清，巢泉浊。二泉水清泉冽，长流不竭，泉味甘美。北宋嘉祐中庐州郡守李不疑，以乳泉水赠欧阳修，欧阳修作《浮槎山水记》，浮槎乳泉天下闻名，被誉为“天下第七泉”。

乳泉、九龙泉 乳泉、九龙泉在柘皋镇西北部及柘皋镇周围出露的隐伏的基岩中，蕴藏有基岩裂隙水，并有乳泉、九龙泉等多处泉眼，单井出水量一般一昼夜10立方米；而在构造破碎带出水量一昼夜可超过100立方米；柘皋镇东南至岍山一带，蕴藏有碳酸盐裂隙岩溶，单井出水量一昼夜10 ~ 100立方米，同时也有乳泉出露。

古人庵泉 古人庵有古泉一口，不论旱涝，水量不变，水质清澈，甘甜爽口，泉水上方有龙头石。此石形似龙头，高大雄伟，龙头石身自古人庵一直连至黄山北洼的龙华寺，身长数千米。龙嘴向南张开，口中有洞，据说此洞直通龙华寺，洞有泉水流出，终年不断。

古桥

孔难桥 孔难桥原名三板桥，是由三块石板架成的桥。清康熙《巢县志》记载：“孔难桥即三板桥，距柘皋东约三里。”相传孔子经过槖皋时，乘坐的车子在此翻倒，书

孔难桥原址（2018年，图中桥为后建）

陡坎大桥（2018年）

改建后的玉栏桥，又称柘皋大桥（2018年）

简落入水中，从此改名为孔难桥。孔难桥已改建成公路桥。

孔探桥　清康熙《巢县志》记载："孔探桥，去县北五十里。相传孔子至此，以杖探水，后人造桥，因名。"相传，孔子南游时，从楚国到吴国的路中经过柘皋时遇到一条河，孔子下车用自己的拐杖试探河水深浅，度量而过，故称孔探。后人在此建桥，遂名孔探桥。此桥已废，待建。

探花桥　清康熙《巢县志》记载："探花桥，近柘皋三里，桥成，遇登科者，故名。"探花桥刚刚建成，有一探花从桥上经过，当地将桥起名"探花桥"。此桥已重建。

陡坎大桥　该桥位于柘皋镇三星陡坎王村，是元代修建的官桥。该桥是用青石修建的三孔石桥，仍然可以行人。

玉栏桥　清康熙《巢县志》记载："玉栏桥，在柘皋街。"玉栏桥跨柘皋河，原为木桥，始建于明洪武二年（1369），明正统年间（1436—1449）知县刘汇重修，明弘治十七年（1504）又修，清光绪元年（1875）大修，改建为三孔石拱桥。1972年，玉栏桥改建成一座7.8米宽、跨度为27米的钢筋水泥桥，工人在挖桥墩时发现一块石碑，石碑上刻有"洪武二年建"。

故道

春秋时，柘皋镇境内已有南北通道。安徽省公路局新编的《安徽交通史》记载："楚怀王六年（前323），鄂君启节车道，始自湖北江陵，入河南进安徽，自寿县南下，由橐皋（今柘皋）抵居巢（今巢湖市）。"汉唐时期，这条故道从庐州经柘皋延伸至含山、和县。宋朝以后，故道逐渐拓宽，明朝，柘皋境内设有驿站。

高井驿 据清康熙《巢县志》记载，明洪武年间（1368—1398），柘皋境内建成高井驿（今夏阁镇高井铺村），后迁于柘皋西街，原驿站有数十间房屋，已日久损坏。清康熙二十八年（1689）驿丞张可登捐资重建。

古驿道上的石板桥（2015年）

驿道呈东西向，东至镇巢驿，西至西山驿。明永乐十九年（1421），明成祖朱棣迁都北京后，凡西行过境文武官员，以及诏书政令下达、文书传送，均取道柘皋。境内驿道经过四乡一镇，即方集乡、庙岗乡、柘皋乡、柘皋镇、板桥乡（均为现柘皋镇区域）。东向路线始于新总铺（合肥城），过枣香铺，入境内东山铺，经平原铺、柘皋铺、分路铺至高井铺，出境至夏阁铺，抵县前铺（巢县城）。柘皋境内驿路里程约420千米，铺与铺之间距离一般为5千米，也有两铺之间距离7.5千米或7.5千米以上的。明正德年间（1506—1521），高井驿的驿道增加一条，即高井驿出北山口，抵护城驿，经全椒抵江浦渡口。

高井驿设置后，主要接待过往官员和传递文书的人员，供应廪给、口粮，并备有骡马、车船为其使用。后有驿丞吴承芳在柘皋城隍庙左侧建筑公馆，亦称马驿公馆，专司接待文武官员住宿。

高井驿是庐州府通往巢县、无为、浙江等地的一个重要驿站。

陈公路 陈公路位于柘皋镇东。明万历四十七年（1619），掌巢篆州守陈公为方便路人行走，修建了一条石板路。该路全长约750米，并在路旁兴建了一座亭子，亭子上方刻有“陈公路”三个字，以方便行人休息。该路后来损坏，义民刘昌远捐资重新修建。此路已废，亭子已倒塌，石板路青石尚存。

清康熙《巢县志》载：“陈公路，位于柘皋东。路两旁皆灌田水沟，中作土埂，每年山水冲洗，遂至窄隘，仅容单骑，若阴雨泥泞，人患倾溺。万历己未，掌巢篆州守陈公贤才修筑，甃以石条，计一里半。建亭路旁，手书陈公路三字，额其上，巢民德之，名久不易。今路又崩坏，义民刘昌远独任捐修，卜吉兴工，计费不赀。”

古树

柘皋境内有百年以上的名木古树20株，大部分生长在村边，也有生长在宗族祠堂内的。其中岠山乡小杨村的银杏树是境内名木古树之最。据该村《王氏宗谱》载，元至元二十九年（1292）就有此树。垛塘钱村祠堂内的桂花树，清道光十二年（1832）建造祠堂完工后，即栽植此树，有近200年历史。

2017年4月，巢湖市启动了古树名木后备资源库普查工作。此次普查对象包括城市建成区生长年龄达到50年、非建成区生长年龄达到70年的古树，巢湖市符合上述标准的“准古树”，进行统一编号，制作统一式样的保护牌，标明树名、学名、科属、保护

小杨村银杏树（2018年）

白兀赵村古朴树（2018年）

等级、树龄、管护责任单位以及责任人等内容，按照古树名木标准进行保护，“一树一策”科学保护。

小杨村银杏树 岬山小杨村的银杏树是柘皋镇境内名木古树之最，据该村《王氏宗谱》载，元至元二十九年（1292）就有此树，距今已700余年。银杏树位于小杨村中心，树高10米，树围5米，胸径393厘米，覆盖面达200平方米，曾遭雷劈，枝叶受伤，但总体长势良好，枝繁叶茂。2013年，巢湖市政府将其列入国家一级古树保护目录，并实施挂牌保护。

1965 年，发生松毛虫病害，为了保护针叶林，国家决定在岠山山坳里的荒岗上修建飞机场，当时依地势修了东西宽约 80 米、南北长约 1000 米的大场地。小杨村的银杏树成为飞机降落的“航标树”。

白兀赵村古朴树 岠山白兀赵村村口有棵古朴树，树龄 330 年，树高 8 米，树围 3.5 米，覆盖面达 300 平方米，虽历经沧桑，枝干残缺，但仍郁郁葱葱。因村前为柘皋河河滩，围滩成田后，仅剩一条溪流从村前蜿蜒流过，曾是白鹭成群栖息之处。据村民介绍，昔时村前柳树成林，白鹭飞舞，鹭鸟衔来的鱼在树下落满一地，村民唾手可得鱼鲜。

古村落

历史上柘皋镇战争不断，特别是在北宋和元朝末期，江淮地区战争频繁，民众无法安居，村庄稀落。明朝建立后，社会相对稳定，大量移民到此定居，经过几百年的繁衍生息，逐渐形成了一些较大的古村落。

大杨村 大杨村位于柘皋镇东南 7 千米处的岠山南麓，该村村民以杨姓为主，故称大杨村。据《杨氏宗谱》记载，明朝初期，杨氏先人从江西北迁，在柘皋镇岠山南麓的杨草岗开垦荒山，繁衍生息，形成大杨村。由于人丁兴旺，杨氏的一支在村前的枣树塘岗子上建立小杨村。

大杨村是岠山杨中医妇科的发祥地，也是中国近现代教育家杨亮功的祖籍。据《杨氏宗谱》载，杨氏始祖杨九洲，是南宋淳祐年间（1241—1252）进士，曾任福州知府。五世九州公孙杨广、杨义，早年追随朱元璋，杨广因军功得授弘农郡侯，杨义为昭勇将军。杨义晚年归隐故里，有名医携妇科秘诀拜见杨义，杨义命其子拜师学习，习得真传，从此岠山杨中医妇科名扬四方，代代相传，有 600 多年的历史。

岠山杨中医妇科，对治疗妇女生育血崩（产后风）有特殊疗效。当今，巢湖、芜湖等地，均有岠山杨中医妇科传人，安徽中医药大学专门有岠山杨中医妇科教材。2016 年，岠山杨（中医妇科）被列为巢湖市第五批非物质文化遗产项目。2019 年 4 月，柘皋镇政

峏山杨中医展览馆内部一角（2018年）

东昌村古村落（2018年）

府在峏山卫生院原址建设峏山杨中医展览馆，弘扬中医文化，成为柘皋镇一个新的人文景点。

东昌村　东昌自然村位于柘皋镇驷马村，村民以昌姓为主，昌姓人是从江西省南昌市移民到柘皋的。《昌氏宗谱》载：“巢湖市柘皋镇东昌村昌氏，始祖文公于大明洪武四年来自江西南昌。”始祖文公提倡儒学，在柘皋定居后督促子孙耕读学习。经过数十年的发展，昌氏家境殷实，长子在东面建吾昌村，次子在西面建西昌村，将两村之间的老宅命名为东昌村。

东昌村中原有东西向九条半巷，呈扇形分布。每条巷子都有用石砌的下水沟，水流都汇集到村西的西大塘中。据《昌氏宗谱》记载，东昌村的房屋连幢而建，为明清时的古民居，该村逐渐形成十宅九巷的布局，为“九龙攒珠”式建筑风格。2007 年，东昌村古村落被巢湖市人民政府列为不可移动文物点。

喻储村　喻储村位于柘皋镇北 2500 米处，因距柘皋镇五里，村内有一口古井，又称五里井村。

喻储村因喻姓和储姓先人居此而得名。随着人口的迁徙，该村后来又有其他姓氏移居，有百余户，400 多人，郭姓、赵姓、徐姓和储姓成为该村的大姓，喻姓仅 4 户，10 余人。

抗日战争时期，喻储村是巢县抗日民主政府所在地，是领导和指挥全县人民抗日斗争的中心。1938 年 4 月 30 日，日军占领巢县城，县长马炯西逃。巢县临时政府在汪桥村成立，后任巢县县长马伯山将县政府迁到包家坊，后又迁到喻储村。1941 年，日军三次派兵围攻柘皋。1942 年 3 月，日军 8 天共出动 32 架飞机轰炸柘皋镇，县政府在喻储村幸免于难。1944 年，县政府迁回柘皋镇，但政府工作人员仍住在喻储村，直至抗日

喻储村（2018年）

南张村散落在田间地头的古代石雕（2018年）

战争胜利，巢县政府工作人员才离开喻储村，县政府在喻储村有 7 年之久。

2009 年，喻储村被列入巢湖市新农村建设示范村，全村开展了“三清”“三改”整治，清理村内垃圾，拆除废弃房屋，清理污水渠，村内修建了水泥路，进行了改水、改厕，全村的环境面貌焕然一新。村内民居多为二层小楼，错落有致，各有风格，夜幕降临，路灯齐明。

南张村　南张村位于柘皋镇东 7.5 千米处，全村南北长 1000 米。村民以张姓为主，还有王、李、沈、周、彭、方、童、苏、侯等姓氏。

明正德年间（1506—1521），张姓始祖张荣从江西瓦屑坝紫金刘村迁到巢北黄山南麓。1919 年《张氏宗谱》记载：“始祖本张氏，受业于刘，师生谊笃，故从其姓；又曰甥承舅祧，生前姓张，不忘本也；死后姓刘，不忘恩也。”故有生张死刘之说。因此，

陆闸村、陆园村（2018年）

张荣第七世孙张文显的墓碑上冠以刘氏。

该村也称蛮张村，因该村村民是从江西迁来的，当地人称南方人为蛮子，所以将南张村称为蛮张村，已历20余代。张氏生息繁衍，形成十大分支，一部分住在北面，一部分住在南面，形成上份、下份2个自然村。

改革开放后，该村村容村貌发生了很大的变化。如今，家家户户都盖了新房，家里安装了自来水。2014年，该村修建了宽4米、长1000米的水泥路，路边架起14盏太阳能路灯。村中有几十户家庭已有了私家车。

陆闸村、陆园村 陆闸村、陆园村位于柘皋镇西门外，紧邻柘皋中学。柘皋的陆姓村民大多居住在陆闸、陆园两村，总户数近300户，人口2000余人。

据《陆氏宗谱》记载，陆氏发源于江苏苏州吴县（现为苏州市吴中区和相城区），是三国时吴国郁林太守陆绩后人。明永乐年间（1403—1424），陆氏始祖陆华一从姑苏游商至巢湖，爱其地之腴，山川秀美，民风淳朴，定居在巢城西门外陆家嘴。其孙陆镇在明成化年间（1465—1487）迁居柘皋西门落户建陆家园村。另有一分支在蒋家村落户，后因陆氏人丁兴旺，蒋氏村民迁出该村，蒋家村改名陆家闸村。

陆氏人才辈出。明成化十九年（1483）陆钟举任福建武平县知县。明万历三十六年（1608）陆合新考选知县。清代，陆龙腾诗赋书画名重江北，曾于清顺治七年（1650）

周岗村（2018年）

唐马村龙舟文船表演（2018年）

主修《含山县志》4卷、清康熙十二年（1673）主修《巢县志》20卷。高级农艺师、茶叶专家陆启清，著有多部茶叶专著，生前参与《茶典》（上册）编纂工作。

少将陆家源、大校陆国峰、中山大学管理学院教授陆家骝、中国摄影家协会会员陆新生、巢湖市党史办研究员陆道胜等是陆氏后人的代表。

唐马村 唐马村东临柘皋河，建于南宋初期。据《唐氏家谱》记载，唐氏祖先来自黄麓桐荫镇唐疃村。后唐氏有一户，迁到柘皋小马村。小马村有马氏十八户，来自河东马月洼。此后，该村就有"唐一马十八"之说。唐马村为防洪涝，于明洪武二年（1369）建圩埂，圩内有良田600多亩，土地肥沃，盛产大米、棉花等农作物。

唐氏先祖有5个儿子，先后成家立业。唐氏后裔勤劳智慧，繁衍生息，子嗣逐渐增多，家境逐渐富裕。到17世纪中叶，五大分支人口发展到40多户280多人，村名改为唐马村。此后，吴、昌、柳、周、路、朱、徐姓也相继落户该村。截至2017年年底，全村有70多户350多人。

唐马村民间文化活动历史悠久，玩龙舟已有近百年历史。每到端午、夏至，村里的青年人就组织划龙舟活动。

周岗村 周岗村位于柘皋镇北，周氏原籍为江西南康府，先祖文公元末任湖广荆州府知府，明洪武三年（1370）辞官到巢湖，隐居在巢县东门外岠嶂山区，后因子孙繁衍，人口发展较快。清雍正八年（1730），周姓后人分居到柘皋镇北门外高岗上定居，形成周岗村，该村堂号为"静观堂"。

该村村民原以周姓为主。经数百年变迁，嫁出的姑娘时有回迁，便有了其他姓氏，全村有张、王、杭、金、吴、朱、赵、刘等10余个姓氏，与周姓均系表亲。周岗村村

柘皋部分姓氏宗谱（2018年）

民以周姓为主，占全村总人口的 70%以上。全村有 170 余户 600 多人。

周岗村建在岗地上，因地势岗峦起伏，数百年来，村民筑坝拦水，形成周家大塘、火引塘、老人塘、张家大塘、门口大塘等几十口大塘，水利条件较好。

周岗村有着光荣的革命传统。1938 年，共产党员周兴功在周岗村建立了柘皋地区第一个党小组，在该村发展闫丁宏、闫学金、周兴国、杭恒泉、周仁群等加入中国共产党。新中国成立后，周岗村人才辈出，人民解放军团级以上的军官有 5 人。

馆藏文物

据古代史籍和 1984—1985 年文物普查资料，柘皋地面上留下了从新石器、春秋、秦汉到唐、宋、元、明、清时期众多文物古迹，印证了柘皋悠久的历史、灿烂的文化。

器物

石锛 柘皋镇郭湾遗址出土，年代为新石器时代，为巢湖市文物管理所收藏。

陶钵 柘皋镇上叶村出土，年代为汉代，为巢湖市博物馆收藏。

古印　柘皋轮窑厂古墓出土铜印 2 方，铜印刻有“槖皋”阴文篆书（一大一小，均正方体，大印边长 8 厘米，小印 7 厘米，厚 2 厘米），年代为西汉。

陶罐　1989 年，柘皋轮窑厂古墓出土，年代为西汉，为巢湖市博物馆收藏。

执壶　柘皋轮窑厂古墓出土，年代为西汉，为巢湖市博物馆收藏。

瓷盆、瓷罐、瓷碗　柘皋镇分路窑厂古墓出土，年代为西汉，为巢湖市博物馆收藏。

盘口壶　柘皋镇分路窑厂出土，年代为西汉，为巢湖市博物馆收藏。

陶盒　柘皋镇石口村窑厂出土，年代为汉代，为巢湖市文物管理所收藏。

石锛

陶钵

古印底部（一）

古印底部（二）

陶罐（一）

陶罐（二）

执壶

瓷盆

瓷罐

瓷碗

盘口壶（一）

盘口壶（二）

陶盒

青釉钵

玉环

铜甑

铜釜

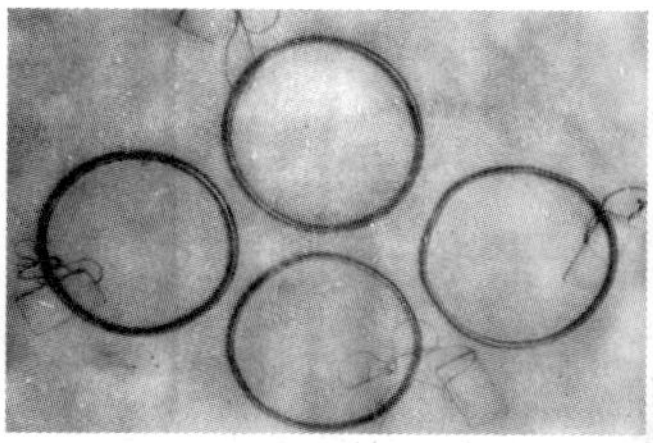
金镯

铜镜

彩釉陶壶

青釉钵　柘皋酒厂古墓出土，年代为唐代，为巢湖市文物管理所收藏。

玉环　柘皋轮窑厂出土，年代为汉代，为巢湖市博物馆收藏。

铜甑　柘皋镇三里店出土，年代为汉代，为巢湖市文物管理所收藏。

铜釜　柘皋镇三里店出土，年代为汉代，为巢湖市文物管理所收藏。

金镯　柘皋镇岠山大杨村出土，年代为东汉，为巢湖市文物管理所收藏。

铜镜　2009年柘皋酒厂古墓出土，年代为宋代，为巢湖市博物馆收藏。

彩釉陶壶　2009年柘皋酒厂古墓出土，年代为宋代，为巢湖市博物馆收藏。

简帛　1987年，湖北荆门包山出土的二号战国楚墓里发掘出了一批楚简，有两片记载周显王四十八年（前321）至周慎靓王五年（前316）有关柘皋之事。简38号载：“八月乙丑之日，张令君之司败可受期，癸巳之日，不详，张令君之司马驾与张令君之人南车翠，登敢以廷，升门又败。”简60号载：“九月戊午之日，张令君之司败可受期，十月辛未之日，不详，张令君之司马周驾以廷，升门又败。”“包山楚简”备受学界重视，而“张令”更引专家注思。

台湾的中国文化大学史学教授刘信芳等提出研究结论：“‘张令’及橐皋，今安徽巢湖西北之柘皋。”“《汉书·地理志（上）》临淮郡管县有‘厹犹’县，颜师古注：‘厹，音仇。’《说文》‘令’下：‘临淮有令犹县’；传世汉印有‘皋猷左尉’。”施谢捷在《楚简文字中的“橐”字》文中考证：包山竹简38、60号载“张令君”的“张”，从弓从矢，或隶定为“张”，即“射”字古文字。封地“射令”，即《春秋·哀公十二年》“公会吴于橐皋”的“橐皋”。

尖山寺（2018年）

庙庵

柘皋的寺庙众多。据清康熙《巢县志》载，柘皋在唐、宋、元时期有寺庙近 20 座，僧尼逾百人。随着朝代更迭，寺庙屡建屡毁，多毁于兵燹。改革开放后，部分残留的寺庙，得以重修重建。

尖山寺 尖山寺位于柘皋镇西约 10 千米处的尖山脚下，建于元至正年间（1341—1368）。明洪武年间（1368—1398）、明正德年间（1506—1521）相继修缮。原尖山寺为二进六间，九架十三桁。门前有清泉流过，另有古井 1 口。寺院松柏参天，翠竹环绕。寺内有佛像 30 余尊，大殿观音像高丈余，僧侣 5 名，寺租百担。

1967 年被拆除。1968 年秋，尼姑莲白重建尖山寺。20 世纪 70 年代，又塑佛像 5 尊。

东岳庙 东岳庙位于柘皋镇北郊，建于清同治年间（1862—1874）。东岳庙高大雄伟，门楼上书“东岳庙”三字，门朝南偏西，门前有一广场，东西宽、南北长各约 50 米，石条铺成。大门西侧竖有两个麻石旗杆鼓，2 米多高，中间各有一洞，供人拴马。庙内大殿正中供奉着东岳大帝黄飞虎坐身塑像，两侧分立四大金刚塑像，塑像高约丈许，威武狰狞，使人望而生畏。

1952 年，东岳庙被拆除。20 世纪 80 年代，随着宗教政策的进一步落实，原东岳大队庙坎村将 3 间公房作为东岳庙，供奉东岳大帝，香火旺盛。2014 年，在庙坎村晏明鉴等人的倡导下，庙坎村及北闸街部分居民捐款，新建东岳庙，并从九华山请回东岳大帝及 9 尊其他塑像。同时，请来三层亭式铸铁香炉 1 台，放在庙门前，原东岳庙部分遗留柱基、石座放在香炉两旁。农历每月初一、十五开山门，香火旺盛。

南岳庙 南岳庙位于柘皋镇南小桥边，柘皋河西南岸，距镇中心约 500 米，建于清同治年间（1862—1874）。南岳庙有正屋 4 间，供奉火神。1912 年，沿河岸栽插垂柳，并将原庙址四周驳成石岸、石阶，环植垂杨，建成公园。跨过竹桥进入庙内庭院，院门头嵌有“南岳公园”石匾。庙的东、南、北三面临水，柘皋河绕庙而过，碧波粼粼，来往船只穿梭于前。庙址叫“荷叶地”，又叫“不系舟”，传说水涨地高。每逢盛夏酷暑，镇人多往该处纳凉避暑，或在柳荫道上散步谈心，或静坐柳荫间临河垂钓。

庙西侧有一古井，水味甘甜。盛夏泡茶，隔夜不锈不馊，镇上有人长期挑卖“南岳井水”。

罗汉寺 罗汉寺位于柘皋镇西街，建于北宋开宝二年（969）。清康熙三十年（1691），僧人觉如鼎建地藏殿，重修观音殿。清雍正三年（1725）又重修大殿，同年，罗汉塔建成。罗汉塔位于罗汉寺东，罗汉塔共 7 层，高 40 多米。塔为平面八角形，砖石结构。塔身分塔外壁、塔心壁。塔门边作一斗三升，檐井上出梁，门窗上椽为人字拱。塔砖长 31 厘米，宽 15 厘米，厚 6 厘米，砖平面有两尊盘腿打坐浮雕佛像，男左女右，各像用圆圈环套。

新中国成立前，罗汉寺前有山门，后有大殿，殿内塑存有一尊较大的弥勒佛。山门与大殿之间成为广场，当时成为柘皋游乐场所，每逢节日，广场内有说书的、卖唱的、算命看相的等，热闹非凡。新中国成立后，由商家筹资将大殿拆除，建成柘皋大戏院。

城隍庙 城隍庙位于柘皋镇西街，距玉栏桥西端约 300 米，坐北朝南。城隍庙初建于明洪武年间（1368—1398），明崇祯十五年（1642）被战火所毁。清道官吴元修率徒募捐复建。清康熙二十六年（1687）重修，康熙四十三年（1704）再复修。

城隍庙大门前有一个 10 平方米的广场，广场上有水井一口保留至今，青石井栏上留有条条深沟，展示着 600 多年的沧桑。走进大门就是一条宽 5 米、长约 50 米的长巷，

城隍庙遗存的柱基（2018年）（组图）

两边是石灰粉刷的砖墙，砖墙中嵌有10余块碑刻，有如“按察使司孙示”等不同年代碑文。地下铺设青石板，脚落上面有“嗡嗡”的回音，夜间穿巷有壮胆之效，亦曰“引神巷”。

城隍庙共三进正厅：

一进是万年台。万年台气势宏大，拔地而起。前台正梁高悬“盛世元音”横匾，主要做祭祀、集会之用，平时为戏台演戏，并以京剧为主，也曾做过学堂。

二进是散佛厅。散佛厅横排五间，正厅塑有城隍引神及诸神像。厅后两棵二百多年的古梓树参天蔽日，庭院中安放重达两吨的铁铸大香炉，香烟缭绕，经久不衰。

三进是大雄宝殿。宝殿宏伟壮观，正中套厢内安坐城隍“升福大帝”，城隍系柏香龙骨身，手足关节可动，身着龙袍，端正严肃，令人肃然起敬。殿外两边十殿供奉十殿阎罗，伴有惩恶扬善的地府各种酷刑塑像，令人敬而生畏。

城隍庙曾一度为巢县县政府所在地，后改建为柘皋小学。

观音庵 观音庵位于柘皋镇石梁街南面（原柘皋酒厂所在地），东、北、西三面环水，后建石梁街时，三面水域被填实，盖上了楼房。

观音庵分东、西两庵，西庵是主庵，两进两厢，主殿高大，中间供奉观音大士，两厢较长，形成开阔而深深的大院，中间有一高大铁铸香炉，每天香烟缭绕，两厢供奉其他佛像。东庵与西庵结构略同，只是稍微矮小点，里面供奉的是千手观音，香火旺盛。

抗日战争时期，六七名年轻尼姑住在弯子吴村，一边躲日军，一边种田，粮食自给。抗日战争胜利后，搬回原庵，庵堂又回归正常。

白衣庵 白衣庵位于柘皋镇西约1千米处，南金自然村南面岗上。建于清康熙年间（1662—1722），白衣庵有屋2间，院内植白牡丹1株，抗日战争时期被日军炸毁。

1996年7月，由周边村民自愿集资2000元，盖成一间几平方米的小庙。随着香火的逐渐旺盛，2000年，白衣庵新建观音殿。2001年，又建几间斋堂，供农历初一、十五庙会香客打斋。2002年，建厢房6间，供师傅、居士起居。2008年，又新建斋堂数间。2009年，小庙被拆除，在原址上建起大雄宝殿，2013年，由巢湖中庙住持徒弟释同成主持，更名为“观音静寺”。

接引庵 清康熙《巢县志》载:“接引庵在柘皋北，离镇七里，介宾赵通道，乐善好施，妻韩氏尤能赞助，于顺治壬辰年鼎建斯庵，复于康熙元年建茶亭济渴，仍施田种四石，永为香火及茶薪之费。田即坐落庵门首。”

新中国成立前，接引庵村是赵集、柳集到柘皋、巢县必经之路，车载马驮到柘皋做买卖的生意人络绎不绝，接引庵村民在门前盖了茶亭，又开起饭店、旅店，接引庵的香火也逐渐旺盛。该村村民集资把原来古庵拆掉，建起一座大庙，仍称接引庵，分前殿和后殿，并塑了很多佛像，后大殿塑了一个高大的佛像，人称“接引佛”。后来庙被毁，1976年，在原址上兴建了东风小学。

白衣庵（2018年）

古人庵（2018年）

板桥大庙（2018年）

古人庵 古人庵位于汪桥村境内，东黄山西南。清康熙《巢县志》载：“山石嵯峨，泉水滴沥，庵外有石洞、石床等景，亦一胜观。今更增建楼房，培植松竹，益臻名胜。”1923年11月，古人庵重建，拥有前后宝殿、斋房10多间，僧人五六人。1944年，国民政府在鲁桥兴建青年宫需要木料，将庙拆毁。2000年，古人庵村清泉村民组村民自筹资金，重建三间庵堂，农历初一、十五香火不断。

板桥大庙 原名“陡涧庙”，又称“陡涧大庙”。《徐氏宗谱》载：“徐氏先祖系清道光十三年，由池州迁至陡涧地庙前定居。”可见，陡涧大庙的建造时间在清道光十三年（1833）之前。大雄宝殿上，如来佛祖居中，两旁各侍立四大天王。娘娘殿内，王母娘娘、观世音等菩萨排列有序，庄严肃穆。

历经数百年，陡涧大庙因学校设在这里而保存完好。1997年，台湾同胞余振荻出资委托学校帮助维修恢复庙舍。修缮后的大殿，屋檐、屋脊更换了琉璃瓦，山墙、前后沿墙红砖实纳并贴了瓷砖，门窗更换一新。

宗祠

昌氏宗祠 昌姓宗祠始建于清乾隆三年（1738），祠堂位于吾昌村东北，坐东南朝西北，三进四厢连为一体，由前向后逐进升高。大门前三丈有迎面坊，陡然壁立。整体建筑平面图呈“旦”字，寓意晨阳冉冉，蒸蒸日上。祠堂外貌为粉墙黛瓦，马头墙，风火檐，巍巍壮观。祠堂内红漆立柱，雕梁画栋，人物花鸟，祥云神兽，金碧辉煌。朱漆大门，虎头（葵花盘）门钹，门楹为“忠孝传家远，诗书泽世长”。大门两侧立有直径约为四尺石鼓、石径、高门槛，门楣上凸起四个圆柱体，每个圆柱体顶面书一蓝底金字即“昌氏宗祠”，气势恢宏。

祠堂主体为三幢厅，厅堂之间，两侧均以厢房连接，构成前后两个封闭的四合天井。前天井左侧厢房，对外开有一耳门，供祠管人员日常进出。逢重大宗族活动，大门敞开。每个天井设有左右两座花坛，植有牡丹花和香椿树。祠堂第一进为迎客厅，宽敞明亮，两旁为休息室，接待来客。第二进为礼仪祭祀大厅，雄伟壮观，专供举行重大庆典、礼仪和祭祀活动及摆设筵席之用。第三进为拜谒厅，厅正中设有神龛，安放祖宗牌位。两壁悬挂世派垂丝图，庄严肃穆。两侧房间为藏谱库和议事室。每逢清明节、冬至，拜谒先祖之族人络绎不绝，厅内烛焰生辉，香烟缭绕。昌姓宗祠因历经战乱，风霜剥蚀。后因年久失修，20 世纪 70 年代初倒塌，遗迹尚存。

大杨宗祠 大杨村祠堂位于双泉村大杨自然村东，300 年前在村西边。传说在明末清初宗族昌盛时期建造，共有 10 间。1966—1976 年，岻山公社将大杨祠堂木料拆除，在五爪岗建造公社办公场所。

2005 年大杨村、小杨村集资在大杨祠堂原址上新建了一排七间屋的杨氏宗祠，里面排放着从第一世祖到第二十四世祖共 24 个牌位。杨氏家族第一次和第二次修谱相隔 120 多年，第三次和第四次修谱相隔 100 年左右，第五次修谱是民国时期，由于村民杨玉林

修缮前的大杨村祠堂（2018年提供）

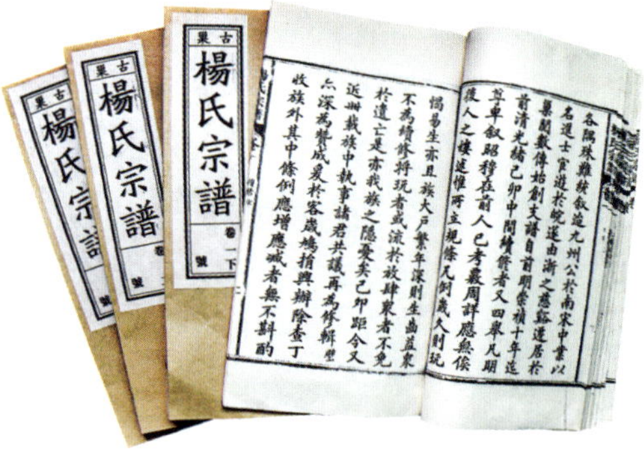

《杨氏宗谱》（2018年提供）

方氏宗祠（2018年）

收藏此谱，才得以进行第六次修谱。

方氏宗祠　大方村方氏宗祠始建于清康熙二十七年（1688），为仿徽派建筑，宗祠为五进式四合院砖木结构。新中国成立前，方氏宗祠有专人管理、维修，完好无损。1950年，祠堂内办大方小学，教师入住，得到保护与修缮，尚得保全。1994年后，小学撤并，无人管理，年久失修。2011年5月，方氏族人筹资60万元重修宗祠。新宗祠雄伟壮观，屋面改用琉璃瓦防水。祠内供有方氏族谱，藏有方泽西等人捐赠的名人字画，院内植有一棵百年紫荆树，生机勃勃。

柘皋镇文物保护单位保护范围和建设控制地带一览表

表 8

序号	名称	级别	保护范围	建设控制地带	区位
1	柘皋镇北闸老街	市级	以柘皋北闸街道及街道两侧古建筑为中心，东、西各10米，南、北各20米为界（包括柘皋李氏当铺保护范围在内）	保护范围外，东、南、北各10米（现状以房屋分界线为边线，包括柘皋李氏当铺建设控制地带在内），西外延25.9米至柘皋河护坡	巢湖市柘皋镇东街社区
2	晒书墩遗址	县级	本体（东：X=3516490.60，Y=572570.265；西：X=3516492.457，Y=572526.58；南：X=3516423.003，Y=572500.234；北：X=3516563.457，Y=572568.699）范围外各10米	保护范围外，南、西各外延10米，东外延5.7米至水泥路西侧路边线，北外延54.2米至S208南侧路边线	巢湖市柘皋镇板桥村委会小朱自然村东50米
3	孔子台遗址	县级	沿本体（东：X=3516343.797，Y=572610.007；南：X=3516308.726，Y=572545.308；西：X=3516364.86；Y=572492.518；北：X=3516417.839，Y=572566.876）范围外，东外延5.9米至水泥路边，西、南、北各外延10米	保护范围外，东、北至保护范围线，南、西各外延50米至田埂	巢湖市柘皋镇板桥村委会小朱自然村东50米
4	大城墩遗址	县级	沿本体（东：X=3523561.565，Y=570122.918；南：X=3523495.111，Y=570040.491；西：X=3523619.329，Y=570018.69；北：X=3523664.452，Y=570078.256）范围外，东、南、北各外延10米，西至本体范围线	保护范围外，东外延15.6米至河沟西边线，南外延20米，西外延23.2米至河沟西边线，北外延27.0米至河沟南边线	巢湖市柘皋镇接引庵村委会大方自然村南约400米处

柘皋镇不可移动文物一览表

表 9

序号	名称	年代	类别	简要地址	级别
1	李氏当铺	清	古建筑	柘皋镇	市级
2	北闸老街	明、清	古建筑	柘皋镇	省级
3	大城墩遗址	新石器时代	古遗址	柘皋镇	县级
4	晒书墩和孔子台遗址	商周	古遗址	柘皋镇	县级
5	张湾村古井	清代	古建筑	星火村	文物点
6	陡坎大桥	清代	古建筑	三星陡坎王村	文物点
7	邵邦宏家老房子	清代	古建筑	柘皋镇（庙岗乡）	文物点
8	古人庵龙洞	不祥	古遗址	柘皋镇	文物点
9	向贾村遗址	商周	古遗址	双泉村	文物点
10	中份赵村遗址	商周	古遗址	崊山村	文物点
11	桥西街	清代	古建筑	柘皋镇	文物点
12	小垅村清代墓	清代	古墓葬	柘皋镇	文物点
13	山柯遗址	商周	古遗址	柘皋镇	文物点
14	春和义药店	1922年	古遗址	柘皋镇	文物点
15	板桥大庙	清代	古建筑	柘皋镇	文物点
16	大方村小城子遗址	商周	古遗址	柘皋镇	文物点
17	东昌村古村落	清代	古建筑	柘皋镇	文物点

续表 9

序号	名称	年代	类别	简要地址	级别
18	城里岗遗址	新石器、商周	古遗址	建和徐岗村	文物点
19	大魏村古井	明代	古建筑	柘皋镇	文物点
20	大方遗址	商周	古遗址	柘皋镇	文物点
21	阳河岗遗址	商周	古遗址	柘皋镇原粮站	文物点
22	檀门口村遗址	商周	古遗址	柘皋镇（庙岗）	文物点
23	皋城遗址	商周	古遗址	五星南张村	文物点
24	施家岗遗址	新石器、周	古遗址	柘皋镇	文物点
25	大储遗址	商周	古遗址	柘皋镇	文物点
26	赵家云小城子遗址	商周	古遗址	柘皋镇	文物点
27	梁家冲小城子遗址	商周	古遗址	柘皋镇	文物点
28	古老墩遗址	西周	古遗址	锦旗村郭湾自然村	文物点
29	南庄古井	清代	古遗址	柘皋镇	文物点

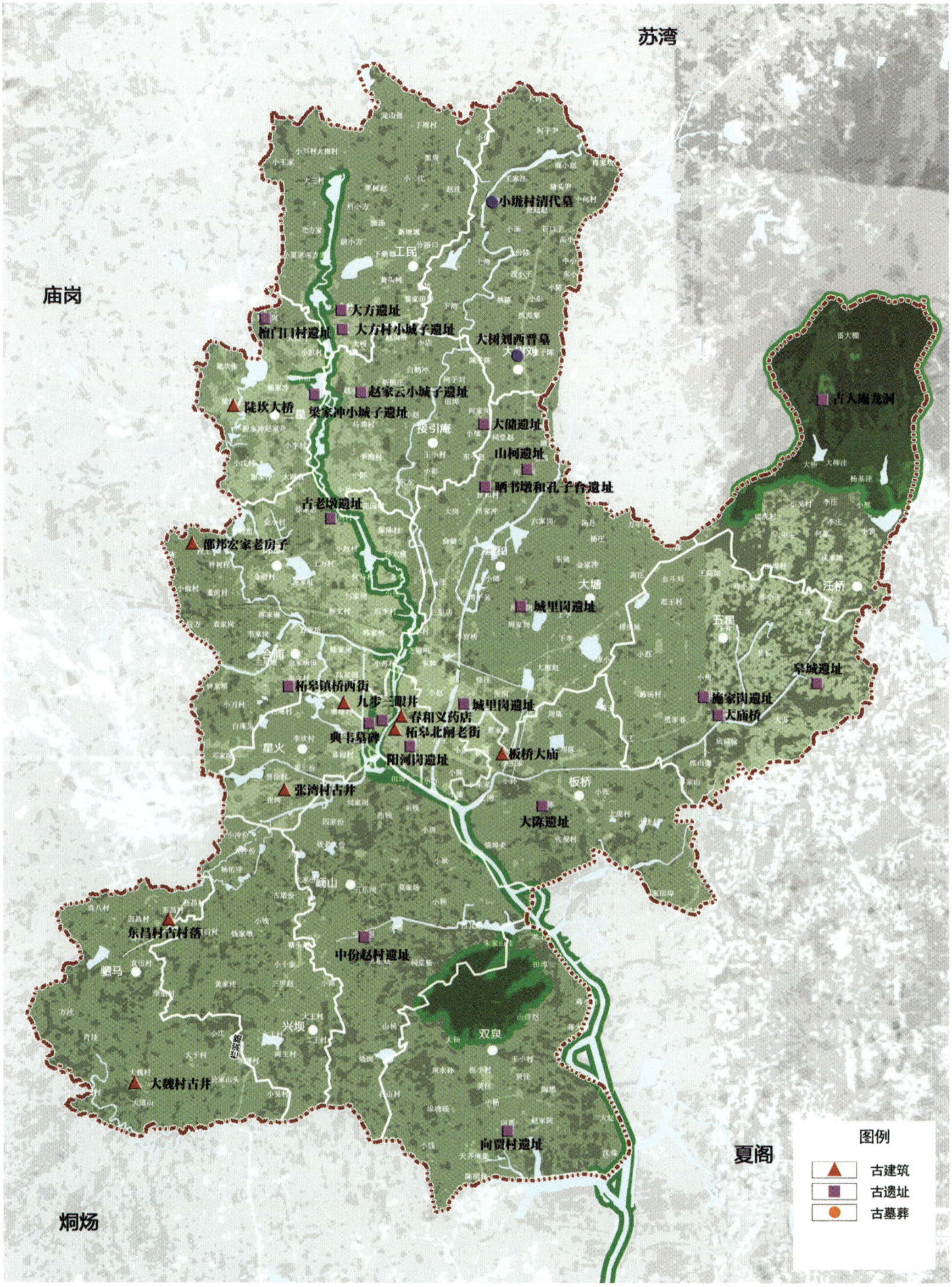

柘皋镇域文物遗址分布示意图

武装斗争

柘皋地处江淮之间，踞南北要冲，水陆四通八达，物丰气润。三国时期，橐皋是魏吴两军争夺的战略要地。宋、金时期，柘皋是战场兵道。

抗日战争时期，中国军民共同抗击侵华日军，取得了方老人洼反“扫荡”战斗和柘皋防御战的胜利，打击了侵华日军的嚣张气焰，奏响了一曲曲抗日凯歌。解放战争时期，李刚率领皖江联络队返回巢北，开辟游击战场，队伍在战斗中不断壮大，成为巢北地区打击国民党反动派的中坚力量。

东晋时期的弩机（1993年版《柘皋志》）

驻军

古代驻军 三国魏黄初三年（222），魏大司马曹仁率步兵、骑兵数万人驻橐皋（柘皋），魏黄初四年（223）二月，遣兵马向裕溪河（濡须河）进发，欲东攻羡溪，派遣其子曹泰攻濡须城，分遣将军常雕，并拨兵5000人督率常雕、王双乘油船渡濡须河攻中州，曹仁自领万人留驻橐皋。

南宋绍兴十一年（1141）二月，金军败于裕溪昭关（今属含山县），金兀术率兵退至柘皋，准备与宋军再战。

元至正十五年（1355），淮西一带起义军兴起，金朝兴集结柘皋地方青壮年，立寨自保。五月，率部加入俞通海、廖永忠创建的巢湖水师，后随巢湖水师归附朱元璋征战大江南北。

清雍正七年（1729），巢县协防外委（百总）派防兵3名驻柘皋东山口。清乾隆三十五年（1770）设焦湖（巢湖）司，次年改为柘皋司。巡检为刘天云，辖兵4名，当年添兵4名。清咸丰三年（1853），太平军克金陵（今江苏南京），取巢县、合肥，震动江淮。清政府诏令地方办理团练。柘皋境内施杨岗村汤炳旺和杨翰卿相继办理团练。此后，汤炳旺率团练投靠淮军，与太平军、捻军战于江淮之间及山西、河南等地。清宣统三年（1911），清拔贡程熙载在柘皋办理团练，维护地方治安。

民国初期驻军 1918 年，杨受庵任巢县二区地方保卫团团总，驻柘皋。

1921 年后，分路口、柳集、包家坊等地盗匪出没无常，村民时遭抢劫。为了联合保家，河稍刘村刘正榜（清武秀才）出面倡议将上述三地总甲（俗称总家）所辖地段，联合在一起，组成三界民团（俗称三界），团总为刘正榜。李继康继任后，改称三界联防办事处，有步枪 19 支，成员 20 余人。

1924 年秋，柘皋遭土匪抢劫后，地方士绅鲍屏卿、汤笠夫筹划建立柘皋商团保护地方安全，全镇商民捐款购买长枪 60 支，募集青壮年 60 人，组成商团，队长为席宝田，商团经费由柘皋镇商会统筹。1933 年，县保安大队遵省令整编，商团编入县自卫队，驻柘皋。

1927 年 3 月，直鲁军第三军陈国瑞部孙百万旅进驻柘皋。5 月初，第三军军长陈国瑞到柘皋督促孙百万旅攻巢县县城。

1927 年 5 月 14 日，北伐军（国民革命军）第二路军第一师夏威部，进驻柘皋。

抗日战争时期驻军 1938 年 5 月 5 日，共产党员张恺帆、冯文华等发起组织抗日武装，由 13 人发展到 40 余人。6 月初，队伍扩充到 120 余人，改称巢县黄山抗日游击大队，冯文华任大队长，张恺帆任政委，活动在柘皋、肥东、含山、全椒一带。

6 月，巢县人民抗日自卫军在霍山县城西叶家祠堂组建成立。该自卫军是马忍言、舒政海从西撤难民中的爱国青年中选拔出来的，共 300 余人参加，到立煌县（今金寨县）南庄畈村集训，安徽省政府同意发给军费，并将收缴的国民党巢县县大队枪支拨给该部。7 月，马忍言任国民党巢县县长后，率自卫军回到巢北，驻柘皋汪桥集。

1938 年 8 月，冯文华受党的指派与时生一起到柘皋，协助马忍言组建巢县抗日自卫军。马忍言任司令，冯文华任副司令，张恺帆任政委，时生任政训处主任，部队由原黄山抗日游击大队两个连和从皖西回巢县的自卫军合编组成巢县抗日自卫军，司令部设在柘皋镇汪桥集。

1938 年，新四军四支队所属的东北抗日流亡挺进团，从舒城县东进到巢县，6 月活动在黄山小殷洼、汪桥集等地。同年 11 月，在肥东县山根李村改编为新四军四支队八团。1939 年 2 月，新四军四支队八团进驻方集（方老人洼）、九家洼、军高村一带。

村民收藏的抗日战争时期的日军军刀（2018年）

1940 年 2 月，新四军江北游击纵队第十大队在龚家山垅正式成立。纪正任大队长，吴屏周任教导员，辖一个中队，莢存秀任中队长，周衣冰任指导员，在汪家桥、西峰庵、夏阁、柘皋一带活动。

1940 年春，国民党安徽省政府会同安徽省军管区，令各县地方武装改编为国民兵团。1941 年，巢县国民兵团正式建立，历任县长兼任团长，副团长负责军事，当时巢县县政府设在柘皋镇，三个中队分驻柘皋镇及其周边，负责地方警卫。

1940 年秋，国民党安徽省保安八团团长邱正华率部进驻柘皋。该团辖三个营，大部分兵力布置在柘皋镇周围，构筑工事，建碉堡挖壕沟，防止日军进犯。

1941 年秋，国民党安徽省保安六团驻防柘皋。

1942 年秋起，国民党一七一师所属五一一团、五一二团，轮派一个营驻防柘皋。

1944 年，国民党五一三团，部署在赵集、柘皋一线。主要任务是监视驻守在淮南铁路沿线的日军和伪军。同年秋，县属地方武装改称自卫总队，县长兼任队长。

1945 年 7 月，国民党巢县自卫总队扩编为 1 个大队、4 个中队，分驻柘皋、烟墩岗、尉子桥、夏阁等地。

解放战争时期驻军　1945 年 8 月 15 日，日本宣布无条件投降。日军投降后，国民党巢县自卫总队移驻巢县城，柘皋镇留驻第一中队，维持地方治安。

1946 年春，国民党巢县县政府遵令在全县各乡、镇设警察队，维持治安。巢北地区柘皋、大庙、包坊、清涧、童庙、天齐等乡镇相继建立警察队，编制 20 ~ 30 人，发给枪支弹药。

1946年5月10日，国民党一三八师、一七一师、七七师及安徽省保安团、地方武装合计万余人，进攻津浦路西根据地。13日，新四军主力北移。定滁全（定远、滁县、全椒）支队司令员吴万银根据四地委常山岭会议精神，带领独立营进驻巢县黄山根陈村和龙华寺一带。20日，定滁全支队与皖江联络队在沙石岗会合后，活动在巢县黄山地区，坚持敌后斗争。7月，方茂初从中共华东局回巢县，遵照指示成立津浦路西工委，吴万银任书记，组建一个游击队，辖三个大队。12月，吴万银调任皖西四分区司令员，三个大队改为三个支队。巢合支队留原地坚持斗争。

1946年，国民党安徽省保安六团驻柘皋，团长钟经麟兼任和含巢（和县、含山、巢县）“剿匪”指挥官，攻打巢北中共领导的游击队武装。

1946年5月17日，皖江联络队在李刚率领下，连同一个护送班，从定远界牌集转到柘皋浮槎山一带隐蔽活动。7月，组成巢北游击大队，李刚任大队长，活动范围从浮槎山扩展到花集等地。1947年6月，巢北游击大队属淮南第三工委；1948年2月，中共皖西区第四地委、第四专署、第四军分区成立，李刚领导的二大队先称巢合支队，后改为巢含支队。

1947年，国民党安徽省第九区专员公署保安司令部在柘皋镇设立合含巢（合肥、含山、巢县）“剿匪”指挥所，副司令吴树森兼指挥官，从上述三地各调一个自卫中队驻柘皋附近村集，“围剿”中共领导的巢北游击支队。

1948年9月底，国民党安徽省保安五团进驻柘皋。

同年冬，淮海战役开始，国民党第八兵团刘汝明部四八二八部队进驻柘皋玉栏桥西。

1948年年底，陈国瑞奉国民政府国防部令，到柘皋组建三八四三部队（国民党陆军第二纵队），网罗旧军人及地方杂牌武装，驻柘皋镇玉栏桥东。

1949年1月22日，李刚率部解放柘皋。中共巢县县委、巢县人民政府在柘皋建立。2月，原巢含支队改为巢县总队，李刚任队长，曹树华任政委，下设三个大队。

古代战事

群舒争巢　春秋时期，古巢国疆域辽阔，由于其只注重经济建设，先后遭遇“群舒”诸国（舒、舒庸、舒蓼、舒鸠、舒龙，在今舒城、庐江一带）、橐皋国的侵略和蚕食。在强国横行、列雄称霸的恶劣环境中，巢国渐次衰微，最后被吴国所灭。

濡须口之战　三国魏黄初三年（222）九月，曹丕督三路大军进攻东吴，中路军统帅大将军曹仁驻守橐皋。黄初四年（223）二月，曹仁挥师逼近濡须城外围，曹仁先采取声东击西的办法进攻羡溪（含山县南），引诱朱桓分兵救援羡溪，然后率步兵、骑兵数万人直扑濡须城。朱桓急令派往羡溪的援兵返回，但曹仁已兵临城下。朱桓只有5000余人守城部队，人心惶惶。朱桓对将士们说：“凡是两军对阵，胜负在于将领的能力，而不在于士众的多少。况且曹仁士卒十分胆怯，又千里迢迢长途奔袭，人马疲倦困乏，我和诸位将军，以逸待劳，以主制客，这正是百战百胜的机会。即使曹丕亲自前来，都不用忧虑，何况只是曹仁之辈呢！”朱桓激励将士，并下令偃旗息鼓，外示形弱，引诱曹军攻城。曹仁令其子曹泰率兵攻城，又派将军常雕、王双等乘油船（一种涂桐油的皮筏子），袭击吴军眷属驻地中洲。蒋济认为吴军占据西岸，将战船列于上游，如果分兵进攻位于下游的中洲，有自取灭亡的危险。曹仁没有听从蒋济的意见，自以为兵多将广，坚持分兵进攻中洲。朱桓先派兵攻取常雕、王双的油船，率兵火烧曹泰营寨击退曹泰。曹泰败退后，深入吴军身后的常雕、王双等人进退两

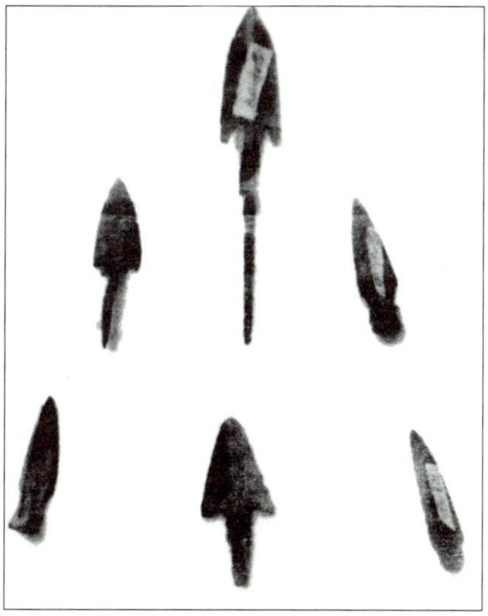

狼牙箭镞（阳河岗出土，出自1993年版《柘皋志》）

难。朱桓和严圭、骆统回身进攻常雕、王双所率的曹军，斩杀常雕，生擒王双。曹仁因为没有听从蒋济的建议而招致惨败。此次战役中，进攻濡须城的曹泰一路损兵折将，进攻中洲的常雕5000人马全军覆没，临阵战死的将士2000余人，剩下3000余人全部被俘。

金兵两战柘皋 南宋建炎三年（1129）十一月，金兵进攻庐州（今安徽合肥），知州李会献城投降金军。建炎四年（1130），金将阿鲁补继续南下，攻占柘皋。之后，庐州知州李会又反金归宋弃城出逃，阿鲁补率军追赶，在慎县（今肥东县梁园）与宋军交战，宋军张永合率步兵、骑兵2万余人，将其包围，阿鲁补兵仅3000人力战脱围。不久，金兵又攻进庐州城，东进到柘皋与迪古补会合，击败宋军万余人。

柘皋之战 南宋绍兴十年（1140）七月，金军统帅金兀术返回开封，开始调集兵马，准备以重兵南侵淮西。宋朝在淮西有三支大军：淮西宣抚使张俊8万人，淮北宣抚副使杨沂中3万人，淮北宣抚判官刘锜2万人。三支大军兵力虽众，但战斗力不强。金军从绍兴十年年底，开始逐步从开封南移。绍兴十一年（1141）正月中旬，金兀术、韩常等人率部越过淝水，攻占寿春。二月三日到达庐州界。

当金军南下时，淮西宣抚使张俊正率部留在杭州，在淮西地区仅布置了一个飞骑侦察队，由部将姚端率领。南宋朝廷一方面督遣张俊赶紧从建康（今江苏南京）率领全军渡江迎击，另一方面急令驻扎在太平州（今当涂）的刘锜率军渡江前往庐州驻防。此时，留守庐州的部队仅有2000余人，刘锜抵达庐州后，绕城巡视一周，认为庐州城无

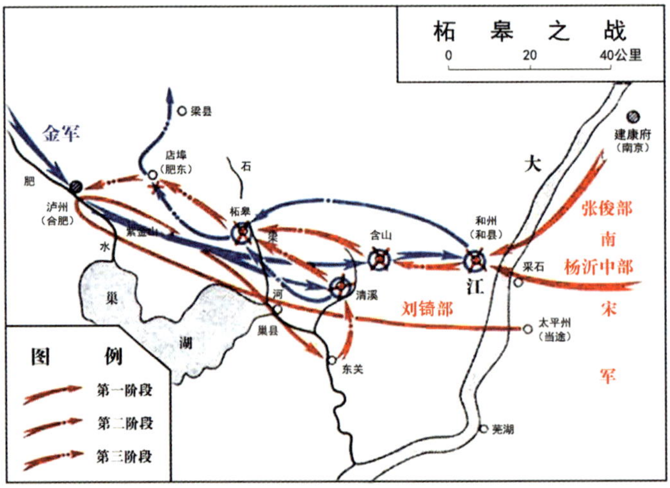

柘皋之战示意图

远眺柘皋之战古战场（2019年）

险可守，便与守城的关师古一道率众南返，准备行至巢县东南的东关阻击金军南下。但刘锜、关师古还没撤到东关时，金军已经攻占庐州，并出兵到无为、和州（和县）。

二月二十七日，金军到柘皋，认为此地一马平川，最能发挥骑兵的优势，便把数万骑兵布置在这里，分为左、右两翼，夹道而阵，以待宋军前来进攻。宋军最先到达柘皋的是刘锜部，接着张俊部的王德也到达柘皋，杨沂中也率领 3 万人马从杭州赶到柘皋。次日，双方在柘皋展开大战。金兀术以铁骑拐子马分两翼夹道列阵迎战，阻挡宋军攻势。杨沂中率兵万人，手持长斧如墙而进，专砍马蹄，一马受伤，四骑皆废，使拐子马完全失去作用。宋军士气大振，奋勇击杀，金兀术大败。刘锜、王德等乘胜追击，在东山口（巢县与肥东县交界处）截住金军，金军损失惨重。金兵见是刘锜统帅的宋军，急速退至紫金山（今寿县东南）。

柘皋之战是南宋初年宋军抗金战争中的重要战役之一。宋军以伤亡 900 余人的代价，取得歼灭金兵 10000 余人的胜利，从而收复庐州等地，迫使金军退渡淮河以北，史称“柘皋大捷”。

姚兴尉子桥浴血抗金 姚兴，河南人（今河南南阳），宋统制，隶大将王权麾下。南宋绍兴三十一年（1161），金海陵王完颜亮南征，王权贪生怕死，不敢迎战，姚兴是王权部的前锋兵马副都监，他不畏强敌，率部从柘皋飞速向庐州挺进，在庐州定林铺（今合肥北乡一带）遇金兵先头部队五百骑兵，姚兴率部奋力迎战，大败金军，生擒金军首领。随后，大批金军飞奔而来，王权慌忙后撤，退至仙踪。命姚兴断后，姚兴率领数十名骑兵，屯在柘皋北的黄山中。姚兴在黄山周围，竖起众多旗帜疑惑金兵，以阻完颜亮东下之路。此时，完颜亮从合肥急忙驰援和州（和县），姚兴多次出战阻击完颜亮，杀死众多金兵。完颜亮摸不清姚兴到底有多少军队，一见姚兴大队旗帜开来，便绕道而行。后金人俘获叛徒李二，得知姚兴的兵力很少，完颜亮派重兵包围姚兴部，姚兴率 24 名骑兵与金军大战于尉子桥。姚兴和 17 岁的儿子奋力拼杀，斩杀数百金军，无奈无援军相助，姚兴父子战死沙场。

宋高宗闻姚兴为抗金战死疆场，赐封姚兴为观察使，并在其战死之地立庙祭祀。40 多年后，宋宁宗赵扩为激励臣下抗金，追赠姚兴为袭庆军节度使，开府仪同三司，谥“忠毅”，还传旨在他父子墓旁，建了 99 间大庙，并赐为“姚兴庙”，百姓称之为“姚王庙”。

太平军柘皋受挫 清咸丰三年（1853）十一月，太平军攻占庐州，筑垒坚守。咸丰五年（1855）七月，为侧击清军，太平军派兵进攻柘皋，受挫。九月，太平天国忠王李秀成集结潜山、太湖、桐城、舒城等地太平军，会同捻军，分三路进攻庐州。其中一路从巢县出发，水陆并进，战船沿柘皋河溯流而上，二十日夺取夏阁，修筑木城，加紧防守，同时派军攻打柘皋。清总兵吉顺偕同营总乌尔滚布尚阿布、守备王联升等进行反击，先攻占夏阁，毁掉太平军修筑的木城，烧掉太平军的粮食，夺取太平军的战船。二十二日，太平军再次袭击柘皋回援夏阁，又被清军吉顺击退。

咸丰八年（1858）七月，太平天国侍王李世贤、英王陈玉成率部再克庐州。庐州周边的梁帝庙、店埠、梁园相继被太平军占领，接着太平军占领柘皋。

清同治二年（1863）四月，曾国藩调集湘军主力鲍超准备攻打巢县县城的太平军。鲍超接到命令首先驰援被太平军围困的六安，六安解围后，鲍超围攻庐州，追击太平军，再从庐州占领柘皋，从柘皋进攻巢县。守城的太平军害怕遭到湘军的合围，二十二日，放弃巢县，退往含山清溪。鲍超命令湘军从柘皋、巢县继续东进，两路夹击太平军，太平军在含山清溪被鲍超的湘军打败。

抗日战争时期的武装斗争

1938年1月和2月，日军多次出动飞机空袭柘皋镇。1938年4月30日，日军占领巢县县城。1938年5月6日，日军占领柘皋镇。在日军占领柘皋镇期间，时常四出窜扰，焚、杀、淫、掠，无恶不作，百姓深受其害。在中国共产党领导的游击队的打击下，1938年9月，驻柘皋日军被迫撤离。以后，日军又多次派飞机空袭柘皋，造成众多平民伤亡、大量房屋倒塌和重大财产损失。

1938年6月，共产党员张恺帆、冯文华带领巢县黄山抗日游击大队在柘皋镇汪桥集整编，队伍不断发展壮大。6月中旬，安徽省政府任命马忍言为巢县县长，7月，马忍言带领政府工作人员和巢县民众自卫军从皖西穿过日军封锁线返回柘皋，到巢县临时政府所在地汪桥集。巢县黄山抗日游击大队和巢县民众自卫军组成巢县民众抗日自卫军，队伍发展到600余人，共同抗击日军，成为巢县打击日军的中坚力量，汪桥集成为当时巢县抗击日军的一个指挥中心。

游击大队痛击日军 1938年6月5日，中国共产党领导的巢县黄山抗日游击大队得到日军“扫荡”的消息后，队长冯文华率领二分队60余人，埋伏在日军经过的公路两侧。上午8时许，从柘皋出发的日军有10余人，2名骑兵为前导，刚走出青阳山口，游击大队便展开袭击，前面的2名日军当场被击毙。此次战斗，缴获枪支2支。9月，根据新四军四支队八团指示，游击大队在沙石岗袭击退往古河镇的百余名日军、伪军，经过一小时的战斗，击毙日军10余人，伪军逃走。9月下旬，游击大队配合新四军四支队八团一个营袭击驻柘皋的日军。从天黑打到凌晨2点左右，击毙日军30余人。日军在柘皋屡遭袭击，9月23日从柘皋仓皇撤离。

方老人洼反“扫荡” 1939年2月19—21日，日军由步兵、骑兵、炮兵组成联合军，对皖东地区进行大规模“扫荡”。战前，日军从淮南铁路沿线的合肥、炯炀、巢县等地

方老人洼村（2018年）

调集第六师团、第十七师团等部的日军700余人，向巢合边境山区集结，意图一举歼灭皖东地区的新四军和游击队。

2月19日清晨，驻守在合肥的日军200余人，首次进攻肥东县梁园镇附近的新四军八团团部（驻地仅有团部及警卫营），团长周骏鸣率部迎击，日军退至大刘岗一带和新四军对峙，数小时后日军撤走。20日夜，合肥日军再次出动700余人，经肥东昂集直扑浮槎山东麓。21日拂晓，日军到达新四军八团驻地方老人洼村。此时，八团的三个营及随队行动的巢县黄山抗日游击大队，在该村周围形成三角形宿营。二营驻村内，三营、一营及巢县黄山抗日游击大队分驻村东、村北和村南的村庄。日军逼近时，各营在团参谋长赵启民指挥下，临阵不乱，动作迅速，配合协调。二营行动迅速，避开了正面日军的进攻，迅速占领村北面的山头。三营在村西山地刚刚把部队展开，就与向东作迂回包抄的日军展开战斗。日军为寻找突破口，组织强攻。三营营长李木生身先士卒，指挥全营官兵利用地形优势，沉着应战，一面组织步枪、机枪火力封锁前沿阵地，一面近距离投掷手榴弹打击日军，连续击退日军的数次冲锋，紧紧地咬住日军不放，为其他营队反攻赢得了时间。与此同时，其他各营占据有利地形后，迅速展开对日军的全面攻击。一营从东北的军高村、巢县黄山抗日游击大队从东南四家塘两面夹击，二营从北面山地侧击。日军在前后受阻、左右夹击的情况下，用掷弹筒、九二式短炮为掩护，发起三面还击。八团各营利用有利地形游动转移，既避开日军的炮火，又有效阻击眼前之敌。午后，敌军攻势减弱，八团开始局部反攻，战斗持续到黄昏，日军伤亡很大，不得不向西撤退。二营一部尾追日军到东山口。方老人洼反“扫荡”战斗一共击毙日军 100 多人，新四军八团和游击队员伤亡 30 多人。这场战斗是新四军江北部队首次取得反“扫荡”的胜利，坚定了敌后广大军民战胜日军的信心。

柘皋防御战 1940 年 9 月 24 日，驻防在柘皋的国民党安徽省保安八团派兵袭击了驻守在烔炀镇占领淮南铁路的日军。1941 年 2 月 17—19 日，巢县县城的日军警备队大佐牛芳一角，调集合肥等地日军 1000 余人，分别从巢城、中埠、烔炀出发围攻柘皋，企图全歼柘皋守军安徽省保安八团，以解除日军占领淮南铁路中段的威胁。安徽省保安八团团长邱正华率部顽强抵抗，与及时增援的国民党一三八师第五一二团协同作战，经过 3 天激战，歼灭日军 500 多人，并生擒日军曹长 2 人，获得柘皋防御战胜利。

建立新四军二师、七师秘密交通线 抗日战争时期，江淮之间有新四军七师创建的皖中（后改为皖江）抗日根据地和新四军二师创建的淮南抗日根据地。两根据地之间横亘着几百平方千米的敌占区，导致双方联络困难。为了使两块根据地之间联系通畅，从 1941 年年底始，历时三年多，在两块根据地之间的敌占区，建立了 4 条秘密交通线。其中很重要的一条交通线是从巢湖南的撤兵，北渡到巢湖北岸的西宋村，经上李、花集、庙岗、方集、鲁集、东山口等地进入肥东，再到定远藕塘二师驻地。尤其是在 1945 年 10 月，新四军七师从巢南根据地北撤时，大部分新四军官兵沿着这条交通线安全进入二师境内，集体北上到山东解放区。

巢湖工委、巢北工委在维护这些交通线安全畅通上起了重要作用。为了确保这些交通线的安全，巢北工委在交通线建立 7 个交通站，组织党员为交通线服务，并分段负责。交通站担负着搜集传送情报、传递党内文件、监视日（伪）军活动，为游击队站岗放哨、破坏敌电话线等任务。交通站（点）还兼有水路接运新四军过往人员、运输军需物资等任务。

反击国民党顽固派 1940 年年初，国共摩擦日益加剧，形势恶化。中共巢县县委遵照党的“人不犯我，我不犯人；人若犯我，我必犯人”的原则和中共中央中原局“绝不向进攻我之顽固势力让步”的指示，组织开展了一场“有理、有利、有节”的反击国民党顽固派斗争。

1940年2月，中共巢县县委组建的江北游击纵队十大队，对国民党武装进行自卫反击。2月中旬，俘获汪桥集国民党地方武装首领谭某之，缴获长枪4支、短枪6支。3月初，十大队再战尉子桥，活捉敌区长李某福，缴获长短枪50余支。4月，十大队攻打柘皋区公所，敌区长吴某只身潜逃，缴枪4支。4月13日，国民党巢县县长马某山率县常备队，进犯游击队十大队活动地区鹞子山、大何村一带。在冯文华部支援下，十大队分别从古人庵、清水涧两地出发，包围国民党常备队，将其击溃，缴获长枪80余支，马某山逃脱。5月，十大队转移到东山口、西山驿一带活动。9月4日夜，中共巢县独立营派便衣队约40人，携带短枪、手榴弹潜入柘皋，袭击常备队，击毙常备队哨兵1名。

1942年秋，新四军七师56团从巢南山区出发，渡过巢湖，进入黄山，连续袭击驻于汪桥集、尉子桥的国民党一七一师部分驻军，两战皆胜。

方茂初策反川井投诚 1944年，中国人民的抗日战争进入战略反攻阶段，日军士气低落，军心动荡。方茂初从上级发来的材料中获悉，驻守在烔炀六铺山据点的日军小队长川井一太郎厌战情绪较为严重，于是就把他定为策反争取对象。

从1944年5月开始，方茂初通过多次试探，基本上摸清了川井的思想状况，他立即向新四军七师和联络部做了汇报。不久，新四军七师敌工部送来一份对日军开展宣传的中日文对照传单，方茂初让伪乡长秘密交给川井。川井看了传单后，要伪乡长约方茂初面谈。

9月的一天早上，川井按预定计划，以“扫荡”为名，率领全小队20余人，携带武器弹药，向新四军游击队投诚。

粉碎国民党的诱降阴谋 1945年6月5日，国民党巢县中统调查室邓某三伙同安徽省党政大队孙某让，策划诱降巢北游击队李刚部。孙某让进驻蒋家岗国民党一七一师某营前哨碉堡，指挥活动，并派人通知李刚与邓某三商谈条件，承诺赔偿上李村李刚家被焚房屋损失和购买枪支等费用，并以委任李刚为自卫大队大队长为诱饵。6月14日是农历端午节，邓某三赶到李刚部，李刚一面派荚存礼应对，一面暗中准备。天黑，邓某三提出回蒋家岗村，准备第二天迎接李刚部“投诚”。李刚趁此时机率部将邓某三送到王岗村附近，将其逮捕，在杨许村审讯后将其处决。新四军七师政委曾希圣电报中共中央华中局，李刚受到表扬。

解放战争时期的武装斗争

抗日战争胜利后，国共两党举行重庆谈判，签订“双十协定”。根据协定，新四军七师及皖江区党政人员撤到山东解放区。七师主力北上后，国民党军队勾结当地土豪劣绅，疯狂屠杀、迫害共产党员和革命群众，并派兵“清剿”留下来的游击队、武工队，企图彻底消灭巢北地区的革命力量。为了扭转被动局面，1946年5月，中共华中四地委决定，派遣李刚组建皖江联络队返回柘皋，开辟浮槎山根据地。同时，吴万银领导的定远、滁县、全椒支队也进入巢北黄山地区。

智擒叛徒吴谷山 面对国民党的反动统治和制造的白色恐怖，李刚组建的皖江联络队返回巢北在浮槎山建立根据地，确定三大任务：逮特务、捉叛徒、打土顽，以尽快打破巢北不利局面，取信于民。

新四军北撤后，巢北工委委员吴谷山被捕叛变，导致巢北地区党的秘密组织遭到严重破坏，一批共产党员被捕入狱，巢北革命力量损失严重。吴万银到黄山地区后，立即派人和李刚联系，将独立营的两个连交给李刚指挥。1946年5月20日，李刚率游击队和独立营的两个连，连夜端掉国民党烔炀警察所，消灭反动警察30余人，活捉所长。6月底的一个深夜，李刚率领10余名游击队员，每人佩戴手枪，带着棉絮、扶梯、绳索和手电筒等工具，深夜赶到烔炀镇东街国民党烔炀区党部（李氏当铺），他们架上扶梯，爬上屋顶潜入烔炀区党部内，一枪未发将吴谷山抓捕。李刚率部安全返回浮槎山袁家堰村，经巢二区区长张克东审判后，将叛徒吴谷山处决。

粉碎国民党军“围剿” 1946年5月，定滁全游击支队在巢北黄山地区开辟根据地，打掉了油坊集、娘娘庙等处的国民党地方武装。国民党以保四团、保六团及一个加强营的兵力分别从古河、柘皋两地出发，企图“围剿”游击支队。6月2日，游击支队在尉子桥召开紧急军事会议，决定把部队分为四个部分，分散活动，留黎竞平、吴万银率县委机关、二连、机炮连在黄山坚持斗争。吴万银带一个分队阻击敌军，边打边退。6 月 5 日，一天作战 3 次，游击支队伤亡很大。吴万银部转战肥东，后转移到定远。1947 年 3 月，吴万银等与宣锦章、李刚等人会见，到浮槎山游击区隐蔽，取得了反“围剿”胜利。

恢复党的组织和地下交通线　1946 年 7 月，根据中共华中四地委的指示，恢复中共巢北工委，吴万银、李刚先后任书记，领导沿山、黄山、淮夏 3 个地下党支部，并成立巢北游击大队，李刚兼任大队长。李刚率领联络队不分昼夜袭击国民党军，同时宣传党的方针政策。经过一个多月的艰苦斗争，联络队在浮槎山、庙岗、花集一带站稳脚跟，联络队员也发展到 100 多人。

与此同时，巢北工委恢复了地下交通线。方集站由方少轩、方振华负责，清水涧站由孙世福、马克明负责，分路口站由周业民、周树东负责，汪桥站由汪兴忠、李家明负责，东山口站由昂开玉负责，庙岗站由何碧、叶政文等 6 人负责，西宋站由宋和民负责，歧阳站由李开元、王家齐负责。地下交通线的恢复，为游击队打击敌人提供情报、保护干部家属等方面，作出了很大的贡献。

张克东血洒巢湖滩　张克东，烔炀镇螺滩张村人。1938 年 9 月，参加了在柘皋大庙桥小学举办的抗日军政干部训练班，在此期间加入中国共产党。1939 年春，任巢二区（柘皋区）动委会指导员。在浮槎山、庙岗、童集、花集一带建立抗日游击区。1939 年 5 月，张克东被任命为中共巢县县委委员兼民运部部长。1940 年 5 月，巢二区抗日民主政府成立，张克东被任命为巢二区区长。后因巢北局势恶化转入巢南根据地。1943 年夏初，返回巢北，再任巢二区区长，参与领导巢二区游击队开辟巢北游击区的斗争。

1945 年秋，张克东随新四军七师撤到定远县齐家岗，1946 年，中共巢北工委成立后，张克东调回巢县，积极配合李刚皖江联络队活动，抓捕叛徒吴谷山。1946 年 7 月初，张克东和方茂初开展通讯联络工作。8 月 3 日，国民党烔炀镇党政大队高某某带领 100 余人及戴某某等 3 名叛徒，突然包围柘皋区庙岗乡大吴村，封锁道路。此时张克东正在村内，从村东大路向北突围，被叛徒戴某长认出，张克东落入国民党烔炀镇党政大队之手，不幸被捕。

被捕后，张克东被押送到巢城。敌人的严刑拷打和高官引诱都没能动摇他的革命意志，国民党巢县县长曾某亲自劝降，被他严词痛斥。1946 年 8 月 26 日夜，敌人秘密将张克东押到烔炀大王村巢湖湖滩上，因害怕枪响会招来游击队，残忍地用铁丝将张克东勒死。

茅公山战斗 1947 年 10 月的一天，根据情报，吴万银率游击三大队排长陈俊等队员，在烟墩岗西边的东山口伏击敌军从南京开往合肥的运输车队，缴获武器虽不多，只有长短枪 4 支，但车上装有 10 余袋法币和一些其他军用物资。吴万银对俘虏进行教育后将他们释放。当晚，吴万银部驻扎在岗头李村清理战利品，战利品还没有清点完，突然枪声四起，吴万银、陈俊等被敌军包围。

原来，在抓获的俘虏中有一个自称是教书先生的人，其真实身份是国民党安徽省公路局局长刘某某，此人被释放后，立即向省政府报告，安徽省政府调遣 48 师 1 个营，连夜占据岗头李村周边几个山头，对岗头李村三面包围，伺机消灭游击队。李刚在完成接应巢城守军刘甫臣起义部队任务后，在向浮槎山靠拢途中，得知吴万银劫车的消息，他感到敌人可能要报复，迅速将部队带至岗头李村附近的制高点茅公山（位于柘皋区与烔炀区交界处），接应吴万银等人。

凌晨 4 时，李刚还没来得及和吴万银取得联系，敌军便开始搜山，首先向岗头李村进攻，排长陈俊从岗头李村冲出后，得知李刚部队已在茅公山接应，命令所有人员向茅公山突围。吴万银等人突围后，李刚率领游击队迅速调整兵力部署，下令轻重机枪一齐开火，压制敌军火力，打退敌军多次进攻。双方从拂晓一直战斗到下午 4 时，最终敌军损失惨重，撤离阵地。

茅公山一战歼敌近 200 人，李刚游击队除排长李承宽牺牲外，无其他伤亡。

突破保六团“围剿” 1948 年元旦刚过，国民政府下令安徽省保安副司令张湘泽要在 20 天内消灭巢北游击队。1 月中旬，安徽省保安六团团长钟经麟率一个团，并纠集地方武装共 1500 多人“清剿”李刚领导的游击队。敌军首先对浮槎山游击区进行“围剿”。在军事“围剿”的同时，对民众实施联保连坐，凡游击队经过的村庄，房屋被毁，群众被打，搞得群众不敢和游击队接近。此时的李刚游击队只有 300 余人，在数倍强敌围追堵截下，李刚部身处险境。

为了不使游击区的群众遭受更大伤害，李刚率部向东北方转移，边打边退，进入全椒县西王集和吴万银部队会合，商讨如何应对来势汹汹的敌军。他们刚刚坐下，追兵随即赶到，又被敌军包围。警卫连连长吴炳良率部掩护部队撤退，奋力阻击，先后打退敌人 9 次进攻，吴万银、李刚率部突围，跳出了敌人的包围圈。

突围后，吴万银、李刚率部重返巢北境内，在庙岗小沈村召开连以上干部军事会议。吴万银决定兵分两路，要求从李刚的二大队抽调一个排北上迎接唐晓光等人的南下部队，一路由李刚指挥和敌人周旋。会议刚结束，追兵又至，李刚率部沿着山路边打边转移，敌人一直追到巢县和肥东交界的黄麓师范附近的西黄山，李刚决定在此与敌决一死战，并迅速把部队部署在 8 个主要山头上。

西黄山战斗从上午 9 时打响，李刚部居高临下，占据有利地形，但敌众我寡，围攻的敌军气势汹汹向游击队各个山头阵地发起一次又一次攻击，但一次又一次被李刚部打退。由于战士们两天没有吃饭，加上弹药不足，次日下午 2 时，战事正酣，李刚派出几支短枪队伍冲出重围，到巢湖岸边寻找渡船，为南渡转移做准备。下午 5 时，趁着天色渐黑，李刚命令部队冲下西黄山，向巢湖岸边疾行。游击队黑夜行军，主力部队在前，李刚带一个排断后，掩护主力部队渡过巢湖到达巢南根据地。天刚亮，李刚率部刚到巢湖边，敌人追兵又到，李刚等人在芦苇的掩护下，从冰冷刺骨的湖水中杀出一条血路，乘船到达西宋村，西宋村地下党组织再用船将李刚等人送到巢南根据地。

夜袭烟墩岗 1948 年 3 月，安徽省保安六团派兵一个排驻防烟墩岗，在岗头的东北角、西南角各建了一座碉堡，堡外掘壕，壕沟外有铁丝网，守备严密，意图控制合浦公路，威胁浮槎山游击区。

1948 年 7 月上旬，巢含支队经过休整后，李刚、曹树华率部队再次转战巢北，决定拔除这个据点。他们通过党的地下组织了解到敌人内部的士兵童忠谦和杨和胜是庙岗乡人，秘密与他们取得联系。李刚率侦察排在庙岗附近与童忠谦、杨和胜见面，向他们宣传政策，指明出路，二人表示愿做内应，商定暗号迎接巢含支队。当日夜，童忠谦在南碉堡、杨和胜在北碉堡配合李刚部行动。李刚选派陈俊、黄建平、吴炳良、曹宗山等连排级干部 12 人，分为两组埋伏在壕沟外，见童忠谦和杨和胜发出联络信号，两个小组分别进入碉堡，保六团排长酒醉未醒，当场被抓，一枪未发就俘虏国民党士兵 23 人，缴获轻机枪 2 挺、步枪 20 余支、手榴弹及子弹 10 余箱，2 座碉堡被焚毁。

革命旧址

地下交通站旧址——朱家山洼、柴埠荚 朱家山洼，位于岬山村东、柘皋河西岸，岬山主峰西北麓的山洼里。朱家山洼有山路，南通天齐集，东通蒋家渡口，东北渡柘皋河通柴埠荚，北通柘皋镇，是个既便于隐藏又四通八达的中转地点。

1937年，党的地下组织在朱家山洼村建立了地下交通站，共产党员荚厚友担任交通站站长。荚厚友先后在朱家山洼村发展朱学银、朱德山、朱春山等6人加入中国共产党。朱家山洼交通站成为新四军二师、七师地下交通线一个重要的站点。1938年年底，荚厚友受中共巢县县委指派，在柴埠荚村发展一批党员，建立了柴埠荚支部和蒋家渡支部。地下党组织和交通站的建立，为传送情报、掩护新四军二师和七师人员来往、护送进步

朱家山洼（2018年）

巢县抗日临时县政府旧址汪桥集（2009年）

青年参军、运送物资等作出了贡献。

巢县黄山抗日游击大队组建地——汪桥集 汪桥集是柘皋镇东靠近东黄山的一个集市，距柘皋镇约10千米。抗日战争时期，这里是东黄山通往外地、人员往来和土特产品进出的咽喉要地。

1938年5月，共产党员张恺帆、冯文华带领的游击队，连续在巢合公路上袭击日军。6月上旬，游击队在柘皋汪桥集进行了整编，正式定名为巢县黄山抗日游击大队。冯文华任大队长，张恺帆任政委。

为了配合游击大队在山区的斗争，巢县抗日临时县政府在汪桥集成立，推举民主人士李继康为代理县长，负责为抗日游击大队征收钱粮，保障部队的供给，维护地方治安。这支队伍最后发展成巢县抗日游击大队，后来编入新四军八团战斗序列。

皖东工委临时会议旧址——小井村 小井村位于柘皋镇东南郊。1938年8月，为配合新四军四支队东进抗日，中共长江局决定成立中共皖东工委，指导所到之处地方党组织工作。刘顺元任皖东工委书记，李世农任组织部部长，喻屏任宣传部部长，谭光廷任民运部部长。皖东工委以四支队民运大队的名义，随四支队八团行动。11月，皖东工委从舒城县途经三河，从巢湖水上进入柘皋河到达柘皋镇。

皖东工委到达柘皋后，在柘皋镇东南的小井村召开一次临时会议。会议在听取中共巢县特支书记时生的工作汇报后，决定将巢县特支升格为中共巢县县委，由随皖东工委一起到柘皋的中共舒城县委书记鲍有苏任中共巢县县委书记，纪正任县委组织部部长，时生任县委宣传部部长。

小井村（2009年）

为适应斗争需要，重组后的中共巢县县委采取积极措施，将 700 余人的巢县民众抗日自卫军在柘皋镇进行整编，抽出骨干力量编成 2 个分队，组成巢县抗日游击大队。

抗日军政干部训练班旧址——大庙桥小学 大庙桥小学位于柘皋镇东 5 千米处。1938 年 9 月，国民党巢县县长马忍言在中共巢县特支的配合下，以巢县动员委员会的名义，在大庙桥小学举办抗日军政干部训练班。训练班共有学员 120 余人，训练班按军事建制编为大队、分队、小队。国民党派鲁国藩任大队长、舒展为军事教官。中共皖东工委书记刘顺元、组织部部长李世农等参与训练班的政务工作。

抗日军政干部训练班中建有中共临时支部，支部书记由刘顺元兼任。支部在学员中培养积极分子，秘密发展党员，学员张克东、昌艾丁、黄毓望、荚厚友等人在训练班中加入了中国共产党。训练班学员结业后，分配到全县各地工作。其中，张克东分配到巢二区（柘皋）任区长，荚厚友分配到峏山乡任指导员，黄毓望到国胜乡任指导员。

巢县突击剧团公演舞台——万年台 万年台位于柘皋城隍庙前，场地宽阔，是集会、唱戏的场所。抗日战争初期，巢县突击剧团在万年台公演，使之成为宣传抗日的一块主阵地。

1938 年 11 月，巢县突击剧团成立，是抗日战争初期中共领导下的安徽省第一个地方文艺团体。巢县突击剧团利用文艺活动宣传抗日。中共皖东工委对此高度重视，建团时选调文艺骨干林坎易和部队中的文艺工作者李飞等进团，同时在柘皋等地吸收十余名文艺人才为突击剧团骨干。中共巢县县委先后委派龚无为任团长、沙流辉任副团长，不久又委派周衣冰、曹础等加强党对剧团的领导。1939 年 5 月，曹础任剧团党支部书记。

巢县突击剧团成立后仅一个星期就开始演出，节目有活报剧、快板、大鼓、秧歌等，剧情都是揭露日军烧杀抢掠的暴行和反映自卫队员英勇杀敌的故事。1939 年 3 月初，编导人员从上海找到《松花江上》《放下你的鞭子》等剧本，邀请省内外一批有文艺才能的女同志参加演出，每次出演都场场爆满。

在演出调换节目的间隙，周衣冰、曹础等人上台演讲，宣传中国共产党的抗日政策。许多年轻人当场要求参加新四军。演出结束后，观众往往不肯散去，剧团又会加演一场。

巢县突击剧团在柘皋的活动，引起了日军的警觉。驻防巢县、肥东的日军，在得知剧团将于 4 月 10—12 日再次公演的消息后，组织 600 余名兵力，计划在 10 日演出当天，分三路包围柘皋镇。剧团得知日军进犯的消息，组织剧团和群众撤离，日军赶到柘皋后，不见剧团和群众，气急败坏将演出灯光、道具砸毁。《巢县动员》报翔实地记载了敌人的这次“围剿”。

《巢县动员》报社旧址——古人庵 古人庵是巢北东黄山南部的一个小山村，位于柘皋东北方向约 14 千米处的清泉村，抗日战争初期，这里是巢县抗日武装活动的中心地点。

1939 年 3 月，巢县动员委员会主办的《巢县动员》报，在古人庵正式编辑印刷。该报是皖东敌后第一张地方报纸，版面有民众动员、国内抗日战事、国际反法西斯斗争三大部分。在民众动员的版面上，每期编发一定数量的消息报道、工作计划、时事评论

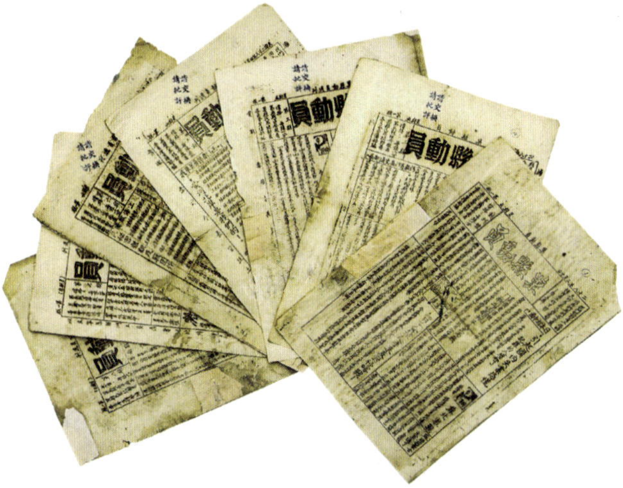

古人庵印刷的《巢县动员》报

等，还刊载安徽省第三十工作团、巢县工作团和巢县突击剧团的活动以及巢县县政府、巢县动员委员会发出的通告、政令、通知等。在国内抗日战事的版面上，重点报道八路军、新四军的战场新闻。国际反法西斯版面主要报道当时苏联的社会主义建设和支援中国军民抗击日本侵略者的消息。

《巢县动员》报每期四开四版，每期印刷400余份，不仅在巢县境内发行，还沿巢（县）合（肥）、柘（皋）乌（江）公路发行到合肥、全椒、肥东、滁县等地，影响很大。

新四军江北游击纵队第十大队组建地——龚家垅村 龚家垅村位于浮槎山东麓，距柘皋镇约10千米。

1939年年底，国民党掀起的第一次反共高潮波及皖中地区，新任国民党巢县县长马伯山宣布解散巢县各抗日团体，限制、取缔抗日宣传活动。

1940年1月，为贯彻党中央和毛主席关于发展华中抗日根据地的战略方针，刘少奇在津浦路西主持召开中共中央中原局会议。会议确立了发展人民武装、建立根据地、开展反摩擦斗争的战略方针，中共巢县县委书记纪正参加了会议。

1940年2月，中共巢县县委决定，在龚家垅村以原有的地方游击队为基础，吸收巢县工作团、巢县突击剧团的部分成员，正式宣布成立新四军江北游击纵队第十大队，纪正任大队长，吴屏周任教导员，统一佩戴新四军臂章，队伍很快发展壮大。

中共巢二区所在地——浮槎山 浮槎山位于柘皋镇西7千米处，与肥东县交界，地理位置较为偏僻。

浮槎山（2018年）

1942年5月，受中共巢（县）合（肥）庐（江）中心县委派遣，方茂初、张克东、徐清来从巢南根据地返回巢北，开辟以浮槎山为中心的抗日游击区。其间，建立了中共巢二区委，方茂初任书记，张克东任委员，恢复发展了庙岗、方集、清涧、童集、花集、太和集、凤凰集等地的党组织，建立和领导王坝堰、徐坎、尖山、清涧、陈家洼、花集、山昂及上份、下份、小康等几个基层党支部。

1943年，巢二区民主政府成立，张克东任区长，方茂初兼任副区长。巢二区的武装力量，以浮槎山为中心开展游击斗争，同时保护党的地下组织开展活动。

中共巢县县委、巢县人民政府机关旧址——万慈会、城隍庙 在人民解放军强大攻势的威慑下，驻守柘皋的国民党巢县县大队向围攻柘皋的李刚部投诚。1949年1月22日，李刚率部进驻柘皋，柘皋解放。

当日，中共巢县县委机关进驻柘皋万慈会，曹树华任巢县县委书记，石清玉、吕一平任副书记，方茂初、李鹏、陈如品、庄剑云、吴锡武、郑重任委员。巢县人民政府驻在柘皋城隍庙。方茂初任巢县县长，李刚任巢县总队队长。

巢县第一任县长方茂初（骑马者）（1949年）

旅游发展

柘皋镇历史悠久，文化厚重。孔子南巡时，在柘皋这片土地上留下众多历史遗迹。北闸老街的保护和开发利用，形成了特色鲜明的古镇游。富有地方特色的“夏至民俗文化节”“柘皋早茶一条街”，吸引众多游客慕名而至。汪桥集、五爪岗、六甲王等美丽乡村建设方兴未艾，乡村旅游成为柘皋旅游新亮点。深厚的历史文化底蕴、众多的风景名胜景点、秀丽的自然风光和完善的服务设施，为柘皋镇旅游事业的快速发展奠定了坚实的基础。

修葺后的北闸老街（2020年）

旅游景点

孔子遗踪景区　孔子遗踪景区位于柘皋镇板桥村，这里是孔子和弟子开坛讲学时留下的遗踪。景区内有孔探桥、孔难桥、晒书墩、孔子台、听书港、洗砚池等历史遗迹，也留下“孔子橐皋师项橐”的民间传说。

历史上，孔子带领弟子南游曾途经柘皋，在柘皋东的三板桥开坛讲学。《天下名胜志》、清康熙《巢县志》、清光绪《续修庐州府志》均有孔子在柘皋开坛讲学的记载。晒书墩、孔子台、听书港等这些珍贵的历史文化遗址、遗迹，成为柘皋发展旅游的新亮点。

北闸老街　柘皋镇北闸老街位于柘皋镇中心地带，街道长 230 米，宽 4 ~ 4.5 米，

月亮地（孔子台）遗址（2018年）

有古建筑古民居600余间。古街建于明末清初，徽派建筑，马头墙、砖木雕刻犹在。在北闸老街鼎盛时期，整个街道有商铺80多家。每到夏秋粮食收获的季节，从早到晚，整个街道车水马龙。街道现存的青石板上那一道道被运粮车辆所轧成的深深的石沟和许多家门前被勒有深深槽沟的拴马桩，印证了当年北闸老街的繁华和昌盛。北闸老街是江淮地区保存完好的明清古建筑群之一。2007年，北闸老街被巢湖市人民政府列为市级文物保护单位。2016年1月，北闸老街入选安徽省第二批传统村落名录。2019年6月，北闸老街入选第五批中国传统村落名录。

李氏当铺 李氏当铺（李鸿章当铺）位于北闸老街中段，建于清同治九年（1870），已有150多年历史。前后共七进，是李氏当铺的仓库和港口运输货物集散地之一。2015年，对当铺前三进房屋进行了维修，维修总面积达1300平方米，修葺沿用原来的磉墩（石柱脚）、石柱础、阶沿等，达到修旧如旧的效果。对当铺的柜台等进行了复原，再现了古镇上百年当铺的历史原貌。2019年4月，李氏当铺被列为安徽省第八批文物保护单位。李氏当铺成为柘皋镇古镇游的核心景点之一。

李氏当铺（2018年）

柘皋乡贤馆 柘皋乡贤馆位于柘皋老街中段，2017 年 4 月建成并免费对外开放。展馆分古代乡贤、近代乡贤、现当代乡贤、柘皋风情、鲁彦周生平事迹展等五个展区，集中展示了柘皋镇历史文化名贤、现当代乡贤人物事迹以及古镇的历史变迁、乡风民俗和风土人情。游客到乡贤馆内，除了能欣赏到乡贤美德和善行义举，还能领略到会吴古城、柘皋老街、李氏当铺、孔难桥、晒书墩及柘皋大捷、巢湖水师、柘皋早茶等文物古迹和历史文化。2017 年，柘皋乡贤馆入选合肥市爱国主义教育基地。

安徽省乡村旅游示范村——东街社区 东街社区位于柘皋镇区老街东部，北临合芜高速公路，南与西街社区接壤，东和建和村交界，西靠柘皋河。总面积 1.5 平方千米，东街社区交通便利，区位优越。辖区内有北闸老街、晒书墩、典韦墓、荷叶地、玉栏桥、九步三井等历史古迹。

东街社区的古建筑保存完好，古民居、古建筑风貌依旧，具有典型的徽派建筑庐州地区风格，有较高的历史文化研究和文物保护价值，每年接待游客 1.2 万人次。2016 年，东街社区获评安徽省乡村旅游示范区。

安徽省乡村旅游示范村——汪桥集 汪桥集位于柘皋镇东北部，抗日战争时期，这里是巢县黄山抗日游击大队组建地和巢县抗日临时县机关驻地。2016 年，汪桥村进行美

鸟瞰汪桥村（2018年）

丽乡村建设，完成污水、厕所、垃圾治理，提升道路绿化，改善村容村貌。对历史遗存进行了修缮和保护。挖掘整理出“汪桥三棵树”等一系列具有传奇色彩和教育意义的传说故事。同时结合扶贫产业园和采摘园等现代农业产业，大力发展第三产业，为乡村旅游提供了良好的平台。

2017 年，汪桥集中心村入选安徽省乡村旅游示范村。2018 年 8 月，汪桥村被授予巢湖市第一批研学旅游基地称号。2019 年 1 月，汪桥村入选第二届中国美丽乡村百佳范例。2019 年 4 月，汪桥集中心村入选安徽省第三批传统村落，2019 年 12 月，入选第二批合肥市生态环境教育基地，吸引了省内外多地的考察团和游客慕名前来参观旅游。

安徽省美丽乡村示范村——五爪岗中心村　五爪岗中心村是柘皋镇峏山村村部所在地。2017 年，五爪岗中心村成功申报为安徽省美丽乡村建设示范点。该村通过整合多方项目资金，改水改厕，修建明渠，铺设污水管道，安装污水处理设备，美化房屋，硬化道路，因地制宜整治村庄环境。村内还建造停车场、农民健身广场、文化活动室等设施。

五爪岗中心村在开展美丽乡村建设的同时，保留了一些村里的土坯砌的老房子、古井，留住乡愁，留住记忆。此外，该村还深挖巢湖市非物质文化遗产——峏山杨妇科（中医）的历史资料，将位于该村的原峏山乡卫生院改建成峏山杨中医展览馆，让峏山杨中医妇科文化历久弥新。同时，通过招租的方式，引入社会资本 500 万元建成特色民宿乐陶轩，打造拓展训练基地和大学生写生基地。2017 年，五爪岗中心村入选安徽省乡村旅游示范村。2019 年，峏山村入选安徽省第二批美丽乡村示范村。

峏山杨中医展览馆内景（2019年）

夏至民俗文化节活动现场（2017年）

旅游节庆

夏至民俗文化节 夏至，在柘皋当地又称牛娃节。柘皋夏至起源于明朝初期，体现了人们对耕牛在农业生产中贡献的认可，以及对劳动者的尊重。夏至民俗文化节在巢北地区一直沿袭至今。2010 年 1 月 15 日，夏至民俗文化节被巢湖市居巢区人民政府列入居巢区第三批非物质文化遗产名录。自 2013 起，柘皋镇已连续举办 8 届夏至民俗文化节，柘皋夏至民俗文化节是巢湖市四大旅游节庆之一。活动当天，四面八方的游客云集柘皋古镇，人山人海，热闹非凡，洋溢着节日气氛。

柘皋早茶一条街 柘皋当地有吃早茶的习俗。随着巢湖市全域旅游发展规划的实施，柘皋旅游进程加快，柘皋老街业态逐渐显现，到柘皋“看老街”“吃早茶”的游客逐年

柘皋早茶一条街（2017年）

增多，“老街”和“早茶”已成为柘皋旅游发展中两张亮丽的文化名片。2015 年，柘皋镇成立“柘皋早茶协会”，打造柘皋“早茶一条街”，继“迎河轩”茶馆后，“群贤聚”等 10 多家老字号茶馆先后入驻“柘皋早茶一条街”规划区内。为加快柘皋旅游开发的步伐，柘皋镇连续 8 届举办夏至民俗文化节，在柘皋老街上开设 100 米长的早茶长桌宴，擦亮“柘皋老街”品牌，打造“早茶文化”名片。

旅游服务

农家乐 柘皋镇有安徽省美丽乡村示范村 7 个、三星级农家乐 3 个。农家乐环境优美，宜住宜游，游客到此，可享受田园风光，品尝地道的农家菜。

住宿 柘皋镇区及周边设有多家宾馆、酒店等可供旅游住宿。镇区内有环通大酒店、古镇客栈等多家宾馆旅社。镇内宾馆旅社设备齐全，卫生条件良好，服务规范。乡

农家乐草莓采摘园（2018年）

镇集市有凤栖河畔大酒店等酒店、饭馆，农村集市也有干净卫生的宾馆、旅社、民宿、茶馆和饭店，游客到哪里，吃、住、行都很方便。

旅游公厕 2017 年 7 月，柘皋镇围绕巢湖市全域旅游理念，将旅游公厕建设纳入古镇旅游公共服务体系的建设重点，投资近 100 万元，将玉栏街、北闸街、三星路等 5 座公厕统一改建为水冲式标准化公厕，采用了节水、节能及除臭新技术，突出生态环保和美感，提高了如厕的舒适度。

柘皋镇旅游公厕推行市场化运作，以政府购买服务方式，聘请专人全天候保洁和管护。同时，制定厕所清洁程序与标准，建立健全公厕长效管理机制，定岗定人定时进行保洁和设备保养维护。

截至 2019 年年底，柘皋镇区已建成三星级旅游公厕 14 座，集市和乡村人群集中的地方和交通要道地段增加公厕布局，新建改建旅游公厕，方便游客和居民如厕。

旅游交通 柘皋镇南距巢湖市主城区 20 千米，西距合肥市 48 千米，东距南京市 137 千米。省道、高速公路四通八达，柘皋设有柘皋高速出入口。

柘皋镇大巴、出租车、农村公交车常年通行，班次频繁。到合肥、芜湖、上海、杭州有直达班车。2018 年，两条城乡公交线路经过柘皋，游客可乘坐城乡公交车来往巢湖、烔炀等地，交通便利。

新建的商合杭高铁柘皋站距柘皋镇区约 7 千米，2020 年 7 月 1 日通车运营，两条公

环保公厕（2019年）

城乡公交车（2019年）

交线通往柘皋高铁站。

信息服务 柘皋镇为游客提供相关信息服务，每个旅游景点设有免费无线网络，公路沿线设有旅游指示标牌，镇区内设有游客服务中心及全域旅游导览图，可通过“古韵柘皋”“柘皋 365 论坛”等微信公众号搜索到柘皋镇文化、景点、美食、节庆活动等相关信息，也可通过网络直接搜索旅游信息，通过网络地图导航至景点。游客可通过交通时刻表和网络信息查询，自由选择交通线路和交通方式，掌握主要医疗机构、银行、邮局、交通点、加油站点、学校及气象信息等。部分宾馆和饭店在美团等平台上可预定，可以查阅相关名称、地址、业务范围、线路组织情况、服务价格等。

旅游开发与管理

旅游开发 柘皋镇不断加大旅游发展资金投入，进行道路、公厕、停车场等的基础设施建设。同时，通过政策扶持引导，引进民间资本加快农家乐、民宿、餐饮、酒店等旅游配套服务设施建设，发挥市场的主体作用，推动旅游业发展。2019 年 3 月，柘皋镇利用合肥市小城镇和农村人居环境提升试点项目建设资金，投入近亿元，围绕“一街一河”（柘皋老街、柘皋河）做文章，集镇基础设施大幅改善，柘皋老街及街内的古建筑、古民居、古井、古桥、古树等得到了有效保护。随着巢湖市全域旅游发展规划的实施，柘皋老街和李氏当铺修复工程相继完工，到古镇柘皋“看老街”“吃早茶”的外地客人逐年增多，“柘皋早茶”再度声名鹊起，享誉四方。

截至 2019 年年底，柘皋镇已建成游客接待中心 1 座、星级旅游公厕 14 座、停车场 3 处。在游客接待中心附近建设占地 20 多亩的大型停车场。通过招商引资引入社会资本，围绕柘皋高铁站到镇区沿线，建设“凤栖湖畔”“乐陶轩”等民宿，“秀兵”“迎湖轩”“圣红”等农家乐。汪桥村利用山水资源和红色资源，岠山村利用柘皋河的优势和“白龙洞”“龙泉池”“岠山杨”等自然人文资源，绘制乡村旅游发展蓝图。柘皋镇正依托厚重的历史文化资源和良好的交通条件，打造成环巢湖旅游圈的旅游重镇。

旅游管理 根据合肥市环巢湖旅游发展规划、巢湖市旅游局全域旅游规划，柘皋镇全面落实旅游发展政策，科学计划、组织、协调、助推旅游发展，实施旅游资源保护和合理开发利用。为强化旅游业建设和管理，成立柘皋镇旅游办公室，负责统筹管理柘皋镇旅游资源，制定旅游规划，推进旅游发展，着力开展柘皋老街保护修复、柘皋河河道治理、旅游产品开发、旅游节庆活动举办等工作。注册资本 5000 万元的柘皋古镇旅游投资开发有限公司，负责柘皋古镇规划区范围内公共资源管理、房地产开发经营、物业管理、旅游设施及旅游产品开发经营。

柘皋镇成立各类行业协会，如柘皋商会、早茶协会等，充分发挥各协会作用，提高旅游业经营主体服务标准，提升旅游产品质量。通过旅游业经营主体评级定星，对旅游场所需要具备的场地设施、卫生条件、营业资格、人员构成等作出明确规定，规范旅游基础设施建设和旅游服务管理。

鸟瞰古民居（2018年）

风土民情

柘皋历史悠久，地处吴头楚尾，吴楚文化在此融汇；北宋移民南迁，明初南方移民到此，南北方的生活习俗在此交融；富有地方特色的语言和生活习俗，伴随着人们的生活；丰富多彩的民间文化、传统节日在这里得到传承；特色鲜明的饮食文化在这里焕发出新的生机。

柘皋早茶

美食小吃

柘皋早茶 柘皋通江达海，优越的地理位置，发达的市集商贸，创造了充裕的物资，也养成了柘皋人悠闲的生活习惯。商业的滋润，使这个位于江淮大地上的水乡古镇，拥有了别具一格的个性风情，开放、轻灵、安逸，讲究日常生活的情趣，而最能表现其特色的就是在江淮地区罕见的“吃早茶”习俗。

柘皋镇有“早上皮包水，晚上水包皮”之说。清末至民国初期，几十家茶馆散落在柘皋镇的大街小巷，作为江淮地区重要的商埠，在曾经以水运为主要交通方式的年代，来来往往的客商、船夫总要赶到柘皋去“吃早茶”，由此，“柘皋早茶”美名远扬。

柘皋早茶除有名的“早茶四大件”：鸡蛋锅贴、炒面皮、三鲜锅巴和凉拌千张外，还有狮子头、马蹄酥、荠菜烧卖、糯米饺子、“三尖子包油条”（“朝笏板子”）等。凉拌千张的千张丝切得很细；狮子头用手一捏就能捏得碎；马蹄酥刚出锅时晶莹光亮，荠菜烧卖透过薄薄的面皮看得见里面翠绿的馅。

菜肴

炒面皮 炒面皮是柘皋传统早点，其面皮是以黏性较好的稻米做主料，用小麦、大麦、绿豆、荞麦做配料，和好面经三揉三醒后，再碾、压、捶、打、拉、拽并反反复复地擀上数十遍，最后擀成约一毫米厚的薄面皮，改刀切成菱形，在阳光下晒干水分。干面皮放入沸水锅里，再捞上来，生面皮才算完成。配料主要有精肉丝、鸡丝、猪肝、香菇、木耳、洋葱、青红椒丝等。炒好的面皮金黄油亮，味香浓不腻，口感绵、软、润、滑，有嚼头，既可当菜也可以当饭吃。炒面皮还有一种做法，就是把干面皮用油炸，然后下入沸水锅里，再捞起炒制。

炒面皮

凉拌千张 将千张切成丝，用含碱的开水烫后，沥干，用凉水漂洗备用。将菠菜、芫荽用开水速烫，捞起挤干，切碎成末儿，与千张丝合拌，调入适量的盐、糖、味精、醋，淋入滚油或麻油，撒上一把炒熟的花生米即可食用。

凉拌千张

鸡蛋锅贴 将蒸好的锅贴和上搅拌均匀的鸡蛋一起下锅，煎成一大块金黄色的蛋饼。锅贴一般是肉馅，却清而不腻，锅贴皮则浸入了鸡蛋的鲜香。

鸡蛋锅贴

响铃锅巴 先将瘦肉、猪肝、鸡杂、鲜虾辅以各种调料依次下锅翻炒熟，倒入鸡汤熬至翻滚，盛起，同时将籼米锅巴放入锅中用猪油炸至金黄，捞起垒在盘中，迅速将两者端至客人面前，将滚汤淋于高温的锅巴上，于一片热

响铃锅巴

红烧狮子头

小罐汤

油炸狮子头

马蹄酥

气腾腾中发出噼啪声响，香气四溢。

三鲜锅　柘皋三鲜锅，是柘皋的特色名菜。三鲜锅原料有面鱼、虾仁、鱼圆、鸡杂、腰花、猪肝、香肠、肉圆、豆腐果、白菜等。制作方法：取两耳小锅一口，用白菜垫底，豆腐果居中，上放鸡杂、腰花、猪肝、肉圆，面鱼、虾仁、鱼圆三鲜置于菜的顶端，锅中加汤放在炭火炉上，旁有一大碗清汤和一大碟新鲜芫荽、菠菜、生蒜白等青头。待煮沸即可食。隆冬季节，围炉而食，别有风味。

红烧狮子头　取猪的后臀瘦肉和少量肥肉，用刀切成长条，再横切成细丁，加细盐、豆粉及少许蛋清揣拌，然后搓成团状（每团约75克），放入沸油锅里炸熟捞起，加调料红烧即成。形似狮子头，脆而不腻。

小罐汤　河西赵氏小罐汤在柘皋镇享誉甚久。主要用多年陈罐，取五花猪肉250克、少量猪肝，放入罐内，用文火煨烂。一罐一碗，汁浓味香，令人垂涎。

醋熘鳜鱼　取500克以上鳜鱼一条，刀交叉梳纹，盐渍，放滚油中炸至金黄，捞起置盘中，加入醋、糖、生姜末、葱花、料酒等煮沸即可。特点：色艳、肉嫩、味鲜。

清炖老鸭　取1500克以上重老鸭一只，褪毛掏出内脏洗净后，先放入砂锅内猛火煮沸捞起整形，再放入砂锅文火炖烂后，盛入船形盘内，放满汤，鸭头置翅膀下，脚置身下，像春江睡鸭。汤味清醇。老鸭性凉，是夏季宴客的佳肴。

面点

油炸狮子头 柘皋油炸狮子头，因形状像狮子的头而得名。做法：先在精制面粉中加水，然后揉，再用酵头发酵，发酵好后加食用碱中和，再加姜、香葱、食盐、底油等进行擀、揉、叠后匝成狮子头的形状，上蒸笼熏蒸成半成品，然后用油炸制而成。

柘皋油炸狮子头，外焦内黄，油香酥脆，轻轻一拍即碎，远销海内外。

马蹄酥 用上等面粉和水揉成蒂，用擀面杖擀薄摊开，抹一层猪油，名曰擦酥。然后用青梅、橘饼、桂花、白糖做馅，捏成马蹄状，外皮再抹一层猪油，放入猪油锅炸酥即成。酥松香甜。

酥烧饼 用上等面粉和成面团，用擀面杖擀成条形，抹上猪油，再卷搓，切成等分，包上馅擀成圆饼。馅用生猪油搅拌，加上盐、葱花，包成后用刀在面上划斜纹，浇上糖稀，撒上芝麻，下炉炭火炕成。炉用柴炭生火，酥香可口。

三尖子 三尖子又称朝笏板子（是古代臣子早朝见皇帝时用的记事板）。用上等面粉和好，搓成圆柱形，撒上葱花、生姜末，再压成长条形，后用刀在上面划成斜纹，浇上糖稀，撒上芝麻，用刀将长条按 4 寸（1 寸 ≈ 3.33 厘米）一段切断，下炉炭火炕成。传说当年乾隆皇帝下江南时，途经柘皋，见到三尖子表面金黄，香气诱人，便买了一个尝尝，觉得香甜可口，便问店家此物何名？店家随口答道“巢湖板子”，乾隆听为“朝笏板子”，“朝笏板”由此得名，沿袭至今。

鸡蛋油酥饼 用上等面粉加水、油酥（熟猪油和菜籽油各半）和好，擀成条形，再卷搓，切成等分，擀成薄饼，放入平锅油煎片刻，用竹筷将饼中部挑开灌入馅。馅由生

三尖子

鸡蛋油酥饼

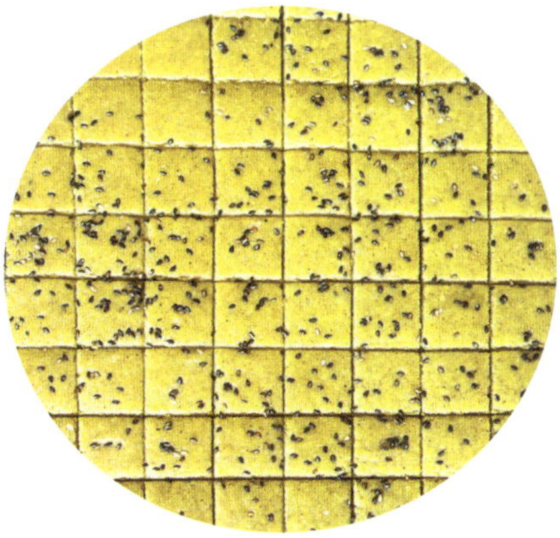

绿豆糕

菊花糕

鸡蛋加入盐、葱花、水发虾米等用生猪油搅匀而成，再油煎至金黄色下炉炕成。炉用柴炭生火。外酥里嫩，馅鲜味美。

绿豆糕 选用上乘的绿豆，煮熟去皮，兑桂花蜜饯、小磨麻油和少许白糖搅拌。手工模压成形后再蒸煮，冷却后包装上市。

玉带糕 以冰糖、桃仁、红梅、青梅、桂花、莲子、橘饼、米粉、麻油为原料，采用传统工艺精制而成。黄色的桃仁似黄金，绿色的青梅似翡翠，莲子和橘饼如同珍珠玛瑙；四周有米粉镶成的白边，酷像一条玉带。玉带糕不仅香甜可口，而且具有滋阴强身、润肠益气、健胃消食、生津润肺等功能。

酥糖 酥糖松软细润，香甜不腻，营养丰富，老少皆宜。主要原料有芝麻、面粉、白糖和糖稀。制作方法：

第一步是配料。首先，把生芝麻放到大缸里，用水泡上一夜，第二天捞出淘洗，褪去外皮，晒干，炒熟；其次，把生面粉放到蒸笼上干蒸，到蒸熟面粉为止；然后，把白糖磨成白糖粉，把制好的熟芝麻、熟面粉和白糖粉混合、拌匀；最后，再用磨将“三合物”磨碎。这就制成了酥糖的基料，俗称“屑子”。

第二步是制坯。把制好的糖稀放在锅里熬成骨子，冷却后的糖稀放到案板上搓成条，再用擀筒擀扁，擀得很薄很薄，再用筛子把磨好的屑子均匀地筛上一层，把糖稀卷起，包住屑子；再用擀筒擀扁，再筛屑子，再卷，就这样连续重复做七次，在第六次时撒上制好的桂花蕊，并包在中间，这就制成了一根条。像这样做成八根条，把每根条搓均匀粗细，排列整齐地放在案板上，然后用刀横切，切成等长的几段，每段就形成了七层卷的花蕊的酥糖了。

第三步是包装。传统包装有各种形式，有两片一包的、四片一包的和八片一包的，也有按重量包装的，包装好后即可上市。

菊花糕 是柘皋名糕点之一。菊花糕甜软酥松，入口即化。菊花糕的制作用料考究，以比重适当的白糖、饴糖、薯粉、糯米粉、菜油、菊花蜜或菊花精为原料，经过蒸炒、磨、筛、拌和、杆匣、刀切等多道工序精制而成。

白切 白切又叫焦切。白芝麻与白糖熬成糊，浇成薄片，冷却后切成方形或菱形薄片，几近透明，入口酥脆、香甜。

方片糕 在柘皋，方片糕取名"步步高""年年高"，寓吉祥之意。方片糕既有黏性，又片片不粘，随手一抹，糕片会片片散开，老少皆喜爱，为馈赠亲友之佳礼。

寸金 柘皋的特色糕点，形似笔杆粗细，长约1寸，故名寸金。表层脆，心酥软，甜味醇，具有橘饼、桂花特有的香气，软不粘牙，入口香甜，回味悠长。

麻烘糕 特别脆香，能够长期存放不变味，不减焦酥，便于贮存携带。糕片呈长方形薄片状，浓郁的芝麻香味、桂花清香浸入肺腑，是品茶待客、馈赠亲友的佳品。

手工艺品

柘皋镇很多手工技艺沿袭了数百年，曾经是古镇传统文化中一枝俊秀奇葩，随着时代的发展和进步，一些手工艺已消失，但是，一些和人们生产、生活息息相关的手工艺得以传承。

铜器工艺品 柘皋镇紫金街赵聚盛店建于清光绪年间（1875—1908），以铜质器具制作和镂刻为主，以铜铸制民间用具，已有100多年的历史。铜铸品有帐钩、民用锁、烟袋窝、烟袋嘴子、桌椅上的铜钉巴子、妇女用的首饰等。由于制作精良、货真价实，产品畅销。器具上镂刻民间喜闻乐见的花木虫鱼、飞禽走兽等花纹，深受人们喜爱。赵聚盛店相传3代，工艺制作越来越精致，品种也越来越多，如文房四宝、打击乐器、佛像、香炉、铜字招牌等产品，销往全国各大城市。1982 年，赵聚盛店生产的铜镇尺、铜香炉双获“安徽省轻工业厅优秀产品奖”。1984—1989 年，赵聚盛店的铜铸品先后 4 次参加全国旅游工艺品产销会，并与北京的“荣宝斋”、西安的“仿古工艺社”等一起列为全国旅游工艺品生产单位。

金银器工艺品　清代，金银器的制作工艺达到鼎盛时期，银器形式趋于繁富华丽、精细琐碎，并在金银器上凿刻压印“吉祥”或“福寿”或工匠名等。在柘皋老街上有两家“老字号”银器店。

一是洪同庆银店，原名“聚宝银楼”，坐落在北闸老街，创办于清光绪年间（1875—1908），有 100 多年的历史。新中国成立后，聚宝银楼更名为洪同庆银店。洪同庆银店在制作银器时，沿用百余年前的模具。主要工艺品有银帽花、银罗汉、银观音、包子针、银簪子、银梳子、鞋拔子、银戒指、宝石戒指、银扳指、银项圈、银手镯、银脚镯、银锁片、银锁、银八卦、耳环、耳钉、项链等。2004 年，“洪氏银器制作”被列入合肥市非物质文化遗产名录。

二是夏记百年老金银店，位于柘皋镇北闸老街，是从明清时期、民国时期和新中国成立初期流传下来的为数不多的民间手工金银匠铺，第五代传人夏银奇掌握了中国古代重要的银细工艺的古老技法，包括镶嵌、锤揲、掐丝、錾花，均是古代金工传统工艺。锤揲是利用金、银极富延展性的特点，用锤敲打金块、银块，使之延展呈片状，再按要求

洪同庆百年老金银店（2019年）

夏记百年老金银店（2019年）

洪同庆银店的银匠在制作器具（2012年）

银匠在制作器具（2015年）

造成各种器形和纹饰。掐丝是将金银或其他金属细丝按照墨样花纹的屈曲转折，掐成图案，粘焊在器物上，谓之掐丝，此项工艺早可追溯到东汉时期。錾花是用各种大小、纹理不同的錾子，用小锤敲击錾具，使金属表面留下錾痕，形成各种不同的纹理，达到装饰器物的目的。这种工艺具有独特的装饰效果，它使单一的金属表面产生多层次的、变幻的立体效果，既光彩绮丽，又非常和谐。始于春秋晚期，盛行于战国，此后历朝各代均沿用。

车木工艺品　车木加工是柘皋镇板桥村周陈自然村的独特工艺。始于清咸丰年间（1851—1861），有140多年历史。咸丰年间，阜阳一名车木工匠（姓名不详）到周陈村吴友福家，专门以制作旧式纺纱车锭上的木轴子为生。

新中国成立后，周陈村大部分农户都学会了这门手艺。品种增加到桌、椅、柜、橱的腿、档，花边、落地衣挂，儿童玩具等。到20世纪70年代，板桥一带大部分村庄经营起车木加工业务。

改革开放后，车工工艺得到进一步发展。加工动力由脚蹬发展为电动；品种由原来的十几种增加到60多种，原料由木制品发展到胶木、塑料产品，使用范围从民间个人

板桥村民进行车木加工（2018年）

古民居上的木雕构件（2018年）

使用、纺织业拓展到印刷业和厂矿工业，产品销往20多个地市。1990年，板桥、大塘、杨庄、庙桥、樊巷等村，办起了家庭车木加工综合厂，劳动力380多人，年产值达120多万元。

木雕工艺品 柘皋木器雕刻工艺的代表昂胜德，是昂式木雕的第五代传人，其曾太祖昂宜发少年时期在江浙学徒，学成归里，曾带工匠艺人参与巢湖中庙庙宇木雕雕刻。曾祖昂玉磨，曾为柘皋城隍庙扩建工程制作木雕雕刻。祖父昂绍全，主要为柘皋周边的宗祠和庙宇制作木雕雕刻。其父昂绵长，1949年为岠山十三赵兴建祠堂制作木雕雕刻。1962年，昂胜德为合肥包公祠雕刻“包孝肃公祠”匾牌及对联，后来他为当地多座庙宇雕刻木雕，同时也为多家宗祠雕刻门匾、对联和谱盒等，被誉为柘皋的“大国工匠”。

“金府秤店”艺人在制秤（2007年）

传统秤 秤艺是柘皋古镇一项独特的手工艺。民国时期，宋成松的父亲从湖北挑着制秤担子落户柘皋，开办秤店。1949 年，金府村金家玉到宋家秤店学徒，1953 年，金家玉出师，在北闸街开办秤店。1977 年，安徽省轻工业厅进行药戥改革，金家玉研制药戥取得成功。随着改革开放的逐步深入，1980 年，金家玉开始在街上摆秤摊，挂牌“金府秤店”。金家玉制秤手艺精益求精，准确、灵敏，质量好，大秤到五百斤，小秤到几斤，戥盘精制，老秤工艺传承百年之久。

土特名产

柘皋河白鱼 白鱼，属鲹科鱼类，俗称“翘嘴白”，因梅雨时节上市，又称“梅白”，产于巢湖流域。梅雨时节，沿柘皋河而上产卵，高峰时期，当地人一天能捕捞几吨。白鱼性急，离水就死。其肉质细嫩，味道鲜美，鳞下脂肪多，含有多种微量元素，优质蛋白质的含量达 15% ~ 20%。鱼肉肌纤维较短，易消化吸收，具有补肾益脑、开窍利尿等功效。清蒸白鱼是柘皋的一道名菜。

柘皋河白鱼

汪桥茶干 柘皋镇汪桥茶干在巢湖当地很有名气，主要原料为上等黄豆。制作方法：黄豆磨碎筛浆煮沸后，取出点浆，把豆腐包成方块，先压去黄浆水，再压干压板。去包布，用清水漂洗一次，摊开晾干，下卤锅煮好即成。卤汁选用上等白糖（冰糖更好）、八角、茴香、肉桂、陈皮、味精、酱油、生姜、食盐等各种作料配制而成，并根据季节、气候略有增减。卤制的时间要求严格，卤制时间过久，茶干内易起蜂窝眼；卤制时间不够，茶干香味不透。

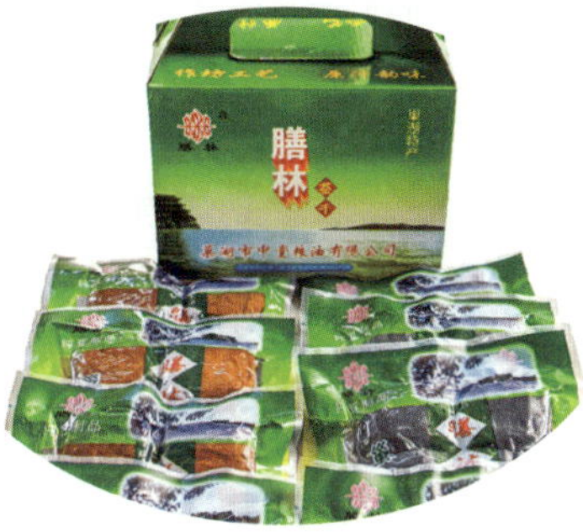

汪桥茶干

果蔬

香菜　选取下霜后的白菜心切成丝晒干水后加盐渍，再与白萝卜、青红辣椒丝、霜降后腌制的韭菜和五香粉、麻油制成香菜。其特点是鲜脆味香可口。

香菜

芹芽　芹芽也称白芹，柘皋镇种植芹芽已有百年以上历史。

栽培芹芽，每年农历四月中旬开始埋根茎种植。幼苗长到 20 厘米左右时，即用两块长 2 米、宽 15 ~ 17 厘米的木板夹住，分层培土（土要求细、绒），称为一板土，土上只留 3 厘米左右的心叶。等心叶长到 20 厘米左右，再培第二板土，一般要培三板土，好的要培四五板土。芹芽的茎白净、脆嫩、营养丰富，是冬

芹芽

春季节的蔬菜佳品。

分路西瓜 柘皋镇北部农民有栽培西瓜的传统。20 世纪 70 年代，引进一种叫“马铃瓜”的西瓜品种。这种西瓜管理粗放，每株可挂果两三个，个小（2 ~ 4 千克），生瓜去籽可做汤，别有风味。熟瓜皮薄，汁多，味甜，含糖量高达 13%，是解渴、祛暑、降温的佳品。

板桥辣椒 20 世纪 70 年代，柘皋镇板桥村农民开始在自留地上种植辣椒。板桥村红辣椒个大皮薄、肉厚色鲜、辣度中等，适于片渍、磨碎。每年初秋是采摘红椒的繁忙季节，辣椒田里果实累累，红椒绿叶，生机盎然。

板桥生姜 20 世纪 70 年代，柘皋镇板桥村农民开始尝试种植生姜。姜苗病害多，技术要求高。现在，该村每年种植生姜面积在 300 亩左右。板桥生姜个大，姜拐多，亩产可达 1000 千克，姜肉细嫩，渣滓少，口感好，畅销于市。

大蒜 大蒜又称青蒜。柘皋于 20 世纪 50 年代后期开始种植，种植面积约 1200 亩，总产量达 2000 吨。柘皋大蒜瓣盘大，颗粒大而洁白、饱满，辣气重，杀菌力强，无论生熟，都有奇香，既能杀菌消毒，又能增强食欲。

岠山白桃 清嘉庆年间（1796—1820），岠山农民就有种桃习惯。岠山桃子品种繁多，有秧红、秧白、大红桃、小红桃等。20 世纪 70 年代，桃林被砍伐，岠山变成荒山秃岭。

中共十一届三中全会以后，岠山桃树种植面积扩大，增加到 1950 多亩。白桃成熟后，形美、水多、糖多、味鲜，有解渴、生津之效。

岠山白桃

新春联欢会（2018年）

集市庙会

集市

汪桥集　汪桥集位于汪桥村中部，黄山南麓。原名汪家村，村民多姓汪又坐落于桥边，故名汪桥村。1935 年农历九月十五日汪桥集建成开集，农历单日逢集。初期该集有 3 家杂货店，3 家豆腐店，5 处肉案子，5 家茶馆，饺面馆、浴室、药铺各 1 家。集市上有棉麻、土布、禽畜、鱼虾、蔬菜，以及黄山里的竹木、柴草等。市场比较繁荣，辐射周围 20 多平方千米。逢集时集上一般有三四百人，多时达七八百人。1938 年夏，巢县临时县政府机关驻汪桥集，并有抗日武装和城镇难民，从而使集市生意达到兴盛时期。新中国成立初期，集市仍很繁荣，1958 年后集市逐渐萧条。中共十一届三中全会后，集市开始复兴，特别是板桥到汪桥的公路通车后，汪桥集十分繁荣，集上增设供销社门市

分路集（2012年）

部、食品组、信用社以及医疗卫生室，各类个体工商户30多家。汪桥生产的茶干保留传统特色，享誉四方。截至2015年9月，汪桥有个体收购、加工企业5家，个体经营户25家，个体面包车15辆，往返于汪桥、柘皋、巢湖等地。

分路集　分路集位于工民村境内，原名店子，因地处南北三条交叉路口，改为分路口村。清宣统二年（1910）开集，农历二、五、七、十之日逢集。新中国成立后，分路集恢复集市，鼎盛时集上有1000多人。

1961年，分路公社机关迁驻分路集，相继建立粮站、供销社、食品组、医院，以及中小学等单位，集市生意红火。中共十一届三中全会后，农村实行了联产承包责任制，商品交易不断增多，随着集市建设和公路运输业的发展，集市交易更加活跃，商业旺盛，各类工厂、商店、摊点多达60余家。逢集时，上集的人多达1500人，集市覆盖面积达35平方千米。1992年撤区并乡后，原分路乡政府撤离，分路集曾一度萧条。1998年，分路集新建农村集贸市场1座，修建2000平方米的水泥地、16间钢构大棚，设摊点120个，有40多家经营户入驻经营。2015年9月，国家实施电子商务进农村，工民村有了农村淘宝服务站。

三星集　三星集界于柘皋镇、清水涧、分路口之间，1931年春，由杨、赵、梁三姓发起建设，因而得名三姓集，后音讹成三星集。初期，集上开有茶馆3家、饭店酒馆5家，杂货店、豆腐店、猪肉案各1家，集市两头为猪牛行、粮纱行等，农历一、三、六、八日逢集，集上一般有三四百人，多时达七八百人。1938年夏，柘皋镇被日军侵占，三星集被取缔。新中国成立后，集市恢复，集上增设食品组、医疗室，后又开设4家商店，以及理发室、缝纫组和粮食加工厂、水泥预制厂等。

清涧集 清涧集位于原方集乡东北部，柘皋至北山口古道路口。集边有一条涧沟，常年流水，清澈见底，故名清水涧。集市形成较早，已有300多年的历史。集街呈东西向，火叉形，总长180米，街宽4～5米。20世纪20年代，街道用青石条铺成，两侧建有商铺。集期为农历一、四、六、九日，集市上开设有茶馆、酒馆、饭店、棉行、纱行、猪行、牛行、浴室等。民国时期，集市生意兴隆，市场覆盖面积约30平方千米，上集人数一般为300~500人，多时达千人以上。70年代后，集上相继设立粮站、供销社、信用社分部、医院、汽车站和初级中学分班、小学等。1987年后，根据规划，集街向西南高处发展，1990年农历九月二十六日，新集市正式启用，新集街长近120米、宽18米，街道为泥结碎石路面，两侧盖起两层楼房。有集体和个体工商业户及各类摊点50多家，从业人员217人。

天齐集 天齐集位于峏山南部，原地名为桃花岗，清光绪三十年（1904）开集，农历单日逢集。集上有粮行、纱行、茶馆、酒馆、杂货店、浴室、豆腐店、猪肉案等，覆盖面积达35平方千米。逢集日，上集人数有数百人，甚至达千人以上。1938年，因日本驻军扰乱，天齐集市被迫停业。抗日战争胜利后，集市恢复。中共十一届三中全会后，天齐集拓宽了街道，新建和改建砖瓦房151幢，其中两层楼房15幢，生意日趋兴盛。2006年，上海房地产商投资100多万元，在天齐集东北角建设一座占地约20亩的四合院式农贸市场，四个方向共21幢二层楼房，院中间建有占地约4亩面积的轻钢大棚，用来销售鸡、鸭、鹅、鱼、肉类及服装等，大棚四周水泥地供附近村民销售当地土特产。

城隍庙会 柘皋镇历史上影响最大的是城隍庙会。城隍庙会即城隍菩萨——升福大帝出巡。旧时，柘皋遇重大喜庆、灾荒或瘟疫，先是庙里住持、道士鼓动，再由地方商董、士绅出面牵头，经全镇商界和十三坊讨论通过后，决定“出会”日期。出会前遍贴广告，大力宣传。

庙会会期一般安排在农历四月或秋后，为期四天。第一天烧“到香”，第二天、第三天为正期，第四天烧“会香”。出会期间，镇上禁屠，家家吃素、挂灯笼、设香案。正期的两天内，十三坊各自组成文艺班子，精心编排节目，有古朴典雅的节目，也有滑稽逗乐的节目。影响最大的是“平台”，每架平台上由6名10岁左右的儿童，扮成传统折子戏中的各种人物，2个站在平台迎面两旁，叫“门冲”，其余4个分别被安置在平台上铁铸的梅树枝头，依高低层次分别称“头冲”“二冲”“三冲”“四冲”。梅树顶端高出地面一两丈（1 丈≈ 3.33 米），每架平台由 16 名青壮大汉用两根粗木外加横担抬着，跟随演出队伍前行，中间的 4 名小演员安坐在梅树枝头，错落有致。紧接着是数不清的旗牌、伞扇及锡制十八般兵器的仪仗队，由化装的黑白无常护卫。轿前抬着大香炉，檀香缭绕。当城隍菩萨銮驾启动时，鸣槌锣十三响（两人抬的大筛锣）开道，8 人抬着升福大帝，威风凛凛，一派肃穆。轿到门前，各家家主上香磕头，祈求降福。出会，镇内锣鼓喧天，爆竹震耳，硝烟弥漫，入夜燃放焰火。远道客商也来赶赴盛会，兼行采购，商贾云集，百业兴隆，很多富裕商贾纷纷捐款。是时，城隍庙会兴盛。

岁时节俗

“离家三五里，各地有乡风。”柘皋地处吴头楚尾、江淮要冲，南北文化兼容并蓄，相互磨合，融会贯通，形成了柘皋地域特有的民风民俗。

春节 又叫“过年”，中国传统节日。柘皋当地一般从腊月开始，节日气氛逐渐浓厚，外出人员纷纷回家。家家户户到腊月十七、十八日掸尘。此后，进入购买年货的高潮。有的人家“杀年猪”。除夕上午，家家户户贴春联和挂年画，家里年内有长辈去世的，春联不用红纸书，第一年贴黄纸，第二年贴蓝纸，第三年才贴红纸。春联内容是“守孝难还礼，思亲免过年”“天下皆春色，吾门独素风”等。

柘皋当地“吃年饭”的习俗镇里和村里有别，农村居民吃年饭都抢早，叫“年饭吃得早，田里不生草”；镇上居民晚上吃年饭，一直持续到深夜。长辈要给晚辈发压岁钱。入夜，就寝前要“封财门”，即放鞭炮后关上大门，在门缝中部交叉贴上写有“×× 年封门大吉，×× 年开门大发”等字样的红纸条。封上后不能再开了，必须等到农历新年到来。有人彻夜不眠“守岁”。

正月初一，从零点开始，就有人家“开财门”，一直持续到天亮。大年初一的早饭为新年第一餐，全家人围坐桌边，先喝茶、吃糕点和茶叶蛋，主食是手工挂面，称作“吃长寿面”。大年初一，镇上居民开始走亲串友拜年，村里人则只在自己村拜年，年初二才开始带上礼物出村拜年，一直拜到元宵节之后。

元宵节 正月十五为元宵节，当地人称“过小年”。早晨开大门，烧香，放爆竹，上午不下地干活，商店也歇业半天。过小年最重要的是早餐吃糖包大元宵，每个元宵有拳头那么大，元宵除包糖外，也有包铜钱（后来使用硬币）的，寓意谁吃到，谁这一年就要发财；也有包一节稻草的，寓意谁吃到，谁就被大家笑话为“老草包”；也有包枣子的，婆婆偷偷放进新媳妇碗里，希望她早早生子。中午吃完小年饭，小年基本结束。

正月十六过太平桥 正月十六，柘皋老百姓有“过太平桥”的习俗。当晚，柘皋镇万人空巷，逾万居民手举高香，提着灯笼，从玉栏桥上渐次走过，寄托对新年的美好祝愿。凡是家庭中有不睦的、经常吵嘴怄气的，正月十六晚上，这家的老年妇女便手提瓦罐、陶壶在桥面上尽力一掼（摔），发泄闷气，叫“掼气罐子”。有娇惯孩子的人家，也在当晚抱着孩子从桥上走一趟，祝愿新年太平无事。盼望抱孙子的婆婆，这天晚上要去桥上掼茶壶，然后将茶壶嘴带回家，暗地里放在儿媳妇枕头底下，据说可抱（添）孙子。此习俗在柘皋镇已延续640多年。

太平桥，即柘皋河上的玉栏桥。相传，明朝时有一年正月十六的晚上，风雨交加，柘皋西街一老妇人提着药罐子给住在东街久病不愈的小孙子送熬好的中药，行至桥上

正月十六“过太平桥”（2017年）

端午节赛龙舟（2017年）

时，由于天黑路滑而摔倒，打碎了药罐子，老妇人顿足捶胸，痛哭不止，埋怨“遇难”桥名。后来，她祈求朱皇帝和马娘娘在天之灵保佑孙儿平安，第二天，孙子果然病愈。此后，柘皋人纷纷在正月十六这一天过太平桥，掼碎罐子，以祈吉祥。每年正月十六当晚，太平桥上掼碎罐子、瓶子的撞击声持续不断，鞭炮声此起彼伏，过桥的人络绎不绝，柘皋河两岸香烟缭绕，古镇上空许愿灯（孔明灯）灿若繁星。人流摩肩接踵，熙熙攘攘，一直持续到深夜 11 点左右，活动才结束。

近年来，柘皋镇政府积极引导当地居民安全、文明“过太平桥”，逐步摒弃活动中“掼罐子”“放鞭炮”等习俗。

清明节 清明节是中国的传统节日，家家户户要上坟烧纸、祭祀，悼念先祖和缅怀已逝的长辈。

柘皋当地有“清明上坟上在前，冬至上坟上到年”的习俗。一般都要在清明前或当日上坟烧纸。如果没时间回来，那就在住处附近的偏僻地方，找一块空地烧纸，以悼念、缅怀已逝世的长辈。

端午节 农历五月初五称端午节。在柘皋有一个传统习俗，镇上过端午节，村里过夏至。端午节这一天，镇上的居民普遍有吃粽子、绿豆糕，喝雄黄酒的习惯。小孩子挂

夏至民俗文化节上的庆祝仪式（2016年）

芸香荷包、艾袋，围老虎肚兜，穿老虎鞋，用以祛邪解毒，消除秽气，祈求安度炎暑，不生疮疖。最热闹的是龙舟竞赛，柘皋河中战鼓咚咚，龙舟飞棹，你追我赶，两岸观众呐喊助威。

夏至　柘皋农村过夏至。为了庆贺丰收，祈望下半年风调雨顺、五谷丰登、人畜兴旺。柘皋农民对过夏至十分重视，非常隆重。从2013年起，柘皋镇政府每年举办“夏至民俗文化节”。柘皋“夏至民俗文化节”已成为巢湖市文化旅游节庆品牌活动之一。柘皋农村过夏至已有600多年历史，相传与大明皇帝朱元璋有关（参见“艺文杂记·民间故事·夏至的由来”）。

夏至传统美食油炸南瓜花

夏至当地人称放牛节。这一天耕牛受到优待，角系红布，可以散放不受拘束，并加喂黄豆、菜籽饼、米饭等精料。农家举行独特纪念仪式“烧谷墩”（土墩），家家户户在山岗上挑土堆成大土墩，墩上插满树枝，系上五颜六色的彩条，四周堆放柴草，放牛娃晚间点火，火焰熊熊，尽情狂欢。放牛娃这天倍受优待，除休假一天外，东家好饭好菜招待，还发毛巾、草帽、背心、裤头、花鞭炮及绿豆糕、蜜粽糕、桃李等。饭后，放牛娃三五成群到平时放牛的山岗上“打球”，类似现在的曲棍球，从几人到十几人都可参与。有的地方玩法是选一块较为平整的草地，两边各用两块石头摆成球门，宽约五六尺（1尺≈33.33厘米），比赛双方各出场五六个人，手持球刮子（类似现在的高尔夫球杆），球一般是木制的，把球打入对方球门即得分。打球时，不许从身体左边击球，叫作左刮打腿，属犯规。比赛时，选手们呼喊“左刮打腿、左刮打腿”，围观者跟着起哄。

夏至这天，已经订婚的男方要给女方送去比较丰厚的礼品，如衣服、鞋子等夏令用品，称为“送夏”。新婚夫妇要回娘家，在女方父母家过节，岳父岳母用特制面做的粑粑让女儿女婿带回家。这个粑粑，也叫“洗脚粑粑”。在当地有句俗话叫“到了夏至节，锄头不能歇”，意思是秧栽完了，该洗脚上岸忙活旱地里的活了，如锄棉花等。

中秋节 中秋节是中国的传统节日，柘皋集镇、农村都过此节。在农村每家每户都要油炸一些食品，主要是花生饼。中午的饭菜也很丰盛，特色是家家都要吃鸭子。据传，元朝末年，人们不堪元政府的残暴统治，纷纷揭竿反元，但元军控制严密，义军无法传递消息，适逢中秋节将至，有人献计，在中秋节互赠的月饼里面夹纸条，上面写着“八月十五杀鞑子”，约定在八月十五那天起义，大家一起反抗，推翻暴政。

中秋节这天，农村孩子习惯“摸秋”。当晚，孩子们三五成群地将田里没有收尽的山芋、花生、米豆之类半拾半偷，在田里烧熟食之，家长们则佯装不知，任由孩子们“摸秋”取乐。所以，人们在收获时，故意把一些农作物遗漏在田里，等着中秋之夜孩子们来“摸秋”。

中秋节，已经订婚的男方要给女方送去比较丰厚的礼品，称为“送饼子”。饼子即月饼，除此之外，还有烟酒以及衣服布料等。

冬至 冬至到了，说明天气渐渐转冷，人们要添衣服御寒了。人要御寒，子孙们也会想到已故的长辈也要添衣御寒。于是，在冬至这一天，要到坟上烧纸。冬至烧纸祭祖的做法，基本上和清明节一样，上坟时间比较宽松，一般是在冬至当天，没时间的可以推迟，迟到腊月，甚至大年三十。

舞龙灯（2018年）

民间游艺

柘皋灯会始于宋朝，兴于清朝，繁荣在现代。据《柘皋志》记载，南宋绍兴十一年（1141）宋军取得“柘皋之战”胜利，金兵惨败，柘皋百姓用“花灯”庆贺难得的胜利。

《柘皋志》载：“乾隆帝下江南，在庐州府见上巢北花灯（当时柘皋花灯叫庐州北乡花灯），御赐为‘江南一枝花’。”清代志书有这样的记载：“柘皋镇舍家家酒，乐岁弦歌户户灯。”尤其到了民国初年，江淮放河灯传至柘皋，到正月初一及十五，沿柘皋河户户放河灯，柘皋河面上如繁星闪烁。

柘皋镇境内有众多的民间游艺，如舞龙灯、狮子舞、旱地行舟等。每逢春节、元宵节，有的村庄联合组织玩灯，先在做灯村庄试灯，后逐村玩，一般只招待烟茶。如外村庄“请灯”去热闹一番，事先要和玩灯村庄确定日期、路线，晚上派人去接灯。灯进村时，户户燃放花炮、挂灯、披红迎接，主灯（龙灯）挨家逐户地玩。收灯后，“请灯”村庄留下玩灯人招待烟茶和丰盛的酒饭。

舞狮表演（2018年）

旱地行舟（2019年）

车上轿表演（2006年）

挑花篮（2010年）

舞龙灯　滚龙用篾扎成，内点蜡烛，外罩纱布，分青、黄两色。一般每条龙由七、九、十一节组成，除龙尾外，全部连接在一起，每人各执一节，随龙头舞动。一人手持珍珠灯一盏，上下挥动，戏引双龙，象征“二龙戏珠”，以示吉祥。龙身上下舞动，配以欢乐的锣鼓点，显得热烈欢快。

舞狮子　柘皋舞狮子时一对狮子组成一组，每只狮子由两人协同表演，配合默契。一人在中间持红球，引导双狮上下翻腾、爬滚、直立、跳跃、高空接彩。场地中间栽一根 4 米多高的杆子，上悬彩绸，边上垒起三层大方桌，狮子必须逐级上爬，爬至最上层后，直立把“彩”接下，再逐级下来，非常惊险。舞狮时由火把、牌灯及打击乐器前引，用大鼓敲击指挥乐队起落伴奏，气势恢宏。1981 年柘皋搬运站舞狮队赴巢县参加会演，获奖旗一面。1983 年、1984 年柘皋搬运站舞狮队和柘皋磷肥厂舞狮队赴巢湖市演出，广受好评。

旱地行舟　又名玩花船。灯呈船形，船舱扎成花轿，由四人表演。舱内有两名青年女子，船外是一对“老夫妻”（俗称骚达子）。另一种由五人表演，舱内是白娘子和小青，许仙在船外，船外是一男一女两个丑角（已逐渐演变为两个小姑娘划船）。旱地行舟表演形式上是歌舞结合，动作文雅舒缓。唱腔一般是“孟姜女”“李玉莲”“剪子姑”“卖油郎”等民间小调，伴奏乐器以二胡、笛子为主。

土擂子　灯扎制成长形独轮车，由一男一女表演。有“上坡”“下坡”“过桥”等动作。象征丰收后丈夫推车送妻子回娘家时的喜悦心情，动作诙谐，颇具乡土气息。

鱼灯　一般是八个灯一组，灯扎成红鲤鱼状，一人扛一个，来往穿梭变成各种队形。传统有“戏水”“跳龙门”“靠埂”等动作，模拟鲤鱼在水中的动作。

车上轿　一般由两人表演，轿内由女演员扮贵妇，雍容华贵。车前扎两只小脚，用罗裙遮盖，活像一位贵妇人端坐车上，其实是演员用自己的脚在走。后面有个男丑推车。女角以唱为主，男丑多说白调笑。唱调及伴奏乐器和“旱地行舟”相仿。

挑花篮　男女集体表演。每人肩挑（用软竹扁担）两个花篮形彩灯，边唱边穿梭走成各种队形。

蚌舞　蚌舞当地又叫“歪歪精”，一盛装女演员夹在两片活动的蚌壳中间，外有一渔翁做出持网捕蚌姿势，配合蚌精做出各种优美动作，辅以小调和胡琴、笛子伴奏。柘皋镇蚌舞表演代表巢县参加过安徽省的文艺会演。

打莲湘　据传，打莲湘是民国时期北方逃荒群众传入柘皋境内的。演员人手一根四尺左右长的竹竿，竹竿上每节挖出长孔，每节穿上几个铜钱，缀以红绒线，一碰便发出“呛呛”的声音。演员表演时，边舞边用莲湘碰撞身体的不同部位，边说顺口溜，易演好懂，很受群众欢迎。

划龙舟　表演形式和国内大多数地区相同。境内原峏山、板桥两乡沿河村庄有龙舟队。除了端午节表演外，还习惯在夏至举办划龙舟竞赛活动。新中国成立后，柘皋镇沿

蚌舞（2018年）

“唐马龙舟”（2017年）

河居民将灯会表演与划龙舟相结合，逐渐形成了特色鲜明的“水上灯会”。

柘皋镇“唐马龙舟”根据民间神话“白蛇传”中“水漫金山寺”选段演绎而来，表现的是许仙与白娘子的爱情故事。白娘子恨法海棒打鸳鸯，拆散了她与许仙。白蛇和青蛇为了夺回许仙，便呼风唤雨，施行法术，水漫金山寺，驾舟奋力在惊涛骇浪中与法海斗法。

传统婚嫁

定亲 定亲又称订婚，依照柘皋当地习俗，通常结婚前先有订婚仪式：订立婚书、交换礼物，或立媒妁人等。

旧时，一般男的在10岁左右，父母就请媒婆去女方家求婚。女方父母如同意，即将女儿生辰八字送给男方，由男方请占卦人查对方有无克、害、刑、冲，审查男女方是否合婚，不合婚就作罢。如合婚，双方议定日期，“押草八字”，即所谓“订婚仪式”。这时，男方要向女方送彩礼，一般是四件衣服和几种糕点。就这样，两个男女娃娃，在一无所知的情况下，由双方父母包办，定下了终身。另外，还有摇篮娃娃亲和指腹为婚。

新中国成立后，国家实行婚姻自由。随着时代的进步、人们思想的解放，自由恋爱代替了父母包办，订婚仪式已不再是结婚必不可少的组成部分。

娶亲 在柘皋，男女成年后，男方就向女方提出迎娶的要求。女方照例推延再三，男方准备聘礼，主要是衣物和金银首饰。婚前三天要“铺嫁妆”，男方派人去女方家，将女方备好的嫁妆抬到男方家，布置新房。

结婚当天，男方家备花轿由媒人以及至亲数人，带着新郎衣帽去女方家迎亲。起早到达女方家，女方紧闭大门“挨嫁”，男方不断在门外燃放鞭炮“催亲”，往往拖延数小时。新娘由胞兄弟或其他至亲背着上轿，先背放堂屋斗上站立。此时，新娘兄弟从新娘手中接下事先准备好的碗筷，意谓丢下娘家饭碗，再背上花轿。然后放鞭炮开路，一路吹吹打打，赶往男方家。

新娘到婆家后，先跨上马鞍（平安），然后顺着两条交替向前延伸的口袋走向男方家，到正堂与新郎三拜堂：拜天地、拜父母、夫妻互拜。拜堂结束后，新娘由伴娘引入洞房吃团圆饭。晚上，男方亲友闹洞房，有说好的，有要糖的，当地风俗是“新房三天不分大小”，极尽热闹。男方家用枣子、花生或加莲子、桐子包成小包，叫“喜果子”，各有寓意，枣子是早生子，莲子是连着生，桐子是生男孩（童子），花生是男女间“花”着生。

“三日入厨下，洗手做羹汤”，婚后三天，新娘要下厨房烧、煮、烹调，这是公婆对儿媳的一次考核。

传统丧葬

发丧 栢皋一带的风俗是死者断气前，先掀去床上蚊帐。刚断气后洗擦身体，趁四肢未僵硬，按照“三腰五领”穿寿衣，并将死者口内放一枚铜钱，叫“衔口钱”，面盖表尖纸，叫“蒙脸纸”。将死者枕头、鞋子放在大门外加稻草燃烧，叫“烧脚床草”，同时派人告知亲友，叫“发丧”，宣布死亡消息。

灵堂内停放棺材，内放石灰包和女儿缝制的垫褥、盖褥。尸体冷却后移入棺内，有关亲属到齐瞻仰遗容后，钉盖“封殓”。随即布置灵堂，挂白布孝幔，棺椁前置香案，上放亡者灵牌、香炉、烛台。棺椁下放一盏油灯，叫“腰灯”。子女家属戴孝，儿子、儿媳鞋蒙麻布，其他人蒙白布。60 岁以上的死者，七单用红纸写正贴，称“寿终正寝”。不足 60 岁死者，七单用白纸写歪贴。

吊唁 大门外张贴治丧日程讣告，注明“成主”“开吊”“堂奠”“发引”日期。

开祭时，大开中门，接受来客吊唁祭奠，吊唁者一般送特大欢团（称祭团）2 个、白蜡 1 对、大锭 1 对、绛香 1 支。来客都要在死者灵前磕头致哀。至亲或交情深厚者吊唁时，除上述奠物外，还送丧幛、挽联、赙仪等。凡来吊唁者，丧家均发给一条“孝巾”。妇女只能在天黑后去丧家吊唁、送纸、磕头。丧家女眷要伏在棺椁两边哭泣致哀。

成主 吊唁数日后，举行“成主”。“成主”就是通过隆重的仪式为死者立一座“神主牌”，让子孙永远供奉祭祀。“神主牌”是长方形小木板制成的，上写“深恩显考讳××公之神主位”及死者生、卒年、月、日、时。当日，全家除去孝服，门口换挂红灯。“成主”时，由“礼生”呼礼，要孝子（长子）伏位，向死者三跪九叩、敬香、敬酒、献馔、献帛，最后是赞礼官用朱笔将“神主牌”上“王”字补上一点为“主”。成主后，所有来宾都要磕头。结束后，丧家大摆宴席，款待来宾。死者是60岁以上者，谓之“白喜事”，可猜拳行令。

出殡 在柘皋，发丧后，按预订日期，死后第三天出殡。出殡时，死者家属均着孝服，长子戴麻帽，腰系草绳，穿草鞋，扶棺而行。第四代头扎红巾。棺椁前由引幡引路，其后按序排列孝幛、挽联、灯笼和纸糊祭品。其后是四僧六道敲锣、钵、鼓、铃引导领送。再后是送葬人群，默哀行进。丧葬队过处，均当道设香案路祭。

20世纪90年代，柘皋实行殡葬改革，死者火化，但是当地仍然有入土为安习俗，将骨灰盒下葬。

伏山 下葬三天后，死者家属携带祭品（酒、菜），前往墓地祭奠，焚香献祭，名曰“伏山”，也有叫“复山”。至此，丧事告一段落。

民间文艺

民歌 柘皋依山傍水，山歌、秧歌、小调曲调丰富，是国家级非物质文化遗产——巢湖民歌的重要组成部分和发源地之一。柘皋民歌旋律优美、辽阔、华丽、悦耳动听，独具地域特征。主要有山歌、秧歌、小调和新创作的民歌四大类，题材广泛，内容丰

《护林员》剧照（1971年）

富。经过世世代代的传播、继承和文化工作者的不断创新、不断发展，形成了颇具特色的一种民歌艺术。《孟姜女》《手扶栏杆》《李玉莲》等民歌在群众中广为流传。

新中国成立后，柘皋民歌进入发展时期，创作了《担担挑来大丰收》等28首民歌。柘皋民歌歌手金家英、司集民歌歌手胡吉英和烔炀民歌歌手刘宏英参加安徽省工农兵文艺会演，三人在合肥江淮大戏院演唱的巢湖民歌，获得阵阵掌声。原柘皋镇分路乡民歌歌手方翠珍和肥东民歌歌手殷光兰在省城合肥同台演唱，受到观众和专家的好评。

柘皋民歌还有秧歌、号子，插秧、舂米时，一边干活一边唱歌。小调有《八段锦》《十二月花名》《孟姜女》《五更京儿里》《手扶栏杆》等，大多在灯会上边扭边唱。

山歌

姑娘喜欢唱山歌，唱遍柘皋和巢湖。唱得岍山点头笑，唱得太阳不下坡。

山歌不唱忘记多，大路不走长草棵。姑娘生来就爱唱，不怕有人笑骂我。

秧歌

秧歌好唱口难开，樱桃好吃树难栽。白米好吃田难种，粑粑好吃磨难挨。

上风吹来下风凉，风里传来百花香。田里哪来桂花树，原是姑娘刚梳妆。

长江水来莫乱流，白浪浪江水上岗头。黄秧田里有了水，万亩庄稼绿油油。

看准方向靠北斗，行船破浪靠舵手，毛主席开辟革命路，世世代代跟党走。

天上云彩一朵朵，手提秧把喊秧歌。你追我赶来竞赛，一趟秧来一首歌。

民谣 民谣是民间流传的歌谣。柘皋地区民谣结构简单，音乐起伏平缓，易于传唱。内容生活气息浓厚，富有哲理。

柘皋十舍不得

一舍不得：柘皋街花花世界，不请自来；

二舍不得：柘皋河十八踏长流水淘米洗菜；

三舍不得：“李大成”大花布越穿越可爱；

四舍不得：玉栏街雨前茶水到茶开；

五舍不得：“鼎新”的虾米干子香到大门外；

六舍不得：楼子桥大鲤鱼摇鳞眨腮；

七舍不得：“迎河轩”油炸烧卖，给吃给带；

八舍不得：“王老三”大瓜子一嗑两开；

九舍不得：“天香楼”炒菜一喊就来；

十舍不得：大过年玩龙灯、舞狮子热闹得叫你一辈子都想来。

门歌 门歌也叫“锣鼓书”，流行于皖中、皖东、皖西一带。演唱者即兴创作，故又称“唱新闻”，内容多叙述新近发生的事。演唱时以锣鼓伴奏，唱腔结构简单，为四句单曲体，分歌头、歌身和歌尾。歌身部分可上下句反复演唱。门歌曲目相对较少，部分曲目和庐剧相同。

庐剧《陷巢州》剧照（1979年）

庐剧 庐剧，原名倒七戏，又称小倒戏、小戏，流行于皖西、皖中和江南部分地区，是在大别山一带的山歌、淮河一带的花灯歌舞的基础上吸收了门歌、端公戏、嗨子戏的唱腔发展而成。庐剧的传统唱腔分主调和花腔两部分，表演朴素而活泼，简单而真实，同时庐剧演员身兼数角，轮番替换，还要兼打锣鼓，早期庐剧用锣鼓伴奏，主要有堂锣、大锣、小锣三件打击乐器。

柘皋境内流行锣鼓点伴奏的“倒七戏”，很多人爱唱。农村中也时有临时组合的草台班子，串

京剧《奇袭白虎团》剧照（1972年）

京剧《智取威虎山》剧照（1970年）

村演唱，也有其他村“接戏”（把戏班子请回村演出）。改革开放后，柘皋艺人自发组成业余庐剧团，农闲时演出，农忙时种田。

京剧 京剧在柘皋镇有着深厚的群众基础，深受群众的喜爱。1952年以前，柘皋镇临时剧场设在东湾街尹品三家。不久，迁至春和义药店，分楼上楼下两层，可容纳三四百人，由柘皋庐剧团演出。20世纪50年代后期，柘皋镇在西街罗汉寺旧址搭盖草屋，作为剧场，后由镇政府筹资，建成砖石平台并设木制长靠椅百张，能容纳五六百人。剧场派专人管理，接待一些省内外的京剧团、杂技团和庐剧团。

1954年秋，京剧演员赵韵声、张婉秋、美素良、美素秋等驻场演唱京剧，剧目有《群英会》《失空斩》《红娘》《锁麟囊》等。由于缺乏群众基础，不久即停演。1970年，柘皋业余剧团上演京剧《沙家浜》。1971年，柘皋区举办了样板戏学习班，排演了《智取威虎山》《红灯记》《沙家浜》《龙江颂》等现代京剧剧目。原柘皋区分路乡的柯尹村、庙岗乡的莲花村宣传队也充分发挥了业余剧团作用，先后排练并演出京剧《红灯记》《龙江颂》等，一时掀起学唱革命样板戏高潮。

2005年10月16日，柘皋京剧爱好者联谊会成立，如今会员人数从当初的12人发展到35人，他们因痴迷戏曲而聚在一起，在城乡舞台上频频亮相，为居民们带来欢乐，成为乡风文明一道亮丽的风景线。2018年，柘皋京剧爱好者联谊会获评“合肥市第三届特色社区学习团队”。

方言 谚语

方言

柘皋方言属北方语系江淮官话区。普通话的推广和渗透，对方言虽有影响，但对语音变异无大干扰。

语音 柘皋方言包括零声母在内有22个声母。与普通话比较，声母系统又多了个［ŋ］声母，少了个［l］声母，同时［n］［l］不分，［l］混于［n］。

柘皋方言有50个韵母：舒声韵36个（含［j］），入声韵14个。跟普通话比较，韵母系统的主要差异：没有前响复韵母，单元音韵母多；普通话ɑ系鼻音尾韵母，柘皋方言里是鼻化韵。

声调 柘皋方言有5个调类：平声依古声母清浊分阴阳，上声、去声、入声不分阴阳。古全浊上声今读去声，这和普通话调类相同。入声收喉塞音韵尾。连续变调，两字组有4式；三字组分两种情况：阴平、上声组合的三字组和末字必定是去声的三字组，前者有8式，后者有15式。变调都念阳平。

词汇 同词异义：柘皋方言有一些词语与普通话语形相同而词义相异。例如："爹爹"指"祖父"，"姥姥"指"姑母"等。

义同形别：这是方言词汇与普通话差异的主要部分，也最能表现方言词汇特色。

柘皋方言释义表

表10

方言	注音	释义
阿姨	ɑ yi	母亲
懊糟	ɑo zɑo	心烦、犯愁

续表 10

方言	注音	释义
把柄	ba bing	证据
把人家	ba ren jia	姑娘出嫁
罢罢地	ba ba di	有意为之、故意
半吊子	ban diao zi	不明事理的人
波罗盖	bo luo gai	膝盖
不撑啷	bu cheng lang	身体不适或小病
不顶龙	bu ding long	无用、不明理
不一宕	bu yi dang	言行不一、颠三倒四
擦黑	ca hei	黄昏时分
草疙揪	cao ge jiu	乱草绕的草团
馋吃瞟喝	chan chi piao he	吃白食
场基	chang ji	收晒农作物的平地
出样子	chu yang zi	丢人现眼
徂个	cu ge	昨天
搭色	da se	戏弄、开心
搭嘴	da zui	吃零食
达江	da jiang	不听话、调皮
大后个	da hou ge	第四天
大相	da xiang	高傲、架子大
倒头光	dao tou guang	败家子
得味	de wei	新鲜、有趣、对人不满
跌相	die xiang	有伤面子和威信
顶龙	ding long	能干（人）、抵用（物）
逗猴	dou hou	戏弄、开玩笑
铎蛋	duo dan	无能的人
二毫五	er hao wu	二百五
二老葵	er lao kui	向日葵
富态	fu tai	身材长得很胖

续表 10

方言	注音	释义
该个	gai ge	今天
钢丝车	gang si che	自行车
格在	ge zai	方便、合适
呱嗒	gua da	不讲情面
刮刺	gua ci	好、漂亮
鬼虾子	gui xia zi	泛指细小生物
聒淡	guo dan	聊天
锅间	guo jian	厨房
哈巴巴	ha ba ba	身体瘦弱
后咯	hou ge	后天
糊洋	hu yang	做事不认真、敷衍了事，蒙混过关
不弄	bu nong	不通情理
夹食	jia shi	不通情理
架相	jia xiang	给面子
尖头巴西	jian tou ba xi	滑头
阶个	jie ge	今天
扛锅铲子	kang guo chan zi	小孩跟大人参加宴席
褴孱	lan chan	衣履破旧、不整洁
老底们	lao di men	男子
亮子	liang zi	提水小桶
毛个	mao ge	明天
茅厮	mao si	厕所
面筋头	mian jin tou	纠缠不清的人
木骨	mu gu	不知轻重
奶嫡们	nai di men	妇女
腻弄	ni long	不干脆、不果断
屁磨	pi mo	撒谎
起旱	qi han	步行

续表 10

方言	注音	释义
前个	qian ge	前天
肿颈子	zhong jing zi	吃饭
肉头	rou tou	傻瓜
三根筋	san gen jin	身体瘦弱
讪头经	shan tou jing	胡吹、讲大话
伤蛋	shang dan	贫困或可怜
哨	shao	显劲、轻佻
哨叨	shao dao	话多
刷刮	shua gua	做事利索
甩瓜蛋	shuai gua dan	傻瓜
顺须	shun xu	顺利、吉利
踏皮	ta pi	随便、马虎不讲究
歪歪子	wai wai zi	河蚌
晚巴西	wan ba xi	傍晚
先且个	xian qie ge	大前天
现世	xian shi	出丑、出洋相
削脸薄皮	xiao lian bo pi	不厚道
幸种	xin zhong	傻瓜、白痴
一当	yi dang	言行一致
硬扎	ying zha	结实
砸蛋	za dan	糟了
赞	zan	好、漂亮
照家	zhao ga	回家
这盎子	zhe ang zi	现在
肘着扭着	zhou zhe niu zhe	小孩子胡搅蛮缠

谚语 一九二九懒出手；三九四九冰上走；五九六九河沿插柳；七九六十三，行人把衣担；八九七十二，穷人说大话；九尽花开燕归来。

小暑打雷，大暑破圩。

小满不满，芒种不管。

天上鱼鳞斑，晒草不用翻。

人黄有病，天黄有雨。

太阳戴帽，大雨就到。

日光返照，水淹锅灶。

月晕有风，日晕有雨。

正月雷打节，二月雨不歇，三月抄干田，四月秧上节。

知了叫，割早稻；知了飞，堆草堆；知了死，吃新米；知了烂，吃年饭；知了爬，吃晚茶。

清晨现霞，望水喝茶；傍晚现霞，干死蛤蟆。

春东风，雨家公。

腊月三场雾，塘底走成路。

睡觉不缩头，抛秧撒种不用愁。

宁愿卖着想，不愿想着卖。

有钱不买半年闲。

吃喝不计较，买卖论分毫。

价高招远客，货到地处死。

倒掉篮子好洗菜。

臭猪头也有齉鼻子闻。

烧香买，磕头卖。

家无千日货，不是掌财人。

十成稻，九成秧。

三月三，南瓜葫芦都上滩。

万里长城今还在，不晓得古人在哪块。

天晴防天阴，天阴防害病。

无理三扁担，有理扁担三。

什么人什么待，什么酒什么菜。

正月犁田是块金，二月犁田是块银，三月犁田是块铁，四月犁田是只鳖。

只见大个子多穿布，未见矮个子少跑路。

生地种瓜，熟地种花（棉花）。

处暑萝卜白露菜，寒露豆子霜降麦。

出门看天色，进门看脸色。

有心拜年，端午不迟。

肉越吃越馋，火越烘越寒。

住家住到好邻家，又吃粑粑又戴花。

言谈服君子，衣帽压小人。

鱼上火，肉作寒，青菜豆腐保平安。

浇树要浇根，交人要交心。

楝树开花你不做，蓼子开花把脚跺。

歇后语 二十一天不出鸡——坏蛋。

二姑娘的围腰子——一清如水。

十二斤棉花做床被——好好弹弹（谈谈）。

五分钱买条瓠子——慢慢刮（谈）。

下雨放风筝——潮线（巢县）。

四老爷眼镜子——对光。

出头的椽子——先烂。

老虎拉车——谁敢（赶）。

买布不带尺——存心不良（量）。

坛子打碎了口——没谈（坛）头。

两个胖子睡一头——合肥。

张家湾的锣鼓——各打各的。

麻雀飞上天——杮（翅）皋（高）。

湾里的木头——望着为（围）。

鸟瞰柘皋古民居(2018年)

名人与名镇

柘皋历史悠久，人才众多。元朝末年，俞通海、廖永忠建立巢湖水师，一批柘皋勇士加入巢湖水师，成为明朝开国将领。中国共产党成立初期，从柘皋这块土地上走出了李慰农、杨士彬等革命前辈。抗日战争、解放战争时期，柘皋是打击日军和国民党军的重要战场，涌现出许许多多的革命事迹。柘皋文风昌盛，许多文化名流从这里走出，他们为传承中华文明作出了贡献。

人物传略

宋君巽

宋君巽（生卒年不详）　柘皋镇人，南宋末年进士。在大学士、探花何梦桂的保举下，宋君巽参加礼部考试，并入朝为官。宋君巽志存高远，情操纯洁，元朝建立后，宋君巽退出仕途，隐居民间，吟诗作文，造诣颇深。数年之后，宋君巽与何梦桂再次见面，何梦桂问宋君巽有什么大作？宋君巽拿出自己的诗作，无奈地叹道："士技穷至此。"何梦桂展卷吟咏，见其诗发自胸怀，不拘一格，虽有仿照古人之作，但又在古人诗作之上，情不自禁地仰天长叹："科举业废，士也？噫之气，郁发于诗，诗之工而文之穷也。"随后，何梦桂欣然为他的《宋君巽诗集》作序，赞赏宋君巽的诗作佳句，并写出了他对世态变化的感慨。

金朝兴

金朝兴（1331—1382）　柘皋镇金府村人。元朝末年，江淮地区大乱，盗匪扰民，金朝兴聚集乡村青年建立乡兵，保卫乡梓，后加入俞通海、廖永忠创建的巢湖水师。元至正十五年（1355），巢湖水师归顺朱元璋，金朝兴跟随朱元璋、俞通海征战南北，先后渡长江，克采石、太平、溧阳，擒拿陈兆先。攻南台，定建业、京口、广德、宣城，围常州。金朝兴授任都先锋职，率军攻湖州、宜兴，后升任左翼右副元帅。攻取婺州后，朱元璋命金朝兴统领精兵，连克绍兴、诸暨、池州、安庆等地。

至正二十年（1360），陈友谅袭击太平，进犯龙江。朱元璋命张德胜、金朝兴合兵反击，击退陈友谅收复太平。至正二十一年（1361），金朝兴随朱元璋西征陈友谅，在安庆破陈友谅水寨，收复九江。随后，朱元璋命金朝兴率部攻取黄梅、广济、端州、临江、吉安等地。至正二十二年（1362），金朝兴随徐达征战叛军祝宗，再克南昌、蕲州、黄州等地。至正二十三年（1363）七月，金朝兴随朱元璋、俞通海大战鄱阳湖，在康郎山击毙陈友谅。在武昌战胜陈理，因功升任龙骧卫指挥同知。同年十一月，跟随徐达夺取淮东、泰州，讨伐张士诚，率重兵围困苏州。至正二十七年（1367）九月，苏州城破，张士诚投降，金朝兴升振兴卫指挥使。

明洪武元年（1368），金朝兴率部北征，先后攻克汴梁、洛阳、卫辉、彰德，占领长芦、直沽、河西务、通州，八月攻取元都，平定北平。其后再破保定、中山、武陟、怀庆等州郡。是年秋，金朝兴率部复征山西，攻取大同，金朝兴被任命为大同卫指挥使。洪武二年（1369），征服宣府赤山儿、西黄河、沙井、德宁等地。洪武三年（1370）春，夺取东胜州。是年冬，升任大督府佥事，授镇国将军阶衔。十二月，任都督兼秦王傅，不久专任秦王傅，领导都督府事。洪武四年（1371），征伐西川、绵汉、成都、保宁诸郡。洪武十二年（1379），授开国辅运推臣宣力武臣、荣禄大夫柱国，封武德侯。洪武十五年（1382），在南征云南班师回朝途中染病，卒于贵州。追封沂国公，谥武毅，赐葬南京钟山北麓。洪武十七年（1384），因平定云南之功，明太祖令其子孙世袭侯爵。明嘉靖元年（1522），明世宗为金朝兴在云南建庙，赐额“报功”。

杨广（1323—1379）　峒山大杨村人。元至正十二年（1352），杨广起兵加入巢湖水师，成为俞通海手下一名战将，巢湖水师归顺朱元璋后，率部征战大江南北。至正十七年（1357）夏，杨广同长枪军驻守宣城。明洪武二年（1369），奉命出征婺州及兰溪，攻克荆楚，去吴会，定中原，平朔漠，屡立战功。升擢至英武卫千户。同年夏，杨广升至鹰扬卫指挥使，出镇巩昌卫。同年秋，设置秦川卫师，即命杨广兼职。洪武四年（1371），改永宁卫。洪武八年（1375）二月，杨广任巡按骁骑左卫指挥使。洪武九年（1376）十二月，他调和州左卫，子孙世袭职务。洪武十二年（1379），他任命为西平侯征讨西羌，奋身杀敌，

杨广

在战斗中被乱箭射中负伤，仍坚持指挥战斗。同年五月二十七日，杨广病死于西羌。弟弟杨义奉旨将其灵柩运回故里，赐葬柘皋祖茔之侧。

杨义（？—1412） 字方外，杨广弟，岠山大杨村人。元至正十五年（1355）与俞通海率巢湖水师渡江，克采石、太平、溧阳等地，官至辽东都指挥，后调任福建，为建立明朝政权屡立战功。

杨义

明洪武元年（1368）二月，杨义率军攻东昌，取乐安，四月占领汴梁，七月取怀庆、泽潞等州。洪武九年（1376），杨义授横海卫左千户所镇抚，后又授“癸字一千四百二十三号”，被任命为“忠武校尉横海卫镇抚”，受命复征甘肃。洪武十五年（1382），授后代世袭“忠武校尉横海卫所镇抚”职事。洪武二十九年（1396）正月，因喘病复发，将嫡长子杨淋奏请替职。钦赏元宝十锭，奉命回柘皋养病。洪武三十年（1397）三月，杨广病愈后进京复命，在奉天门兵部任职。明建文三年（1401）十一月，调任福建都指挥佥事。明永乐三年（1405）二月，杨义告老还乡，居住柘皋镇岠山村，得名医所传创岠山杨中医妇科。明永乐十年（1412）九月病故，封昭勇将军。

陆龙腾（1603—1681） 字韶雯，又字少文，号云楼，柘皋镇陆闸村人，清康熙元年（1662）贡士。自幼颖慧，6岁能书，8岁能写诗文，30岁时外食廪饩（廪生生活补贴）。50多岁时，被荐为廷对（回答皇帝提问），为吏部王西樵、殿元马章明二人赏识，得廷对第一。陆龙腾的诗文书画，享誉大江南北。陆龙腾少年时著有《柳浪草》，成年后为躲避兵役在含山隐居，著有《河干吟》。后迁居巢城，营楼藏书称“云楼”。清顺治七年（1650）编修《含山县志》。清康熙十一年（1672）冬至康熙十二年（1673）夏，历时8个月，主持了康熙《巢县志》全书的编纂工作。70岁时回归柘皋镇陆闸村，住在家中的小楼上，著有《云楼集》6卷。康熙二十年（1681）病故。安徽省博物馆藏有陆龙腾的大幅绘画作品。

汤爱鼎（生卒年不详） 字望衡，号敬斋，柘皋镇西街社区桥西街人。汤氏原为江苏句容望族，清康熙时期移居柘皋。14岁时丧父，与母亲相依为命，汤爱鼎对母亲十分孝敬。汤爱鼎生平爱读书，且能学以致用。曾任琼州知府雷琼道台，诰封中宪大夫。汤爱鼎为官清正廉明，刚直不阿，尤为体察民间疾苦，遇水旱灾情，必亲至灾区赈济灾民。他重视兴修水利、防灾抗灾工作，深得官民赞赏。有人赞曰：“官有善政，则随处皆有乐土。安得实心实政的人，如汤某者，使斯民受其福哉！”

汤懋纲（1699—1773） 字维三，号奕园居士，柘皋镇西街社区桥西街人，汤爱鼎长子。汤懋纲少年时聪慧，能日写万言。清康熙末年贡士，后任户部员外郎、刑部郎中等职。清乾隆初年，辞官归家，从事著述。汤懋纲擅长诗文，尤精于诗，著有《奕园诗集》12卷、《婆娑馆词》1卷、《亦畅楼文集》4卷。其诗抒发性情，描摹景物，闲情逸趣，跃然纸上，佳句甚多，如“溪清山影入，风动竹荫移”。清代诗人袁枚在《随园诗话》中评其诗曰：“汤郎中懋纲，性高淡，诗如其人。断句云：‘游山心在高，合眼飞岚绕’，真得静中三昧者。”

汤懋纲

乾隆三十八年（1773）病故，诰封奉政大夫。

汤懋统（1704—1734） 字建三，别号青坪，柘皋镇西街社区桥西街人，汤爱鼎次子。15岁考取秀才，成为诸生，19岁任颍州训导，后任广西迁江知县。清雍正十一年（1733），接到弟弟汤懋绅病故的消息后，在悲痛中为弟弟的诗集《石臞诗稿》作序。汤懋统在担任知县期间，为官清廉，深受百姓爱戴。雍正十二年（1734）十一月二十二日，汤懋统病死在迁江，当地百姓皆泣。

汤懋统

汤懋统的诗与其兄汤懋纲齐名，后人评价：“懋统才气，有过于其兄，而懋纲则婉约而多风，固各据其胜也。”

清代诗歌评论家沈德潜在选编《清诗别裁集》时，特地选录了他的《暮春得家书》、《除夕》和《故衣》三首，并称赞其诗“情真，语不雕琢而自工，取诗之魂也”。汤懋统著有《青坪诗稿》和《汝阴艺象》。

汤懋绅

汤懋绅（1710—1733） 字齐三，号石臞，汤爱鼎三子。清太学生，候选州同知。《儒林外史》作者吴敬梓撰文称赞他："七龄揖客，辩座上之杨梅；五岁摊书，赋易中之《枯树》。"可惜这位年轻诗人，体弱多病，不到 20 岁便生病卧床，长年呻吟于药炉病榻之间，清雍正十一年（1733）去世。吴敬梓在《石臞诗稿》序中曰："胡为邓禹封侯之岁，已弃人间；乃以祢衡被荐之年，遽归泉路。"

汤懋绅著有《石臞诗稿》与《奕园》《青坪》两诗集，时人赞为"三绝"。《石臞诗稿》有吴敬梓为之作序。诗稿奉序，现藏于首都图书馆。

杨欲仁（1776—1848） 字体之，号唯唯道人，柘皋镇太平坊人（今柘皋镇桥西街）。清嘉庆十年（1805）进士。历任江苏省睢宁、赣榆、泰兴、砀山、丰县等县知县。他在公务之暇，从事著述，著有《孝经集解》《大学中庸性道图说》《四书经义说贯》《金刚经注释辨疑》《寻乐（上、下篇）》《观音堂文稿》《咏梅诗百首》等。

杨欲仁为官清正，曾书"克承清白之风"匾额悬于杨氏宗祠，昭示子孙及族人要清清白白做人。离职后，苏北人非常敬重他的品德学问，挽留他主讲宿迁钟吾书院，后又主讲颍州清颍、六安赓扬等书院。晚年返回故里巢县，主办巢湖书院。巢湖书院有一副对联"凭山脊以为堂，士品宜从高处立；藉湖光而作鉴，文风须向上游争"，是杨欲仁当年写在书院大门上的楹联。

杨欲仁的诗清峭拔俗，仅《居巢诗征》内即录存《题墨梅》《荷花》《霜柳》《八十自寿》等五言、七绝和律诗 40 余首。

王贵扬（？—1886） 柘皋峏山人。清光绪十年（1884）七月，刘传铭受命台湾提督，赴台防护时，王贵扬等 10 余人携带 3000 杆毛瑟枪，随其渡海赴台。

到台湾后，刘铭传命王贵扬统带淮军四营，同署提臣孙开华所部楚军三营、土勇一营并亲兵三哨，驻防沪尾（今淡水港）。

王贵扬是巢县"十八镇台"之一，光绪十二年（1886）八月，王贵扬卒于台湾，为保卫和开发台湾作出了贡献。

程熙载（1876—1958）　字咨予，柘皋镇人，晚年自号蠹翁。清光绪十九年（1893）考取秀才，清光绪二十七年（1901）补廪生，清宣统元年（1909）己酉科拔贡（考取国子监生员）。时值清末，他目睹清政府外交失利、内政腐败，辛亥革命后，受到孙中山领导的革命运动的影响，到扬州随营讲堂任教，讲授文史，向学生灌输“读书的目的在于明理，唯明理才能救国”的进步思想。他自撰自书一联“愧无媚骨投人意，喜有春风到我门”，悬在塾馆里。

程熙载

1938 年 5 月，日军占领柘皋，程熙载到清水涧避难。日军示意程熙载筹组“维持会”，地方奸民顺承日军指使，到程避难的村庄，劝他出任柘皋镇“维持会”会长。程熙载当即严词斥责来人说：“我宁死不当汉奸，不当顺民！”

1953 年 4 月，安徽省人民政府聘任程熙载为安徽省文史研究馆的馆员。1958 年去世。

程熙载生前著有《蠹庐诗稿》8 卷、《蠹庐拾零》2 卷、《随营讲稿》2 本。

杨亮功（1895—1992）　柘皋镇岍山人，世代居住于柘皋镇桥西街。父杨鹤龄，字九皋，早年进入官办学堂学习，第一次参加科举考试即考取秀才，后考取孝廉方正（科举制之一，赐六品服）。清光绪三十三年（1907），在柘皋镇首创“养正小学”（后更名为巢县第二高等小学）。1930 年，任巢县幼学所长，终生推广教育，为乡梓所尊重。

杨亮功

1920 年，杨亮功北京大学毕业，出任安徽省立巢县中学校长。后赴美国公费留学，就读于斯坦福大学、哥伦比亚大学和纽约大学，攻读教育学，获教育学博士学位。1928 年学成回国，初任河南大学教授兼文科主任，后应胡适邀请，任上海吴淞中国公学副校长。1930 年任安徽大学校长。1931 年回北京大学，任教授兼教育系主任。1933 年任国民政府监察委员。1938—1944 年，历任皖赣、闽浙、闽台监察史。其间，对贪官污吏多有弹劾，平反枉屈，不可计数。1948 年，回安徽再任安徽大学校长。后赴台湾，1992 年 1 月 8 日逝于台北市。

杨亮功著有《孔子四论》《中西教育思想之演变与交流》《中国文化史——先秦文化史》《亮功诗存》等。

李慰农

李慰农（1895—1925） 原名尔珍，化名王伦，原柘皋区庙岗乡油坊郑村人。10 岁入学，13 岁时，李慰农在柘皋镇万人集会上，揭露列强侵华罪行，指责清政府无能，名扬四方。

李慰农在芜湖读书期间，受《新青年》《湘江评论》等进步书刊影响很大。五四运动浪潮波及芜湖时，李慰农和各校学生一起，积极组织罢课和游行示威。1918 年暑假，李慰农在芜湖发起组建芜湖各界联合会，以推动反帝爱国运动。

1919 年 12 月，李慰农与蔡和森、杨士彬等 50 余人，从上海乘轮船赴法留学。1921 年 2—9 月，李慰农积极参加留法学生争取“吃饭权、工作权、求学权”的斗争。1922 年 6 月，李慰农与赵世炎、周恩来等在巴黎成立“旅欧中国少年共产党”。同年冬，李慰农加入中国共产党。1923 年 11 月，受党的指派，转入苏联莫斯科东方大学深造。

1925 年 1 月，李慰农回国，任中共中央特派员赴山东工作，曾任中共青岛市委书记。李慰农面对帝国主义在青岛造成的“五二九”惨案，迅即组成了“沪青事件后援会”“青岛外交促进会”“青岛工界联合会”，并发表了四项反帝决议，组织全市学生罢课，行业进行怠工、罢工。日本人用 30 万元巨款收买张宗昌，企图杀害李慰农。7 月 26 日，李慰农在小鲍岛召开秘密会议后深夜回家时，发现敌人包围了宿舍区。他急忙冲回家中，烧毁了党的文件和组织名单，敌人发现火光破门而入时，地上只剩下一堆灰烬，李慰农被逮捕。

在“审判”李慰农的法庭上，他痛斥日本帝国主义和军阀的罪行，说：“青岛是中国的咽喉要地，打倒帝国主义，首先要从青岛开始！”敌人害怕公开处决李慰农会引起新的罢工怒潮，1925 年 7 月 29 日凌晨，秘密将他押到青岛东侧的团岛海滨沙滩杀害。

杨士彬

杨士彬（1895—1948） 原柘皋区庙岗乡小王岗村人，幼年读私塾，1917 年考入芜湖第二农业学校蚕科学习。1919 年，到上海学习法文，几个月后与李慰农、蔡和森、蔡畅、向警予等一起赴法勤工俭学。留法期间，受法国革命运动影响，加入中国共产主义小组，后加入中国共产党。1925 年，杨士彬回国，任中共安徽省临时委员会委员、中共芜湖特支（属党中央管理）负责人之一。同年，以个人名义加入国民党。1927 年 3 月，杨士彬任国民党芜湖市党部执行委员兼宣传部部长。芜湖市党部召开全体国民党员大会，他代表芜湖市党部作党务工作报告，大会作了声讨帝国主义在武汉屠杀民众、声讨南京惨案、打倒贪官污吏土豪劣绅，以及筹备召开芜湖市民会议等决议，积极领导群众开展抗租抗捐斗争。

1927 年 4 月 18 日，芜湖当局借清党之机大肆捕杀共产党人，杨士彬等逃离芜湖，隐蔽在宣城。5 月，中共安徽省临时委员会在武汉成立。8 月，安徽省临时委员会部分委员到芜湖，吸收他参加安徽省临时委员会。同年冬，杨士彬被派往宣城，任中共宣城县委书记。

1928 年 1 月 23 日，杨士彬秘密召开会议，由于叛徒告密，被国民党宣城县城北公安分局抓走，押送至安庆，关押在安徽省政府监狱。敌人用尽了酷刑，还把铁鞋烧得通红，放到他的面前，威胁他招供。杨士彬面不改色，怒斥道：“你们这样做，是灭绝人性的！我的皮肉虽是你们的，但骨头是我的。”敌人见硬的不行，便采取利诱手段：“只要你反省签字，马上任命你为教育厅厅长。”杨士彬一笑置之。敌人把烧红的铁鞋套在他的脚上，痛得他昏死过去，五个脚趾被烙成了一片，烧成残疾。四年的牢狱生活使杨士彬的身心受到严重摧残，出狱后，精神出现错乱。1948 年春，在浙江丽水溺水而亡。

周树东（1895—1959） 原名周在选，柘皋镇工民村黑周自然村人。曾读私塾 8 年，1916 年在家乡设立塾馆，教书育人。1932 年 10 月，他准备到江西参加红军，因被国民党军队搜去路费，被迫返回。途中经友人介绍在芜湖吉和街教书，其间结识了中国共产党党员方纯一（原柘皋区庙岗乡人，在芜湖以教书为掩护）。两人往来频繁，不时进行反蒋宣传活动。“七七事变”爆发后，方纯一、周树东回到家乡宣传抗日。

1943年秋，周树东在柘皋镇北门，见几个国民党军人有意刁难一个农民，硬说他是新四军探子，遍身搜查。周趋步上前对当兵的说："新四军抗日，又不扰民、害民，有什么不好。"当即被驻军逮捕。因无证据，后交保获释。

1946年，周树东任中共地下交通站站长，与吴万银、李刚、陈俊等联系密切，多方为他们搜集情报。曾两度被捕，后经杨藩侯、鲍春谷等人担保释放。

1949年，柘皋解放，周树东任柘皋镇副镇长，后参加人民解放军。1955年复员，被聘为安徽省文史研究馆馆员。

万诚（1897—1927）号心斋，又名静斋。柘皋镇锦旗村上万自然村人，安徽法政专门学校毕业，是第一个民主选举的巢县临时县长。

1919年5月6日，安庆市各校爱国学生代表齐集安庆菱湖的考棚召开紧急会议，声援五四运动，万诚时为安徽法政专门学校代表，积极参加组织学生运动工作。5月上旬，安徽学生联合会成立，他是成员之一。在两次游行示威中，他不畏风险，领队在前，高呼口号，痛斥军阀误国，激励民气。6月中旬，万诚在巢县旅外学生会和各界代表召开的儒学大会上讲话，号召群众积极响应北京学生的爱国行动。1921年4月，他与安徽省学生联合会副会长周新民在安庆加入社会主义青年团，出席了安庆市社会主义青年团成立大会。万诚从学校毕业后，先在安庆的政府机关工作，后历任太和县、界首县警察局局长。

1925年，国民党左派安庆市党部成立，万诚以个人名义加入国民党左派。1927年，受国民党左派安徽省党部派遣回巢县，秘密组建巢县县党部，发动群众迎接北伐。

1927年3月中旬，国民党安徽省一大召开，万诚以巢县代表身份出席会议。3月23日，蒋介石到安庆策划指挥"三二三事变"，捣毁安徽省党部、安庆市党部，万诚身受重伤。后回巢县，秘密进行革命活动。

1927年，"四一二反革命政变"波及巢县。国民党左派巢县县党部解体，万诚被迫离开巢县。1927年5月11日，北伐军七军攻克巢县后，万诚在欢迎北伐军大会上公开成立国民党左派巢县县党部，公开宣传"联俄、联共、扶助农工"三大政策。他积极组织工会、商会、学生会等群众团体拥护北伐，尤以农会发展迅猛，短期内遍及全县。在北伐军七军某师政治部支持下，万诚在巢城"福音堂"主持召开斗争反动县长刘用琛和劣绅马仲五、贾干臣的大会，深受群众拥护，各界代表一致选举他为巢县临时县长。1927年年底，万诚在芜湖被捕，后遭杀害。

翟宗文（1900—1957） 曾用名周新潮，柘皋镇翟家桥村人。1918 年在芜湖萃文中学就读。1922 年在日本加入中国国民党。

五四运动时期，翟宗文积极参与组织学生运动，与刘希平、蒋光慈等一起站在运动前列，代表萃文中学参与芜湖学生联合会的筹备工作，被推为学生联合会副会长，带领学生游行示威，支持北京学生的爱国行动，并率学生包围商会，迫使商会在“禁止日货进口”保证书上签字，不断把爱国运动推向高潮。1921 年，安庆发生“六二惨案”，芜湖学生立即声援，代表芜湖学生联合会去安庆，取得斗争胜利。1922 年，翟宗文东渡日本留学，就读于明治大学法律科，其间加入中国国民党东京支部，任驻日总支部常务委员，信仰三民主义，鼓励华侨参加孙中山领导的革命，得到孙中山的赞扬，并与其合影留念。在日本留学期间，曾与国民党西山会议派及国家主义派作坚决斗争。日本出兵山东，他在东京参加抗日示威游行。1927 年与日本进步妇女石锦昭子结成伉俪。

1929 年秋从日本回国后，历任上海法政学院教授、交通部法规委员会委员、外交部编译和兼职律师，从事教学和律师工作。在进步人士周新民、朱子帆的影响下，政治上逐渐倾向共产党。

1938 年 3 月任安徽省人民委员会委员、安徽省民政厅副厅长、安徽省民众总动员委员会委员兼宣传部总干事。同年 11 月 1 日，在中共地下组织支持下出任庐江县县长，联络新四军四支队八团歼灭了反共的庐江县李志强部队，13 日即被国民党撤职。1939 年 3 月，被开除国民党党籍。1941 年后，先后执教于立煌县（今金寨县）省立师范专科学校和霍邱省立第一师范。

1946 年 6 月转到芜湖中学、安徽学院执教兼任律师。此时他与中共地下组织联系，鼓励进步青年投奔革命，掩护交通大学学生和外省青年渡江北上参加革命。1949 年中国人民解放军渡江前夕，有人密报其私通共产党，国民党蓄谋杀害他，由于中共地下组织的保护，幸免于难。

新中国成立后，历任安徽省芜湖市芜关中学校长、安徽大学教授、皖南中苏友好协会副会长、皖南人民行政公署委员会委员、皖南人民行政公署土改委员会委员、安徽省人民政府委员、安徽省民政厅副厅长、安徽省民革安徽省委员会常务委员等职。

杨新吾（1906—1977） 字应芳，柘皋镇大杨村人，岠山杨中医妇科传人。自幼跟随父亲和长兄杨九蜂学医，深得杨氏妇科精髓，同时自己又研究中医古今医学书籍，在医药古典中兼取众长，又有所创新，尤其善治妇女不孕症。17 岁时，在柘皋周边行医造福乡梓，20 岁移居合肥，因杨新吾治好了一名妇女产后痢疾，在合肥声名鹊起。抗日战争期间，杨新吾往返于合肥与巢县之间行医。抗日战争胜利后，回到合肥，开办峒山杨新吾诊所，时任安徽省政府主席李品仙曾请他治病，并赠手书条幅。

峒山杨诊所老招牌

新中国成立后，杨新吾创办了安徽省第一所中医联合诊所——合肥中医联合诊所，并担任所长。其后，杨新吾先后担任合肥市第一人民医院中医部主任、安徽中医学院附属医院妇科主任，解放军第 104、105 医院中医顾问等职。杨新吾还多次当选安徽省人民代表大会代表、合肥市政协常委，是峒山杨中医妇科现代学术界的杰出代表。杨新吾生前不仅在省内外享有极高的医疗威望，而且培养了大批中医妇科人才，堪称安徽现代中医妇科大师，长子杨云生、次子杨槐生、四子杨晓生、五女杨承祥，在安徽中医妇科界各有建树。

刘健飞（1907—1992） 原名刘金文，原柘皋区庙岗乡邓岗村人。

1927 年 10 月，刘健飞与周鸣畏积极参与中共党员周心抚发起组织的“巢县革命青年同志会”的活动，在知识青年和农民中开展反帝、反封建、反对土豪劣绅，争取自由平等，反对剥削压迫的宣传。1929 年 8 月加入中国共产党。

1930 年 10 月至 1931 年 2 月，刘健飞任中共巢含县委委员兼任中共巢城支部书记，并同时兼任巢含县委机关报《工农小报》的负责人，刊登宣传反帝、反封建思想和党的方针政策的文章。

1931 年 2 月，根据中共安徽省委决定，将中共巢含县委分开，刘健飞任中共含山县委书记。同年 4 月，由于党内“左”倾路线影响，中共地下组织遭到严重破坏，刘健飞与党组织失去了联系。抗日战争前，他先后在巢县中心小学、无为县仁泉小学任教，在青少年中积极宣传抗日救国思想，开展抗日救亡活动。

抗日战争期间，刘健飞在皖南新四军政治部做敌工工作。解放战争期间，他从事教育工作。新中国成立后，他一直从事文化教育工作，历任山东省济南市文教局副局长、山东省图书馆馆长、山东省教育厅顾问等职。

方纯一（1911—1938） 又名方在发，原柘皋区庙岗乡方小嘴村人。幼年读私塾，后当塾师。1930 年，方纯一加入中国共产党，1931 年任中共大汤支部书记。在 1938 年日军占领巢县前，方纯一参加巢县抗日游击大队，任第二分队指导员。

抗日战争初期，冯玉祥派马忍言（冯宏谦）、冯文华和王子龙三人在巢北地区组织武装力量，开展抗日救亡活动。巢城被日军侵占后，共产党员冯文华、张恺帆等人率领队伍在小佛岭打响了巢北抗日第一枪。这支队伍后发展成为共产党领导的巢县黄山抗日游击大队，冯文华任大队长，张恺帆任政委，方纯一任第二分队指导员。

游击队在发展过程中，经曹仁民介绍的从南京溃退下来的 16 名川兵加入游击队，但这些川兵企图篡夺游击队的领导权，游击大队进行整顿时将曹仁民开除。曹仁民被开除后伺机报复，带领一伙川兵将方纯一和王子龙杀害。

高植（1911—1960） 柘皋镇东街社区北闸街人。13 岁考入芜湖萃文中学。在芜湖读了一年初中后又转到南京汇文中学，后又到金陵大学附属中学读完高中，毕业后考上了金陵大学。

高植通晓英文、日文、俄文，尤致力于俄罗斯文学的研究。在南京中山教育馆担任编译，同时开始文学创作。上海中华书局出版了他的小说集《树下集》及中篇小说《黄金时代》。抗日战争后期，为了激励人民抗战意志，他翻译了《战争与和平》，受到读者的赞誉。

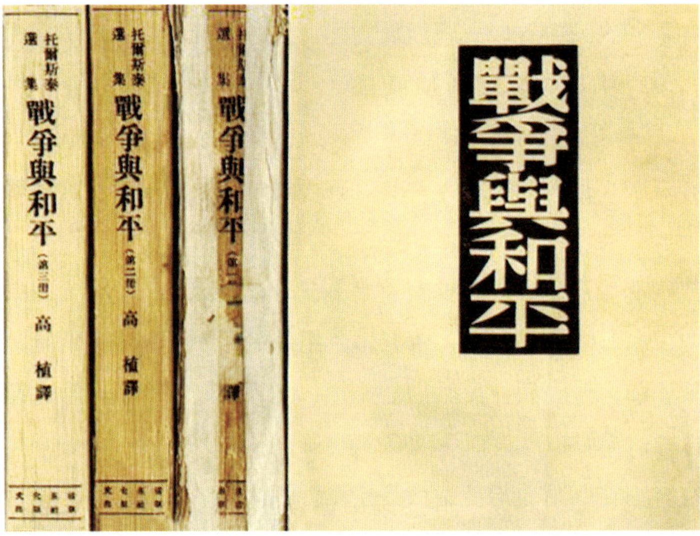

高植的译作《战争与和平》

之后，高植任南京国立中央大学文学院副教授，专心从事托尔斯泰作品的翻译。1944年高植翻译的《幼年、少年、青年》出版。1949年，高植翻译了《复活》。1950年，翻译了托尔斯泰的《安娜·卡列尼娜》。同时，他还出版了《论列夫·托尔斯泰著作》。1960年，因患心肌梗死病故。

鲍春谷（1912—1993） 柘皋镇西街社区桥西街人。1928年继承父业经商。1930—1940年任柘皋商会会长。1938年任巢县商业抗敌协会理事长。

鲍春谷

抗日战争期间，鲍春谷旗帜鲜明地拥护中国共产党团结抗日的主张，积极支持共产党领导的敌后抗日游击队。1939年，鲍春谷从其经营的鼎新酱园仅万元资本中拿出3000元，资助以冯文华为大队长、张恺帆为政委的巢县黄山抗日游击大队购买枪支弹药，使这支抗日武装迅速壮大起来。在1941年的柘皋防御战中，鲍春谷不仅献出自家的5头肥猪和数千斤大米慰问抗日军队，还以商会名义发动全镇商户捐资捐物支援前线，官兵士气大振，使抗日军队一举歼灭日军500多人，击毙日军联队长牛芳一角（大佐），缴获大量轻重武器，打击了侵华日军的嚣张气焰，保卫了人民生命财产安全。

解放战争期间，鲍春谷利用其参议员、商会会长等身份，不断与国民党政府以及地方土豪劣绅进行斗争。同时，积极营救和掩护中共地下组织工作人员多人，支持李刚、方茂初领导的游击队，秘密为他们补充枪支30多支。1949年，解放军渡江前夕，他主动将商会为建造柘皋小学100间校舍的全部木材无偿捐赠做渡江木排，有力支援了渡江战役。

陈俊（1915—1989） 原名陈朝俊，原柘皋区方集乡陈家洼村人。1944年参加巢北游击队，次年加入中国共产党，后随新四军七师北上。

1946年5月17日，陈俊随李刚组成的皖江联络队回到巢合（巢湖、合肥）地区开辟游击根据地，并担任游击队排长。5月23日，他率部抓捕中统特务李某成、李某勋、纪某佳。随后，参加李刚组织的端掉烔炀警察所、活捉叛徒吴谷山的战斗。1947年秋，陈俊随吴万银部截获国民党运输车8辆，在烔炀镇岗头李村清点物资时遭到国民党军队包围。李刚率部队及时接应，陈俊率部突围，并参加李刚组织的茅公山战斗，多次打退敌人进攻，消灭国民党军200余人。1948年3月，陈俊随巢含支队夜袭烟墩岗碉堡后，在凤凰集又歼敌一个排，生俘联防主任郑某祥。在炯炀镇上李村实施围点打援，歼灭敌吴某杰中队大部。9月中旬，在炯炀镇大程村歼灭敌军一个连。10月，在柘皋童家集（现属巢湖市庙岗乡）击退国民党保五团3个连的进攻，击毙敌人43人。1948年冬，陈俊随吴万银部北上，参加华东野战军战斗。

陈华仙（1916—1984）柘皋镇接引庵村小陈自然村人，中共党员。1938年5月，一名日军到河梢刘村为非作歹，迷失方向。村民疾呼："捉日本鬼子哟！"日军慌慌张张逃窜到陆庄村边，陈华仙拿红缨枪追赶，日军向陈华仙开枪未中，拼命向西逃跑。陈华仙紧追不舍，追至黄栗头树村西边岗头，日军爬到树上又向陈华仙开枪也未中，此时日军子弹已经打完。陈华仙迎面一枪，将日军刺死。新中国成立后，陈华仙任生产队负责人，1984年病逝。

吴屏周（1919—1947）又名玉生、正藩，柘皋镇汪桥集人。1936年考入芜湖铁路机务段，学习火车驾驶技术，担任火车司机。1937年12月，日军占领芜湖前，铁路局公司经理多次派人劝他留下来继续开火车。他说："宁愿饿死，也不为日寇卖命！"毅然回到家乡。

1938年5月，日军侵占巢县，烧杀奸虏，吴屏周耳闻目睹。同年冬，柘皋组织"农民抗敌协会"，吴屏周出任理事。1939年春，吴屏周参加了巢县抗日动员委员会举办的青训班，其间加入中国共产党。后任巢县农民抗敌协会理事长、中共黄山区委书记等，先后组建长山洼等5个党支部，后任中共巢县委员会组织部部长。同年秋，任新四军江北指挥部巢县游击大队（后改为巢县独立营）政委。1940年，先后任定远、凤台、怀远等县县委书记，后调任津浦路西区党委组织科科长。

1941年1月，国民党发动第二次反共高潮，新四军处境艰难。淮南军区为了解决武器弹药自给问题，在1943年组建了军工部，吴屏周任政委，领导军工生产。他和军工部的同志在困难重重的情况下，筹建了一座年产60万发子弹的兵工厂，并攻克了一个个技术难关，研制出手榴弹、迫击炮弹、地雷等的炸药以及枪榴弹、小口径平射炮等武器，有力地支援了淮南地区的抗日战争。

1946年春，吴屏周调任华中军区军工部副政委。解放战争时期，华东地区战事激烈频繁，部队急需武器弹药。中共华东局决定在大连筹建军火工厂，吴屏周接受组建军火工厂任务。在中共地方组织领导下，筹建裕花铁工厂，吴屏周任厂长兼党委书记。1947

年 5 月，他利用日军留下的破旧不堪的胶合板厂办起了兵工厂。他一面建厂，一面组织生产，废寝忘食搞试验，攻难关，并与吴运铎等一起研制出一批新型的弹药和武器。

1947 年 9 月 22 日，吴屏周为改进碳素钢质弹的生产技术，对山野炮弹进行决定性的试验，在排除第 7 枚试验炮弹故障时，不幸被炸牺牲。

陆启清（1928—2004） 柘皋镇合浦村陆闸自然村人，茶叶专家，高级农艺师。陆启清一生从事茶叶研究工作，被中国茶叶界称为“当代陆羽”。历任第二、三、四届中国茶叶学会理事，第三届湖北省茶叶学会理事长。

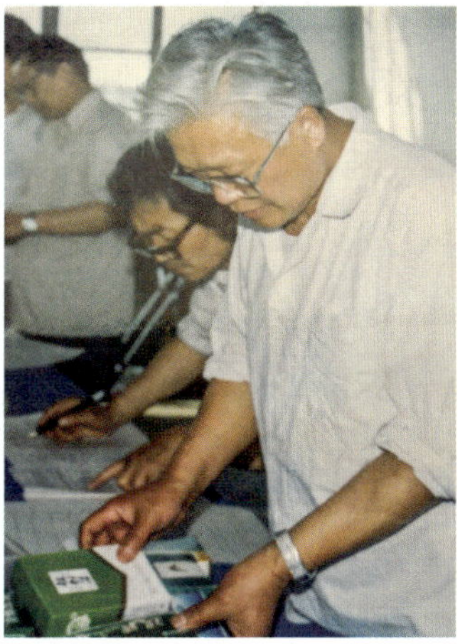

陆启清

陆启清著有《炒青绿茶采制技术》《茶树速成高产栽培技术》《湖北名优茶》《英山县茶叶产业发展战略研究》等，曾参与《茶典》编纂工作。

鲁彦周（1928—2006） 原柘皋区庙岗乡鲁集村人，作家、编剧。历任安徽省文联主席、安徽省作家协会主席。

鲁彦周

1948 年，鲁彦周投笔从戎，参加革命。由于他热爱文学，不久即调皖北文联工作，从此走上了文学创作的道路。1952 年发表话剧《归来》，获得中国话剧会演剧本一等奖。1954 年，发表个人第一篇短篇小说《云芝娘和云芝》。1957 年，创作电影文学剧本《凤凰之歌》，该作品获文化部举办的中国电影文学剧本征文三等奖。1958 年，创作散文集《淮北寄语》。1973 年出版《鲁彦周文集》。1979 年，创作中篇小说《天云山传奇》，该小说获中国优秀中篇小说奖。1981 年，鲁彦周将小说改编成电影《天云山传奇》，获第一届中国电影金鸡奖最佳故事片奖和最佳编剧奖、第四届大众电影百花奖最佳故事片奖。1983 年，担任电影《廖仲恺》编剧，获第四届中国电影金鸡奖最佳编剧奖。1988 年，创作长篇小说《古塔上的风铃》。1992 年，出版小说《阴阳关的阴阳梦》。1997 年，出版小说《双凤楼》。2005 年，创作长篇小说《梨花似雪》。2007 年，由鲁彦周编剧的电视剧《双凤楼》播出。

在50多年的文学创作生涯中，鲁彦周共创作了400多万字的小说、影视剧本、戏剧、散文作品。小说《天云山传奇》是伤痕文学的代表作。最后一部著作《梨花似雪》，是以巢湖生活为背景的一部作品。2002年,《鲁彦周全集》出版，他在家乡的赠书仪式上说："我没有什么才华，但我勤奋，这也是家乡人民勤劳淳朴风气熏陶的结果。"

陆树龙（1930—2012） 柘皋镇三星村陡坎张自然村人，1945年3月入伍，1947年加入中国共产党。历任新四军三师七旅二〇四团战士、东北第四野战军六纵队参谋、四十三军一七二师三八〇团司令部作战股股长、总参军务部参谋、北京市通县人武部部长、北京卫戍区作战参谋。1965年在高等军事学院学习。1970年任河北省卢龙县武装部部长，后历任唐山军分区参谋长、邢台军分区参谋长、秦皇岛军分区顾问等职。被授予独立勋章、解放勋章，立三等功一次。陆树龙自1945年入伍后，经历了抗日战争和解放战争，参加了辽沈战役、平津战役，在解放海南岛的战斗中英勇负伤（甲级三等伤残）。

新中国成立后，陆树龙参加了广西十万大山剿匪战斗，在战斗中英勇善战，不怕牺牲，出色地完成了各项战斗任务。

孙海泉（1937—2005） 柘皋镇双泉村泉水自然村人。1959年，孙海泉高中毕业考进南京航空航天大学导弹设计专业，毕业后分配到现在的上海航天技术设计院，从事导弹研究设计工作。

经过二十多年的刻苦钻研和精心设计及反复试验，终于研制出中国新型的HQ-六一导弹，装备陆军和海军，并载入中国战略导弹发展史，获得国家的奖励。同时，参加过中国导弹十年发展规划的制定。

田学祥（1943—2005） 柘皋镇东街社区人，曾担任《皖江日报》通讯员、记者、编辑。1966年调入安庆市委宣传部任干事。1970年考入新华社，在新华社安徽分社工作，后调入新华社总部。

1988年8月至1989年8月，田学祥任新华社《瞭望》杂志总编。1989年8月至1992年7月，任中国新闻学院副教授。1992年后，先后任新华社国内部发稿中心主任编辑、高级编辑、新华社《内参选编》主编、新华社亚太总分社高级编辑等职。退休后参与新华社社史编纂工作。

田学祥

田学祥在新华社任职期间，采写了大量的为当时改革开放鼓与呼的稿件，在全国产生了较大社会影响。1980 年采写的《谁来“拆墙”？》，对当时的封闭经济管理体制进行深入剖析，此文对推动管理体制改革，起了积极的作用。1984 年采写的《是犯罪，还是改革者？》为改革的先行者鸣锣开道。1989 年采写的《从温州看私营经济走向》一文，通过深入调查研究，解答了当时很多人对新中国成立三十多年后的私营经济在改革开放后去向的疑问和担忧。他采写的《对环境污染不能光赔偿不治理》《用知识敲开大别山的玻璃大门》《对外开放城市要抓好“软环境”建设》等大量新闻报道，对改革开放、脱贫和城市建设起到了促进作用。

吴恺（1945—1999） 原柘皋区庙岗乡邓吴村人。中国美术家协会会员，安徽省美术家协会常务理事，安徽省政协委员和省文联委员，巢湖地区美术家协会主席，巢湖地区文联秘书长，二级美术师（副教授）。

吴恺擅长水彩画、连环画、国画、版画。其作品多次参加国内外画展。在全国出版连环画作品 50 余套，并多次获奖。他创作的《第二次世界大战画库》在 1991 年国家新闻出版署主办的首届（1980—1990 年）中国优秀美术图书评奖中获铜奖。

名人与柘皋

欧阳修作《浮槎山水记》 欧阳修，北宋政治家、文学家，唐宋八大家之一。

北宋嘉祐三年（1058）二月二十四日，欧阳修作《浮槎山水记》，全文 700 多字，是欧阳修在京师任内，为庐州镇东军留后李端愿赠送浮槎山顶乳泉泉水而写的。欧阳修、李端愿都是品泉论水的大师级人物。一次，李端愿登临浮槎山，见山上有石池乳泉，饮后觉得甘洌无比。陆羽有“山水上、江次之、井为下”之论。李端愿觉得此乳泉水质居上等，特用罐装上一些，从庐州府送给远在京城的欧阳修。欧阳修品尝以后，极为赞誉，一面作记以志，一面给李端愿回信。欧阳修的《浮槎山水记》使得浮槎山闻名遐迩，成为文人墨客经常登临游览的名胜之地。受欧阳修影响，南宋的释用逊，明代的黄道月、梅山，清代的李天馥、杨开森、左辅、王政谦以及现代众多名人雅士，也都对浮槎山乳泉赋诗作画，大加赞美。

庞恭孙诗赞柘皋之战 庞恭孙，宋代学者、官员，字谦孺，一字德孺，其祖先系单州成武（今山东成武县）人，先祖庞籍（字醇之）是宋仁宗时期宰相，庞恭孙是韩琦、范仲淹等人的好友，司马光、狄青等人的恩师。庞恭孙曾任猷阁待制，北宋政和三年（1113）以直学士主政成都府，后官升太常博士，宋南渡后曾寓游湖州。柘皋之战的胜利让宋朝军民欣喜若狂，庞恭孙当即作《闻虏人败于柘皋作口号十首》，愤怒控诉南侵金兵罪行，热情歌颂抗金英雄战绩，无情嘲讽投降乞和派。

冈奇的柘皋情结 冈奇，号鉴学，满族人，清康熙年间（1662—1722）书画家，文学造诣很深，曾批《石头记》（脂砚斋六人之一）。后因皇室内部倾轧，被赶出北京，率全家南下定居柘皋。

冈奇书画技艺超群，但不轻易挥毫，其墨迹在当时也很少见，故冈奇书画被视为珍

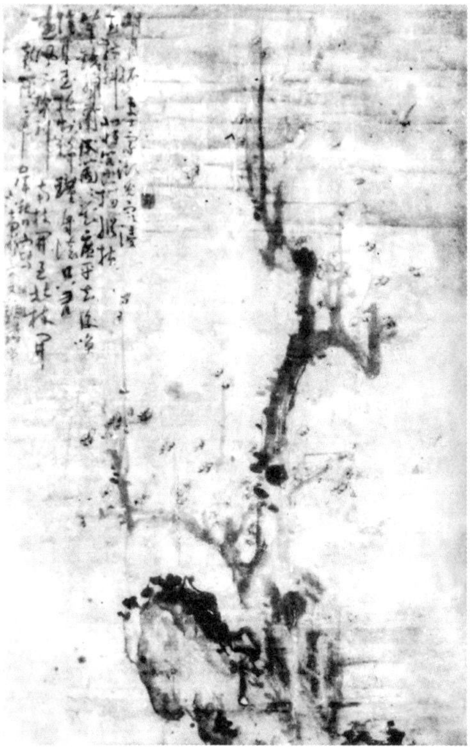

冈奇的国画《梅花》

品。据浙江省图书馆研究员刘慎旃（巢湖人）说：“他珍藏了一幅冈奇的《梅花》，现在浙江省图书馆。画法苍润，笔尤老健，从学术推断，决不在‘扬州八怪’之下。”画幅款题：“乾隆三十五年秋日于古橐皋”。后有钤印三方：一阳文“巢居子”，一阴文“冈奇之印”，三为“江左布衣”。画上题七绝两首，一为“明月孤山处士家，水光寒浸玉枝斜。似将篆籀纵横笔，铁线圈成个个花。”一为“广平去后唤谁来，玉抱知稀瑾自怀。唯有春风不势利，南枝开后北枝开。”

冈奇后半生在柘皋度过，柘皋西街现存冈家大院，位于柘皋中学职工宿舍内。

马忍言主政巢县抗日民主政府 马忍言，又名冯宏谦，冯玉祥之侄。1937 年卢沟桥事变爆发后，冯宏谦在冯玉祥将军身边任少校参谋，转战京沪、津浦前线。由于蒋介石消极抗日，冯玉祥处于报国无门的境地。1938 年春，冯玉祥决定派冯宏谦回家乡巢县开展抗日工作。回巢县后，冯宏谦化名马忍言，先后担任巢县动委会指导员、巢县县长，在中国共产党抗日民族统一战线旗帜下，组织巢县抗日政府。

马忍言在任期间组建了巢县抗日自卫大队，马忍言兼巢县抗日自卫大队司令，冯文华（中共党员）任副司令兼参谋长，巢县抗日自卫大队最盛时期发展到 700 多人。巢县抗日自卫大队成立后，总计参加大小战斗 30 多次，鼓舞了群众抗日斗志。1939 年 2 月，巢县抗日自卫大队同新四军八团密切配合，参加方老人洼战斗，击毙日军 100 多人。

抗日战争初期，在县长马忍言领导下，国共两党密切合作，巢北地区抗日斗争工作开展得有声有色。国民党顽固派躲到金寨县说：“巢县红了，马忍言是共产党。”国民政府安徽省主席廖磊以“另有重用”为由，撤销了马忍言巢县县长职务，让国民党顽固派马伯山接替马忍言当巢县县长。新中国成立后，马忍言任民革合肥市名誉主席、合肥市政协副主席、民革中央监委委员，1993 年病逝。

张恺帆柘黄地区打游击 张恺帆，原名张昌万，出生于无为县陡沟镇张家太墩。

1931 年 11 月，中共皖中工委成立，张恺帆任委员，负责巢县工作，1938 年，组建了皖中第一个抗日地方武装——巢县黄山抗日游击大队，冯文华任大队长，张恺帆任政委。他们共同指挥了东山口、西山驿、河稍刘、龟山诸战斗，遏制了日军对柘皋、黄山地区一带进犯。

张恺帆

张恺帆、冯文华在抗日战争期间一直活动在柘皋、黄山地区。1941 年 2 月 19 日，张恺帆动员柘皋的工、商、青、妇全力救治伤员，输送物资，支援安徽省保安八团抗击侵华日军，大大鼓舞了士气，赢得了柘皋防御战的胜利。

新中国成立后，张恺帆先后担任安徽省人民政府副主席、副省长、中共安徽省委书记处书记、安徽省政协主席等职。

包之静古人庵办报 包之静，出版家，江苏苏州人。1931 年“九一八事变”后，投身于抗日宣传活动，其间加入中国共产主义青年团。1932 年春，由于叛徒出卖被捕。1934 年春，由蔡元培、于右任、李石曾、张静江四名国民党元老保释出狱。1938 年，包之静加入中国共产党，不久被党组织派到解放区，先后在安徽巢县动员委员会的《巢县动员》报、新四军五支队的《前锋报》、淮南区党委的《新路东报》《淮南日报》担任负责人。1945 年后，任华中新华通讯社、新华日报社副社长，山东大众日报社副社长、社长，并负责新华社华东总分社工作。新中国成立后，历任政务院文教委员会办公厅副主任、中宣部新闻出版处处长。1964 年，当选第三届全国人大代表。

1939 年 3 月，包之静被上级派往安徽巢县动员委员会，主持创办《巢县动员》报，

《巢县动员》报曾藏身的古人庵山洞（2018年）

由包之静和其夫人沈文英担任主编。《巢县动员》报是皖东敌后第一份地方报纸。主要版面有民众动员、国内抗日战事、国际反法西斯斗争三大部分。在国内抗日战事版面，重点报道八路军、新四军的战场新闻。国际反法西斯版面主要报道苏联社会主义建设和支援中国军民抗击日本侵略者的消息。该报不仅在巢县境内发行，还沿巢合（巢县、合肥）、柘乌（柘皋、乌江）公路发行到合肥、全椒、肥东、滁县等地。该报共出刊 8 期，1939 年 5 月停刊。《巢县动员》报虽然仅出刊 8 期，其影响极其深远，一批青年如周衣冰、韩奇、马齐彬、肖习琛、昌艾鼎等，都在其影响和引导下奔赴抗日战场。

张云逸玉栏桥设宴，力促巢县国共合作　1939 年 1 月，国民党安徽省政府免去了与中共合作抗日的进步人士马忍言的巢县县长职务，任命马伯山为继任县长。

为延续巢县国共合作、团结抗日的大好局面，活动在巢县、合肥地区的新四军参谋长张云逸和四支队八团团长周骏鸣、政委林恺、参谋长赵启民等到柘皋镇，在玉栏桥迎河轩酒楼设宴，欢迎新任巢县县长马伯山。宴会上，张云逸致辞，表达希望县长马伯山能与中国共产党、新四军真诚合作的愿望，发展皖东北地区抗日的大好局面。

由于马伯山是国民党的顽固派，其本质无法改变，最终走向抗日军民的对立面。但是，张云逸在玉栏桥迎河轩酒楼宴请马伯山的宴会，成为中国共产党真诚维护抗日民族统一战线的历史见证。

黄岩驻军南张村　1938 年，江北游击纵队政委黄岩、司令孙仲铎率部驻扎在柘皋镇东乡南张村，司令部设在村民张治亚家中。正月初三，张治亚的儿子张帮明在塘里逮鱼时不慎落水，回家后高热不退，昏迷不醒，姐姐张帮英急得大哭。黄岩得悉，吩咐随军医护人员紧急救治，还为其熬汤喂药，无微不至，救了张帮明一命。此前，张治亚在南京行医，染上鸦片毒瘾，后回到家乡，听女儿说新四军首长救了儿子的命，万分感激，在黄岩、孙仲德等人的劝说和帮助下，他将鸦片烟戒掉，还主动为新四军采药、巡诊。几个月后，新四军奉命撤离，张帮英和张帮明姐弟拉着黄岩和孙仲德的手舍不得他们走，黄岩拿出两个子弹盒送给他们，留作纪念。

黄岩

新中国成立后，黄岩曾任中共合肥市委书记、安徽省人民政府副主席、安徽省省长。中共十一届三中全会后，先后任省政协副主席、省人大常委会副主任等职。

近看柘皋站（2019年）

艺文杂记

柘皋是中国南北文化的交会之地。历史曾给这片土地浸透了战争鲜血，也留下厚重的历史文化。历代文人为这片土地谱写了许多不朽的篇章，现代文人汲取历史文化营养和精髓，文学艺术灿烂辉煌，为巢湖大地谱写出闪光的一页。

诗词

白龙洞

〔明〕王维[1]

老龙出入此为家，云雾盈盈日夜遮。划地一声鸣鹤过，天风吹下碧桃花。

咏浮槎山

〔宋〕释用逊[2]

山为浮来海莫沉，萧梁曾此布黄金。梵僧亲指耆阇路，帝女归传达摩心。

地控好峰排万仞，涧余流水落千寻。灵踪断处人何在？日夕云霞望转深。

早发橐皋

〔宋〕王之道[3]

春秋遗迹旧山川，鲁破吴亡久寂然。恰到前年征战处，数间茅屋起炊烟。

---

① 王维，字资用，明邑人，曾任临江通判。

② 一作释用孙。

③ 王之道，字彦猷，巢湖人（王之道的故居在巢湖市坝镇相山麓下），北宋宣和年间（1119—1125）进士，曾任朝奉大夫。

闻虏人败于柘皋作口号十首（节选）

〔宋〕庞谦孺

其一

正阳门下草还生，宫殿无人也自春。上皇昔日登临地，愁杀当时老大臣。

其二

铁鹞乘时转海津，兜牟闪闪白如银。只今边郡羞投拜，淮北淮南正杀人。

其三

文武宣和盛两班，当时都道取燕山。三京随手残烧尽，今日谁迎二圣还。

其四

黏罕中间陷两京，当时兀术尚无名。如今索斗无时了，不使山川见太平。

挽陆孝廉①殉难

〔明〕李䥫

孤城无志共安危，螳臂昂藏猛蠖持。向彼求生非我意，指天竞死是谁知。

霜飞象简追齐史，剑吼龙精化葛陂。多少进贤金玉带，先生端不负须眉。

登浮槎山

〔明〕黄道月②

山云纷应接，驻盖骋雄观。树老青铜蚀，泉枯白练干。

风吹萝欲立，雾尽石长寒。一著登临屐，千峰色自闲。

宿柘皋二首

〔清〕毛一言③

其一

壮志真看国似家，几年湖海思无涯。翠铺古砌雨甦苏，香散上方天坠花。

岁月却同瓴水过，风尘每感驿程余。未缘迁谪伤憔悴，蓬发还惭老色加。

---

① 明万历孝廉陆合新，陆龙腾父亲，明崇祯八年（1635）流寇陷巢城，因备战力绌、骂贼不跪遇害。

② 黄道月，系明万历十四年（1586）丙戌科进士，官中书舍人。

③ 毛一言，曾任清庐州太守。

其二

五云回首帝王家，休戚萍踪寄海涯。世事到头都是梦，繁华过眼只如花。
亲民敢谓循良素，游宦真忘道路余。濡滞漫须讥孟氏，万钟于我又何加。

听书港并和二首

〔清〕陆龙腾

其一

车辙驰驱昔未停，萧凉林坞也曾经。冠裳匡坐依苇岸，蓑笠欣闻伫草汀。
古道仍披风日丽，高踪不共雨烟冥。当年此地犹荒服，瞬息飞鸮集泮庭。

其二

蒙茸莎荻满沙渚，一溜寒波漾碧渠。旧是榛苓鱼鸟畔，忽来皋比圣贤居。
尚余片石偎童牧，欲访残墟讯野渔。曲曲清光流不竭，依稀明月照方诸。

听书港

〔清〕严成宽

泗水千秋教泽长，溯怀堤畔漫寻芳。六经响答波澄碧，五典芬飏荇带香。
风雨只今迷石碣，渔樵犹自辩官商。驱车到处堪矜佩，仿佛当年向楚狂。

古意

〔清〕汤懋纲

兰生野蔓中，不及野蔓长。忽忽逢花时，野蔓借其香。
吁嗟采芳来，结念空彷徨。彼蔓难尽除，俟之以严霜。
无何遭樵斤，刈蔓兰并伤。岂不知兰好，惜遭野漫藏。
栖托苟非伦，翳蔽为身妨。

登卧牛山闲望

〔清〕汤懋绅

高阁翠微间，襟怀野望闲；孤城三面水，落日万重山。
天与征帆远，云随暮鸟还；从来逢胜慨，诗思最相关。

过访随园主人不值

〔清〕汤扩祖[①]

花含宿雨柳含烟，隐士园林别有天。高卧白云人不见，一家鸡犬翠微巅。

咏孔子台

〔清〕陈力萃

圣辙南游此筑台，清风洙泗杏坛开。青阳精舍应相近，犹有余光被草莱。

梅花诗

〔清〕杨欲仁

（七律）

蟾宫仙桂傲秋开，金玉联芳并蒂栽。羽扇纶巾名世望，轻裘缓带济时才。
宜看紫气凌霄汉，转盼红云灿帝台。此去禹门齐得意，春风笑举杏花杯。

咏浮槎山

〔清〕李天馥

攀跻不觉夕阳斜，吴楚山川望里赊。虚白烟波如海雾，深秋红叶似春花。
西风野甸收禾晚，落日荒原出猎遐。极目苍凉村聚少，断烟衰草满天涯。

过柘皋

〔清〕吴兆棨

见说居巢北，年年恨未消。市场开大贾，战垒落前朝。
夜火将军剑，春尘陌路箫。高丘时一望，毅魄付谁招？

---

① 汤扩祖，汤懋纲之子。

楹联

李妥先联

〔清〕李妥先

语为吉祥滋厚福；心缘敬慎历亨衢。

巢湖书院楹联

〔清〕杨欲仁

凭山脊以为堂，士品宜从高处立；

藉湖光而作鉴，文风须向上游争。

为巢城皖中旅社作联

汤笠夫

皖江春暖鱼吹浪；

中国风和鸟作歌。

应报纸征下联而作

潘孝白

月照破篷，篷内尽是零碎月；

星映流水，水中全为动摇星。

文章 石碑

浮槎山水记

〔北宋〕欧阳修

浮槎山在慎县（今合肥市东北，宋置梁县）南三十五里，或曰浮阇山，或曰浮巢山，其事出于浮图、老子之徒荒怪诞幻之说。其上有泉，自前世论水者皆弗道。余尝读《茶经》，爱陆羽善言水。后得张又新《水记》，载刘伯刍、李季卿所列水次第，以为得之于羽，然以《茶经》考之，皆不合。又新，妄狂险谲之士，其言难信，颇疑非羽之说。及得浮槎山水，然后益以羽为知水者。浮槎山（今巢湖市与肥东县交界处）与龙池山皆在庐州界中，较其水味，不及浮槎远甚。而又新所记以龙池为第十，浮槎之水弃而不录，以此知其所失多矣。羽则不然。其论曰："山水上，江次之，井为下。山水：乳泉、石池漫流者上。"其言虽简，而于论水尽矣。

浮槎之水，发自李侯。嘉祐二年，李侯以镇东军留后出守庐州，因游金陵，登蒋山，饮其水。既又登浮槎，至其山，上有石池，涓涓可爱，盖羽所谓乳泉漫流者也。饮之而甘，乃考图记，问于故老，得其事迹，因以其水遗余于京师。予报之曰："李侯可谓贤矣。"

夫穷天下之物无不得其欲者，富贵者之乐也。至于荫长松，藉丰草，听山流之潺湲，饮石泉之滴沥，此山林者之乐也。而山林之士视天下之乐，不一动其心。或有欲于心，顾力不可得而止者，乃能退而获乐于斯。彼富贵者之能致物矣，而其不可兼者，惟山水之乐尔。惟富贵者而不得兼，然后贫贱之士有以自足而高世。其不能两得，亦其理与势之然欤。今李侯生长富贵，厌于耳目，又知山水之为乐，至于攀缘上下，幽隐穷绝，人所不及者皆能得之，其兼取于物者可谓多矣。

李侯折节好学，喜交贤士，敏于为政，所至有能名。

凡物不能自见而待人以彰者有矣，其物未必可贵而因人以重者亦有矣。故予为志其事，俾世知斯泉发自李侯始也。

三年二月二十有四日，庐陵欧阳修记。

（此文参考中华书局2001年3月出版的《中国古典文学基本丛书·欧阳修全集》）

与李端愿书[1]

〔北宋〕欧阳修

（一）

某启。承诲示，至于勤勤。所寄浮槎水，味尤佳，然岂减惠山之品。久居京师，绝难得佳山水，顿食此，如饮甘醴，所患远难多致，不得厌饫尔。此山前世粗有名，然皆因僧居以为胜，今所记者，特水尔，故不及其他也。张又新《水记》，与陆羽不同，考于二家之书，可见矣。今更录往时所作《大明井记》奉呈，庶可知其详也。因人入都，小瓶时为致一两器。千里致水，恐涉好奇之弊，然若不劳烦，则亦无害。更裁之。

（二）

某再拜。近因人还，尝得附状。兹者寄水人至，又辱书，审春寒体况清康。兼惠清泉，亟饮甚甘，实如不疑所品。物固有处于幽晦而发于贤哲者，兹鄙夫欣慕，乐于纪述也。适值馆伴契丹人使，旦夕到阙，颇区区，须事毕，当驰上也。人还，谨奉此。

［此二书写于北宋嘉祐三年（1058）］

石臞诗稿序[2]

〔清〕吴敬梓

纤河皎洁，应无不死之丹；缑岭迢遥，讵有返魂之草。由来慧业，定属生天，遂使斯人，永焉辞世。盖镂心呕血，既经抉择以无馀，而盱眼拗肠，自弃喧嚣而欲去，如草衣朱山人所传汤子石臞其人也。家本通华，才称绮丽。七龄揖客，辨座上之杨梅；五岁摊书，易赋中之《枯树》。兄为灵运，感新句于西堂；弟是少游，寄闲情于下泽。正好邺侯珊架，探来玳瑁千函；常使奉扎锦囊，贮就葡萄一簇。熏炉茗碗，微吟于花明日丽之时；棐几湘帘，晏坐于月白风清之候。赤文绿字，应虎气之难埋；玉轴牙签，有龙宾之常守。胡为邓禹封侯之岁，已弃人间，乃以祢衡被荐之年，遽归泉路。霓旌绛节，遨

① 此文参考中华书局2001年3月出版的《中国古典文学基本丛书·欧阳修全集》。

② 《石臞诗稿》作者汤懋绅系巢湖市柘皋人，此稿序现藏于首都图书馆。

游于十洲三岛之间；赤鲤青螭，出没于八石九丹之侧。正使修文座上，得遇颜回；亦令奎宿宫中，相逢苏轼金茎瑶草，共毛颖以敷荣；玉液琼浆，染渝麋而沾洒。应叹此间之乐，转嗟浩劫之劳。独有故人，难忘往事。倘叩鐶于华屋，定尔销魂；如听笛于邻家，居然流涕。理残编而太息，可泣鬼神；开散帙而校雠，长留天地。竟以寿之剞劂，直可被以管弦。绣列锦铺，护持应多神物；膏残馥剩，沾丐犹及后人。悬以国门，自合不胫而走；胠之箧衍，仍疑破壁以飞。

（雍正甲寅季秋重九前三日，全椒吴敬梓书于秦淮寓斋）

千年乳泉翰墨缘

壮泉

北宋文学家欧阳修写了一篇《醉翁亭记》，其亭遂天下闻名。而欧阳修当年每次撰文提到的安徽另一处胜迹，却一直鲜为人知。庆幸的是，这处文化古迹今仍保持着最初的风貌，它就是巢湖市肥东县交界处的浮槎山乳泉。

今年六十六岁的沪上书法家宋道文祖居肥东，抗日战争时期曾在浮槎山旁避难多年，对山上的仙人盆、巨足印等景致终身难忘。多年前，他偶然觅得欧阳修著的《六一题跋》，读到内中一篇《浮槎山水记》，不禁拍案称奇。这是一篇同《醉翁亭记》相似的散文“浮槎山……其上有泉，自前世论水者皆弗道”。然后作者比较了前人评价水质的不同观点，认为将各地不同性质的水源妄评第一、第二的做法不足取，赞成陆羽《茶经》的观点“江次之，井为下”，以及进一步将山顶石池中流出的所谓“乳泉”定为山水中的上品。

《浮槎山水记》介绍了欧阳修的朋友李端愿在庐州（今合肥）为官时，“……登浮槎……上有石池，涓涓可爱，盖羽所谓乳泉漫流者也。饮之而甘，乃考图记，问于故老，得其事迹，因以其水遗于京师”。

宋道文深为故乡曾有“千里致水”的逸事而兴奋。他四处查访关于此泉的资料，终于在欧阳修文集里又发掘一批珍贵史料。欧阳修在《浮槎寺八纪》“诗跋”中说：“余甚爱山泉，而浮槎水特佳，颇怪前世遗而不录。”从欧阳修的书信中得知，他在京城开封经常收到李端愿托人捎来的瓶装泉水。“久居京师，绝难得佳山水。顿食此，如饮甘醴。”欧阳修认为这口泉水质绝不亚于无锡惠山泉水。

浮槎山上自古有僧居。相传晚清时，合肥李鸿章家里常派人上山挑泉水回去饮用。李夫人无子，山僧为之祝寿，数年后果生一子。李府就出资在山上修新庙，起名为“甘露寺”，如今山上犹存李府将大片田地拨作寺产的碑记——这也是浮槎乳泉的掌故之一。

1986 年，宋道文重游浮槎山，见山顶乳泉迄今完好，泉眼为相连的两个约 1.5 米见方的石池，水深盈尺。泉水汲之不尽，遇大旱不竭。但也有令人担心的事，因为这个文化遗址连个“县级保护文物”也不是，长期处于无人管理状态。若干年后古泉在我们这一代枯竭，既愧对祖先，也耻见子孙。

从此，宋道文不断赋诗作画，还运用手中如椽之笔，抒发对浮槎乳泉的眷念之情。他最近选了四十余件书法作品在上海宋园茶艺馆展出，内中有一幅是自己的诗作：

松涛滚滚震寒林，山寺浮槎何处寻？《八纪》僧诗今杳矣，寄情惟读醉翁文。

（摘自1992年1月25日《上海科技报》）

魏典韦墓碑

原柘皋油厂东侧，柘皋河西，距“九步三眼井”东北约 10 余米处，有一岗地，上面树木葱茏。千古相传此乃魏大将典韦之墓。墓为长方体，长约 3 米，宽为 1 米多，高约 1 米多，南北向。岗上有一石碑，碑上有碑文：

夷考《陈志》，典韦，陈留已吾人，形貌魁梧，膂力过人，有志节任侠。建安二年春，太祖征荆州至宛。张绣反，韦死。太祖临哭，遣归葬襄邑。襄邑者《班志》陈留郡十七县之一邑。柘故隶庐州之襄安，不得相混而分之。人士则言之凿凿，其别有所依据欤？惟时方多故，惰窳恇怯之辈，不足以任干城；蒿目时艰，安得猛士如典韦其人者。既倾慕其气概，因砻石于其侧，用以质后精于考据君子，且鼓当时士气云尔。

大清宣统三年辛亥夏立

邑人汪振兴鼎吾氏撰文

墓于 1958 年被毁，墓碑犹存。

方集祠堂碑

字迹模糊，文意约是：

浮槎名胜境地，世居方氏一族，祖籍河南太原。明浙江宁海人方孝孺不肯为燕王成祖起草登极诏书被杀，凡灭十族（九族及方的学生），死者达 874 人。独若祖谦公，不计祸福，怀谱牒，越历江千舟次湖滨，至花塘河，背山面湖而楼，巢之始祖。后裔五公肇瑞迁浮槎九冲口，大家洼之一派，发东山之祥，传沙涧桥，安乐塘，迄今相传十有五世，历岁久远，三百余年。希一直同浮槎并存。

宗子正富族众 共立

大清康熙四十九年岁在庚寅中和月

金朝兴衣冠冢墓碑

柘皋镇桥西街五英坊东巷，有明将沂国公金朝兴衣冠冢，墓北立丈余高石碑，碑文：

维洪武十七年，岁在甲子四月戊辰朔十一日，戊寅奉天承运皇帝制曰：昔有圣君，定赏报功，惟贤受之。朕观古制，汉封最多。然侯之名，则同其食禄。世守者，各有等差焉。功有先后，业有巨微，所以食禄有等，以辨轻重也。咨尔开国辅运推诚宣力武臣、荣禄大夫柱国宣德侯食禄二千石金朝兴，前以平羌戎之功，特加侯爵，以贵尔身。今平定云南，功勋昭著，是用使尔子子世世、承袭食禄二千五百石。朕本疏愚，皆遵前代圣王之典礼。以券誓：若谋逆不宥，其若死子，免一死以报尔功。呜呼！安不忘危，慎修为始。思相知之惟旧，念成功之多艰。垂训后人，永延世禄，岂不伟欤。宜令金朝兴准此。开国辅运推诚守正文臣太师韩国公臣李善长奉诏。

高井驿巷“去思碑”

柘皋小学东有一块碑石，明万历四十一年（1613）勒石成文，已依稀不可辨认。据清康熙《巢县志》记载，高井驿馆建于何年不详，年久失修，馆舍倒塌。明万历年间（1573—1620），驿丞吴先芳未得到上级檄文，自行捐款修建驿馆，导致生活穷困，以致于在离任时没钱备办行装，是廉洁奉公的清官。后任高井驿丞张讱、贡生阎燧、举人汪士友等对吴先芳景仰追念，立碑勒石，曰“去思碑”。

城隍庙引神巷“按察使司孙示”碑

“按察使司孙示”碑位于柘皋老街引神巷内，是清同治十三年（1874）地方政府颁布的法令，石碑全文：

一、严办地保禀报命案拖累科派；二、严办丁书勾结讼师搭台唆事；三、严办丁书搁票案索规费；四、严办差捕挟仇委拿教供诬者；五、严办差捕纵凶匿盗拖延重案；六、严办丁役服用奢僭交结绅衿：七、严办差役私押私刑凌辱生监；八、严办册书粮差需索规费。以上八件如有犯者，先提该地保书差来相讯究。

一、严禁服毒轻生及借尸讹诈；二、严禁巡讯衙门擅受词状；三、严禁吃斋拜会开场聚赌；四、严禁解役囚犯沿途讹索；五、严禁讼师棍徒；六、严禁土匪游勇。以上六件，仰该印官随时查拿重办，实察参究。

同治十三年六月

柘皋乡贤赋

钱凤超

贤者，大仁、大智、大勇、大善、大有作为之人也。受民众之拥戴，得天下之钦仰。

浮槎山下，钟灵毓秀；石梁河畔，人杰地灵。古镇橐皋，上下三千年，方圆逾百里，民风淳朴，代有贤能。

夏禹司集涂山娶妻，疏黄柘之淤塞，劈石梁为通渠，导泛滥入江湖，弥滔天之水患，存远古先圣之传奇；仲尼板桥拜项橐为师，小儿雄辩，圣人折服，桥折车倾书溺，乃遗晒书之古墩。夫子感悟，“欲速则不达”之义理出焉；讲经听书港，留馨洗砚池，此春秋教化之胜迹也。

三国曹仁驻柘皋，遗迹九步三井；吴将朱桓智取之，传奇百代千秋。宋刘锜大破金兵拐子马，兀术兵败；姚兴一腔忠血为南朝，姚庙生辉。金朝兴聚青壮，助明创大业，功勋卓著；朱元璋念功德，赐封沂国公，金府由来。

浮槎乳泉甘醴，欧公作《浮槎山水记》，北宋传至今，山美文尤妍。清汤氏三兄弟，“家本通华，才称奇丽”；懋绅著三集，时人赞“三绝”，吴敬梓为其作序，赞“瑶草”“销魂”。太平坊杨欲仁，进士及第，“铁梅道人”，以指画梅，堪称绝品！为官清正，自书“克承清白之风”，悬于宗祠，昭示子孙。陆闸村陆龙腾，诗书画名扬大江南北，享誉“词坛领袖”，乃尽翰墨风雅，“江左由来推大陆，风流端不愧儒宗”。

帝制灭，军阀出，战争频仍，黎庶涂炭！仁人志士，拯民救国：浮槎李慰农，早期工运领袖；尖山杨士彬，留法求索真理；上万村万诚，民选为民县长；罗巷吴屏周，兵工亲试献身。柘皋英贤，忠于信仰，坚持逐梦，万死不辞，烈士精神，日月同辉。

抗日之际，岁在辛巳，冯文华、鲍春谷，振臂一呼，万众响应。国共同仇敌忾，奋力抗击日寇。浴血战斗，歼敌五百；功垂青史，柘皋大捷。

红梅含笑吟春归，柘皋解放；绿柳舒眉舞东风，万象更新。春潮滚滚，贤能效命：

浴血将军周衣冰、韩琦，赤胆忠心、保境安民；文坛巨擘高植、鲁彦周，译创名著，环球共赏。画苑巨匠罗序伦、程华炎，山灵水活，鸟语花香；诗坛大家杨亮功、阚家蓂，炎黄赤子，宇内名扬；导弹专家孙海泉、陆家源，科技尖端，强大国防；祖传中医杨新吾、赵连城，自配秘方，妙手回春。园丁辛勤，育桃李满天下；巢湖好人，扬大爱于无疆。媳贤子孝，传统之美德；民风淳朴，温暖之阳光。遍地新村花千树，绿色环保五谷香。惠民兴大业，利国高新创，群贤引领开拓路；复兴宏大业，壮愿起辉煌，众志成城勇担当。

余意难尽，乃发诗思：

古镇悠悠史话长，群贤辈出创辉煌；爱民爱国人才众，捧出丹心献故乡。

柘皋赋

朱鹤年

柘皋，古镇也。坐皖中，镇江淮；据吴楚，卫京杭。南向巢湖，烟波浩渺，水天一碧；北靠群山，连绵起伏，叠嶂层峦。丘陵地貌，山明水秀，处处风光呈锦绣；温带气候，四季如春，时时花卉竞芬芳。一条石梁河，弯弯曲曲，南北穿街而过；五座老石桥，高高低低，东西两片相连。

柘皋史话，千秋光照。始建于商周，历时三千多载。初名弥台、扶台，继名秦皋、橐姑。史前皋陶部族宗国之都，春秋鲁哀公会吴王之城。有中华历史之完整印记，存炎黄文明之不朽珍藏。老古墩，乃石器时代村落遗址；老坝钱，有商周晚期鬲鼎残存。鲁王庄，发掘东周铁釜锈片；东岳墓，出土西汉“橐皋”古印。断石残碑，标识典韦陵寝；九步三井，记取曹仁驻军。拐子马，笑金兀术锦囊自毙；遇难桥，赞朱洪武劫后知恩。风雨无边，北闸当铺，巍峨傲立；烽烟无数，西街瓦松，葳蕤含馨。

柘皋人文，千古风流。晒书墩，留“欲速则不达”之成语；师项橐，问天下何方有我神童？《浮槎山水记》，系乳泉之甘美触动了欧阳修之灵感；《石臞诗稿序》，是柘人之高才激发起吴敬梓之文思。末代进士杨欲仁，巢湖书院题联：“凭山脊以为堂，士品宜从高处立；藉湖光而作鉴，文风须向上游争”，育人坐标何其高也；杨亮功台湾羁旅吟诗：“几家灯火林中见，一夜征车逐月行；风景不殊乡土异，依窗不睡到天明！”怀乡之情何其苦哉。高植翻译《战争与和平》，启苏俄文学在华之普及；鲁彦周写《天云山传奇》，开伤痕文学创作之先河。巾帼诗人阚家蓂，词坛领袖，名扬海外；慈善画家罗序伦，德艺双馨，誉满中华。鸿儒巨匠，峥嵘世代；英才俊彦，璀璨古今！

柘皋风物，天下闻名。物资流通之要埠，交通运输之枢纽，军事战略之重地，文化交汇之中心。八公山，古贤八公故里；汪桥集，豆腐原产之乡。山多优石，华东建材要地；土壤肥沃，江淮一号粮仓。高速公路，车水马龙，联通四海；高速铁道，横空溢彩，飞达九州。现代化农业，全面普及；太阳能发电，遍地开花。大曲香飘，墨客骚人趋之若鹜，泼墨挥毫，诗酒同醉；小吃有名，佳朋雅友接踵而来，交杯换盏，共享亲情。民风淳朴，传统之美德；重视读书，时尚之潮流。

柘皋，中国之古战场，每一寸土地，都浸透着炎黄的血泪；柘皋，中华之大事记，每一块石头，都蕴含着历史的风云！

盛世如花，物华天宝，今日柘皋焕然新貌，仍展一帧千年古画；岁月风流，地灵人杰，明天古镇更展雄姿，必绽万朵旷世奇葩！

诗曰：柘皋历史数千年，灿烂人文照大寰；喜见舜尧圆国梦，沧桑古镇换新颜！

民间故事

孔子橐皋师项橐 春秋时期，孔子为宣传他的政治主张和儒学思想，带着他的弟子周游列国。一次，孔子南下进入江淮地区，去巢国讲学，途经橐皋，即今柘皋。那时，橐皋属巢伯国，系巢国地界。

一日中午，子路扬鞭，马车辚辚，进入橐皋境内，行驶在通向巢国的路上。孔子正在闭目养神，忽闻前方传来阵阵喊杀声，便命将车放慢速度，缓缓而行，至近一看，大路上聚集着许多小孩。原来这些孩子在路上用泥土堆筑城墙，列队布阵，正在上演着攻守之战。泥堆之城仅及孩童之膝，横于路中。车到“城”前，只得勒马停下。只见一个名叫项橐的小孩，大约七八岁，穿着红短裤，围着红肚兜，拦在路中间不让车辆过去。此时太阳已经偏西，赶路正急，子路上前要这个小孩让路，但这个孩子理都不理。子路无奈，只得回报孔子。孔子听罢便十分谦恭地对项橐说：“请你们暂停玩耍，让我的车过去，行吗？”话音刚落，项橐就对孔子说：“我知道你是大圣人，大圣人一定知书达理。请问车遇城时，是车让城呢，还是城让车？”接着大声说道：“普天之下岂有拆城让车之理？”孔子听罢，无言以对，便叫子路回车绕道而行。

天色渐晚，橐皋到巢国城还有多远，孔子心里没底。这时项橐正一蹦一跳地过来，孔子便又上前打听：“请问天黑之前，我们还能赶到巢国吗？”项橐顺口答道：“慢则行，快则不达。”子路喊道：“岂有快不到，慢还能到之理？”遂扬鞭催马，加速前行。走了不远，前面有条小河，小河上架着一座小桥。子路赶路心切，催马过桥。由于车行过猛，卡进桥缝，导致车倾书倒，书简全部落入水中。大家赶紧把落水书简捞上来，送到附近的土堆上晾晒。孔子仰天长叹曰：“橐言甚是，欲速则不达焉！”“欲速则不达”之说，由此而来。以后小桥改名为“孔难桥”，晒书的土墩叫“晒书墩”。

孔子对弟子说：“我们遇到 7 岁孩童，深受教育。‘三人行，必有吾师焉’，今项橐乃是吾师也。”于是，他整衣行礼，拜项橐为师。“北有孔丘，南有项橐”之说，也就流传了下来。

浮槎山传奇 浮槎山，位于巢湖市和肥东县交界处，为大别山余脉，逶迤相连约 10 千米，主峰海拔 418.1 米。相传，浮槎山原是天上的仙筏。

那一年，八仙游览普陀胜境，乘浮槎过海。过海之后，便把浮槎丢弃。

丢弃的浮槎来到人间，漂到巢湖岸边。久而久之，巢湖北岸，便出现了一字摆开的一群山峦。

不料，浮槎虽成世间山峦，但流浪的本性难改，一直飘忽不定，晃荡不息，严重影响山里人的正常生活，使人不安。这时候，浮槎山东的瓦屋庄，有一位爱动脑筋的年轻人，叫先子，独身到山洼，栽下两株皂角树。随着皂角树一天天地长大，浮槎的心便一天天稳定。皂角树长到三七二十一丈高时，浮槎就不再漂动了。为了护理皂角树，先子在山洼里成家立业。现在的山洼，人称“先子洼”。

浮槎山虽不大，无法与黄山、泰山、华山等名山相比，但却以乳泉、巧石、大庙闻名古今。

浮槎山又名北九华，佛教鼎盛时期有寺庙十余座，甘露寺、浮槎寺最为有名。民间有“三百尼姑八百僧，骑马关山门”之说，此处是旅游览胜的最佳处。

炒面皮的故事 相传，曹操驻军柘皋，准备攻打合肥城。在麦收时节，由于天降暴雨连阴数日，当地百姓眼看着快收到手的麦子即将发芽霉变，叫苦不迭。曹操驻军将领曹仁见状既痛心也着急，于是在给曹操上报军情时也重点说了当地麦收情况。曹操也很着急，怕收不到军粮，影响他的大事。

正在曹操一筹莫展之际，从老家亳州带来的老家丁曹嵇对他说："主公无须担心，我有办法。"

曹嵇说："首先派大军帮百姓尽快抢收地里的麦子，并花钱悉数买下，如此为百姓挽回了损失，百姓更加感谢和支持主公；主公只要将潮湿的麦子磨成面粑粑，再将面粑粑擀成面皮，然后烘干备作干粮，用时只需用水泡一下，煮炒皆可，如此军粮无忧，一举两得。"

曹操立即下令按曹嵇说的办，他们和老百姓共渡了难关。

到了明洪武二年（1369），明太祖朱元璋登基后，为报当年搭救之恩，下令在其遇难的柘皋河上建造一座桥。领命负责建桥的大臣姓郭，官居工部郎中。他到柘皋后立即组织勘察、选址、设计等工作，并广泛征求当地百姓的意见和建议，建桥的整体方案和预算完成后，郭郎中回京城汇报，朱元璋大加赞赏，批准了他的方案和预算。朱元璋把郭郎中到柘皋修桥之事告诉了马皇后，马皇后得知郭郎中告别家人只身一人到柘皋领命建桥，对朱元璋："人家受命于你，别妻离子，只身在外，好不可怜。"于是，朱元璋派人将郭郎中的夫人袁氏护送到柘皋。

袁氏是陕西西安人，到柘皋后因怀孕"害喜"，想吃家乡的炒面皮。郭郎中找来柘皋当地的早点师傅做了一碗炒面皮，袁氏一见，摇头不吃。袁氏把家乡制作炒面皮的方法告诉了这位早点师傅。这位早点师傅回家后寻思着，心想："西安炒面皮或许是一道菜。"于是，他找来当地的早点师傅集思广益，用浮槎山龙泉的泉水加鸡蛋和熟香油和面，经三揉三醒后，将面反反复复地擀上数十遍，最后擀成很薄的面皮，改刀切成菱形。他们又精心加工，先用老母鸡汤煨熟面皮后捞起，再下锅爆炒快速起锅，将炒面皮送到郭郎中家。袁氏品尝后，顿时眉开眼笑，赞不绝口，说虽不是家乡的味道，但非常可口。柘皋玉栏桥建成后，郭郎中回京向朱元璋复命时，还特意为他带去了柘皋的炒面皮，朱元璋、马皇后品尝后，也大加赞赏。

相传，清乾隆三十年（1765），乾隆皇帝第四次下江南到庐州，庐州府巢县籍官员戴本孝随驾，他令巢县县令送来了野猪肉炒制的柘皋炒面皮，乾隆皇帝吃后，赞不绝口，写下"面薄筋光，鲜酸辣香"八个大字。从此，柘皋炒面皮由此风靡江淮大地。

夏至的由来　柘皋农村，只过夏至而不过端午节，当地镇上的居民只过端午节而不过夏至。如此奇特的民俗，传说与明太祖朱元璋有关。

朱元璋从小就是个孤儿，四处流浪，要饭。10岁时，从凤阳流落到柘皋乡下。一个地主见他是孤儿，便留下他放牛，给口饭吃，不付工钱。朱元璋虽然身材矮小、貌不惊人，可是脑瓜子特灵，心气特高。他在放牛时，结交了周边数村的放牛娃，为取得他们的信任和拥戴，他想了一出“打江山”的主意，即垒起一个土堆，谁上得去、稳得住，谁就是“大王”，放牛娃们个个鼓掌赞成。谁知待土堆垒成，他用“计谋”了：夜里偷偷将土堆糊上烂泥，泥上覆盖草皮和干土，另留一条不糊烂泥的干道，做上记号。待第二天“打江山”一声号令，放牛娃们个个争先恐后，向土堆上奔跑，谁知草皮下泥滑，一个个人仰马翻。独有朱元璋不慌不忙健步登顶。众牧童只得齐齐整整跪在土堆下，高呼“大王”。从此，前后村庄的放牛娃无不以他为王。

夏至到了，朱元璋为地主放牛就是糊一口饭吃，甚至还吃不饱，他觉得这太不公平了。他想好了，就在夏至跟地主说事：一要做一身新夏衣；二要给好吃的；三要给放牛娃和牛放一天假。他把想法告诉了其他放牛娃，得到放牛娃们的一致支持。夏至那天，朱元璋率领大家向东家摊牌，这三条不答应，便不干了，并得到人们的声援。地主怕事闹大，没有办法，只得做一身夏衣、给一顿好吃的、放一天假，这才平息了风波。

自此之后，每逢夏至这天，放牛娃们都会倍受优待，除休假一天外，东家还好饭好菜招待他们，并发给草帽、毛巾、短衣、短裤和绿豆糕、水果等。饭后，放牛娃们一起到山岗上“打球”，放炮仗，尽情地玩耍嬉闹，享受自己争取来的快乐。“夏至”也就成了放牛娃的节日。

后来，朱元璋当了大明开国皇帝，柘皋一带农村为了庆祝和纪念，便将放牛娃过的夏至当成一个真正的节日，全民过节。不仅人们吃好的，耕牛在这一天也加喂精料——黄豆、菜籽饼、米饭等，牛角还系红巾。

夏至在柘皋被称为“放牛节”。至今，柘皋农村还有大小不一长满青草的土堆，相传，那是当年的“江山”。

玉栏桥的传说　相传元朝末年，有一年秋天，阴雨连绵，朱元璋奉郭子兴之命，带领一支队伍到合肥地区扩充势力，被元兵发现，跟踪追击，朱元璋不得不匆匆逃命。当他到柘皋时，只剩一人一骑。由于历次战火洗劫，那时的柘皋镇已是残垣断壁，荒无人烟，河对岸一座破烂不堪的更楼，已在风雨中摇摇欲坠。此时，朱元璋前面是河水茫茫，后面是追兵越来越近。

朱元璋面对河水，不禁仰天长叹：“此天灭我也！”准备回头厮杀。

这时一位衣着褴褛、年逾花甲的更夫在对岸更楼上探望，他看到被阻对岸的是农民起义军朱元璋，便迅速下楼从草丛中推出一只小船，竹竿轻点，急驶对岸，朱元璋牵马上船，过河得救。临别时，朱元璋问老更夫有什么要求，老更夫说：“此处原有一座桥，南宋时被金兵拆除，一直未能修复，能修一座桥就好了。”朱元璋说：“老丈放心，元璋他年得势，定要修桥报恩。”

几年后，朱元璋起义军推翻了元朝的统治，他当上了大明朝开国皇帝。有一天朱元璋正和马皇后在后宫闲谈，为他们的后代不肖、恐难继位而伤脑筋时，马皇后说了一句：“子孙们哪知道打江山九死一生的难处！”这句话勾起了朱元璋对往事的回忆，想起了柘皋的老更夫。于是，传旨去寻找这位善良的老更夫。但是，老更夫听说皇帝派人找他，吓得立即逃之夭夭。老更夫终未找到，朱元璋为了实现老更夫的愿望，就立即诏令修桥。一年后，一座宽阔平坦而又结实的石板桥建好了。朱元璋终于完成了他报恩的心愿。

大桥建成后，取名“遇难桥”。后来人们总感到“遇难”二字不好，就改了个美名“玉栏桥”。清光绪元年（1875）改建为三孔石拱桥。桥基用百十根杉木打桩，桥孔用大青石圈成圆孔，桥墩上游是三角形分洪石，用以减轻洪水的冲力。桥面铺上大青石条，中间微微隆起，两边的桥栏杆用几十根白石柱和铁链连接成整体，既美观，又坚固。

李鸿章为“岬山杨”中医题词

杨柳溪给李鸿章夫人看病 清光绪年间（1875—1908），李鸿章任江苏巡抚，其夫人患产后病，出汗不止，征医遍及江苏，均不见效。李鸿章听说巢县岬山杨妇科有名，遂派人到巢县请杨柳溪应诊。杨柳溪迅速赶到南京，诊得李夫人病因，开出一方为李夫人治病。

南京是南方的大城市，很多医生听说从乡下请村医为李夫人治病，认为丢了他们的脸，就想找岔子，挑剔杨柳溪的处方，狂言说："根据本草经，麻黄微苦、功效为发汗。夫人病已发汗不止，哪能再用麻黄发汗呢？这不是火上浇油吗？"杨柳溪不慌不忙地说出用药的医学根据："麻黄茎是发汗的，但根节是止汗的。我用的是麻黄根，不是麻黄茎，这味药的效用在《本草纲目》第十五卷·草之四·陉草类上，五十三种中麻黄类载曰：麻黄茎发汗，而根节则止汗，其效如神。此为事实，请李大人查证。"李鸿章令夫人连服两剂后，病症痊愈。

此时，事又巧合，李夫人病愈不久，生下来的婴儿忽然腹泻不止，因婴儿过小，不好服药。李鸿章问杨柳溪，杨说："容易，有方可治，用煨肉果一枚，研细末，每次取少许，取乳汁调和，涂在儿母乳头上，由婴儿吃乳时吮吸下去，一日三次。"采用此法，两天后婴儿腹泻果然中止。李鸿章对杨柳溪这种高超的医术非常敬佩，于是想将杨柳溪留在身边做医官，可是杨柳溪婉言谢绝了。李鸿章不再勉强，为表达感谢，除了赠送金银外，给杨柳溪写了副对联：

圣言辄与世情合

天事亦须人力为

从此，杨三先生和岷山杨妇科声誉大振。

杂记

会吴城考 《汤氏宗谱》杨瑞筠曰：余尝数至公（汤培初）家就考邑中名迹之真伪，因得亲謦欬，陪杖履，周览其村居形势。所谓坛子山，在公村前临大道，土人曰：塔子山，方形如坛，高二丈许，顶圆平，近十亩，四周皆平地，丘阜耸峙，故此山名之似为古人坛坫旧址。坛塔音近，后人讹读耳。春秋哀公十二年，公会吴侯于槖皋，史传既未指其处。《读史方舆纪要》及《巢县志》仅载会吴台在槖皋东十五里，亦未云今在何所。槖皋之名甚古，皋应读姑，后人省槖为拓，由拓而误为柘，即今柘皋镇。宋刘锜大破金人于槖皋，是宋元以前字犹未误，今土人指柘东王岗南张两冲之间荒滩亩许谓系会吴台旧址，并指碎瓦断石为证，余曾至此地察看瓦甓既非古，而地复卑僻，无坛坫迹，恐系前代寺观遗址。公村山临通衢，为巢含古驿道，在明代万家山石路未开前，东达江浙必经此，吾邑居吴楚之冲，当日吴王北入淮，鲁侯应招南下，会吴于槖东筑坛缔盟，或即此地，今遗址既宛在，旧名犹流传，西去槖皋约十二里，古尺度逊于今计里复相会意者，坛子山即会吴台之故址欤。余持此说，公欣然以为能得。间于是推论，姚兴尉子桥之战及刘武穆破拐子马于石梁河事，浮白纵谈，老怀欣悦，及今回思已近卅年，而公回道山又将廿载，余亦鬓丝鬑鬑，年迫耳顺，欲复质疑问难，以就正于耆宿，何可得哉，何可得哉。(摘自《培初公家传》)

八公林壑　清康熙《巢县志》载："八公山，在柘皋乡。"《中国地名大辞典》载："八公山在安徽省巢县西北七十里地，亦名紫金山，宋刘锜败金人于东山。敌走，保紫金山，即此。"该山曾建有淮南王庙。庙虽不存，然景点八公林壑犹在。据此可考，"八公林壑"在今之浮槎山东麓，凤池龙潭之上，壑深林茂，景色秀美。明代即列为居巢八景。清康熙《巢县志》载："八公林壑，本明隆庆邑侯柳公志所订。及万历，邑侯马公修志，去洗耳方池，亚父遗井、南津官渡等，易以金庭曲水、七宝烟霞、八公林壑、浮丘钓台。"

《中国地名大辞典》"八公山"词条：八公，即左吴、李尚、田由、苏非、晋昌、毛被、伍被、雷被等人，皆修道炼丹之士。据传八公个个精通诗文，人人才高八斗，会将豆汁点浆成豆腐。淮南王刘安，仰慕名士，随召八公至其府上，学习点制豆腐。与李尚、苏非、伍被等诸公编著《淮南子》，亦称《淮南鸿烈》。《淮南子》一书，搜集了不少自然科学史材料，其中《原道》所提出宇宙生成论，对古代唯物主义和自然科学有重要影响。

传说，汉武帝元狩元年（前 122），57 岁的淮南王刘安卷入了一场政治大案，走投无路之际，选择在八公山上自杀，八公除检举刘安的雷被外，均与刘安一同赴死。另有传说：笃信修道炼丹的刘安得知汉武帝派人抓他时，他和亲友急忙喝下丹药，竟成仙升天；连他家的鸡、狗吃了散落的丹药，也升天而去。"一人得道，鸡犬升天"的成语便由此而来。

巢湖柘皋八公山，有大八公山和小八公山两处。柘皋八公林壑为八公先前隐居之地。淮南八公山是八公升仙前的栖息地，苻坚的“淝水之战”里“八公山下，草木皆兵”，说的就是此地。

老街印象（2021年）

大事纪略

古镇柘皋，历时久远，又是古战场，大事不胜枚举。仅从众多的历史事件中，择选最重要的十几条予以记载，其余皆从略。

西周初年群舒在橐皋建宗国

西周初年群舒屡遭西周征伐，被迫从山东南迁，在淮南一带建立舒、舒庸、宗、巢等国。橐皋为宗国，居巢为巢国。群舒乃皋陶后裔，居此而名橐皋，表示怀念祖先之意。

春秋时期群舒争巢

春秋时期，古巢国疆域辽阔，由于只注重经济建设，而周边诸国加强军事建设，国力逐渐强盛，古巢国先后遭遇“群舒”诸国（舒、舒庸、舒蓼、舒鸠、舒龙，在今舒城、庐江一带）、橐皋国（今巢湖市柘皋镇及肥东县东部一带）的侵略和蚕食。在强国横行、列雄称霸的恶劣环境中，巢国逐渐衰弱，最后在周敬王二年（前518）被吴国吞并。数百年间，巢国疆域之内的战事延绵不断。

春秋时吴王夫差重建橐皋城

周敬王二年（前518），吴王使公子光奉命伐楚，楚王率王师在巢湖东南岸决战，吴军胜，楚平王败退至圉阳（巢湖南），吴国一举攻占巢国，巢国灭亡。橐皋作为故都城邑，附庸于吴国。后来，吴王夫差重建橐皋，以此作为北伐的前沿。

周敬王三十七年（前483）吴王夫差在橐皋大会诸侯

吴王夫差在灭越国后，亟于北上争霸中原。周敬王三十七年（前483）五月，吴王夫差召集鲁哀公、卫出公等在橐皋会盟，欲与楚国争夺江淮地区，史称“会吴城”。

秦设橐皋县

秦始皇二十六年（前 221），秦统一中国，罢诸侯，置守尉，实行郡县制，遂分天下为 36 郡，后又置 4 郡，凡 40 郡。设居巢县、橐皋县，属九江郡。

三国吴五凤二年（255）孙峻进兵橐皋

三国吴五凤二年（255）正月，魏国将军毌丘俭、文钦率众叛魏，与魏军战于乐嘉。二月，吴大将孙峻率骠骑将军吕据、左将军留赞，袭取寿春，军至东兴堤，得到文钦等战败消息，遂率军进入橐皋。文钦见孙峻大军已到，他们无力抵抗，就率众出迎，归降孙吴。淮南余部数万人，亦同时归吴。

明崇祯八年（1635）、崇祯十年（1637）张献忠两进柘皋

明崇祯八年（1635）正月，张献忠起义军从河南省光城、固始等地进入安徽境内，其中一路从六安向庐州进攻。二十一日，张献忠起义军突然到柘皋，率军进攻巢县城。崇祯十年（1637）正月，张献忠率起义军从凤阳县进入全椒五尖山、神山（全椒草庵乡）等地，第二次转攻柘皋。

清光绪三十二年（1906）柘皋镇创办小学

清光绪三十二年（1906），柘皋镇境内设公立小学两所：一所在金府大村，一所在柘皋镇升福坊。另有私立小学两所：一所在柘皋镇三圣坊，一所在太平坊。

1927年北伐军收复柘皋

1927 年 5 月 11 日，北伐军三路军所属之三纵队第七军、第十五军先头部队击溃盘踞巢城的直鲁军孙百万旅。程国瑞集结1万余人，布置于沙石岗、大庙桥、岻山杨一线，意图凭借山区丘陵地带固守。第七军、第十五军乘胜追击孙部残余，在陈家巷附近小有接触。13 日晨尾追残敌，激战于沙石岗至岻山杨一线，至 11 时，突破阵地，程部向东山口退却。14 日收复柘皋。

1933年柘皋武装铲烟

1933 年，国民政府厉行禁烟，发布禁种罂粟命令。此时，洪子远（张治中岳父）任巢县县长，未能积极贯彻，巢北地区农村普遍种植罂粟。次年农历三月间，罂粟花盛开被南京中央禁烟机构获悉，派遣专员坐镇县城，限期铲除罂粟。3 月 16 日，洪子远到柘皋督令种烟农民铲尽烟苗，受到当地群众自发组织起来的红枪会的阻挠。洪子远回城后，向省政府告急，省政府指派芜湖专区保安副司令胡佩庚调集无为、当涂、含山三县保安队集中于巢县，配合巢县保安队共约 600 人，以当涂县保安大队长任森为指挥官，到柘皋进行武装铲烟。

3 月 24 日，任森率领保安队在柘皋宿营。次日上午，保安队向罂粟种植区出发，行至距柘皋2500米的周家岗村，与红枪会布置的前哨发生战斗，7名保安队员被刺死，保安队部队立即散开，占领高地，待红枪会会众迫近，命令保安队士兵以排枪密集射击，击毙18人，红枪会四散溃逃，保安队紧追至包家坊。26日晨，继续向黄山地区推进，此时各村红枪会集结数千人于山边，准备与保安队决一死战。突然，空中出现一架飞机在其周围盘旋，红枪会会众惧怕投弹轰炸和机枪扫射，惊惧奔散。胡佩庚完成铲烟任务。

1937年柘皋人救护苏联飞行员

1937年冬，苏联援华抗日战斗机（机翼有国民政府徽章）在南京与日机空战，一架飞机中弹受损，迫降于赵集附近，群众围观，机上一名苏联飞行员下机后，敞开外衣，露出“来华助战”四个字。当地联保主任获悉此事，立即派人护送至柘皋。当地政府电话上报，上级派汽车接至合肥。

1949年柘皋解放

1949年1月12日，国民党三八四三团（陆军第二纵队，由壮丁、旧军人和地方武装组建）、四八二八团（淮海战役开始后，国民党刘汝明部一支驻扎在柘皋镇的部队），继续向江南溃逃。1月22日，巢含支队李刚部开进柘皋，国民党军队见大势已去，仓皇逃走，柘皋全境解放。2月，中共巢县委员会、巢县人民政府、巢县柘黄区人民政府及县属各机关团体相继在柘皋成立。

1996 年、2017 年建设合芜高速公路

1996 年 9 月 15 日，合芜高速公路建成正式通车，在柘皋镇建和村设立柘皋高速出口。2017 年 6 月，合芜高速改扩建工程全面开工。工程扩建为双向八车道，设计速度为 120 千米 / 小时，新增柘皋服务区，柘皋高速出口移至锦旗村施旺自然村。

2015—2020 年建设商合杭高铁柘皋站

商合杭高铁是连接河南省商丘市、安徽省合肥市与浙江省杭州市的高速铁路，有华东第二通道之称。2015年11月30日，商合杭高速铁路全面开工建设，2020年6月28日，商合杭高铁全线通车，2020年7月1日，柘皋站正式运营，巢北地区正式迈入高铁时代。

商合杭高铁柘皋站位于巢湖市柘皋镇钱墩村北，距离柘皋集镇 4.6 千米，站房建筑面积 4999 平方米。车站性质为中间站，有两座站台四条铁路线，为线侧平式车站。柘皋站设计方案以“湖水”“白鹭”为切入点，力图打造一座富于地方特色的现代铁路站房建筑。建筑轮廓取水的灵动性，以现代手法诠释巢湖的生机与活力。起伏的建筑曲线以水波的形态在立面上展开，舒展而流畅，是巢湖水景的象征。徽派建筑的意蕴，是城市地域文化的又一体现。

2015年地面光伏电站建成

为了契合合肥市打造国际有影响力的光伏产业基地和“中国光伏应用第一城”的发展目标，近年来，巢湖市加快光伏产业及光伏电站项目建设。2015年12月29日，巢湖市在苏湾镇、柘皋镇建成50兆瓦分布式光伏电站。该项目由合肥阳光电源股份有限公司下属巢湖骄阳新能源有限公司投资新建，项目总投资5亿元，覆盖约3000亩荒山，是巢湖市第一个实现并网发电的地面光伏电站。自并入国家电网以来，年均提供绿色电力约5000万千瓦时，与同等发电量火电厂相比，每年可节约标准煤约1.5万吨，减排二氧化碳4.6万吨，经济效益、社会效益及环境效益显著。

2018年启动合巢产业新城建设

2018年8月合巢产业新城启动建设，规划面积128平方千米。合巢产业新城位于柘皋镇、庙岗乡，是安徽巢湖经济开发区和巢湖市人民政府共同打造的产业新区。产业新城集聚安徽巢湖经济开发区、巢湖市两地发展合力，积极融入合肥市发展，承接长三角产业转移，聚力建设创新制造高地。

附录

我的故乡——柘皋

我见过许多小镇，南方的、北方的、西方的，各有风采，也给了我很多历史的美学与风俗的启示。我也到过不少外国的小镇，东欧、中欧、北非、前苏联以及日本等国的小镇。我也曾为这些各具特色的小镇倾倒并写过文章介绍。但无论这些小镇多美，多么典雅，多么富有名声，也无论我对它多么赞美，但对我最亲切的小镇只有一个！

这一个便是巢湖市的柘皋镇。

我的老家离烔炀也就是巢湖市大镇烔炀河只有十五里，尽管它近五里，但我的家人、村人仍旧只上柘皋，把柘皋镇作为自己的首镇。我自幼也受到影响，也一直把柘皋作为心目中的首镇。直到现在，我对外仍称我是安徽巢湖市柘皋人。

从童年到少年到青年，柘皋镇便是我心目中的大世界。那时跟随家人上柘皋是辉煌的节日。每去一次，回家总要津津乐道好几天，并且成为同伴们羡慕的对象。柘皋的玉栏桥、河东大街、河西大街、商店、茶馆、酒肆、澡堂和喧闹的市面，都令我眼花缭乱。柘皋河里的木船，穿梭来往，令我神往。城隍庙的庄严和种种灵异传说，令我惊疑。镇郊、河下的木材、大米市场和多彩的田野，令我感叹。玉栏桥上夜点摊上的灯火和清脆的叫卖声，又令我垂涎。当然，那时骄横的士兵，妖艳可疑的女人和长袍马褂的士绅又令我侧目。总之，柘皋令我这个生长在偏僻乡村的少年眼花缭乱，惊羡不已。那时的我去过最远的地方、最大的城市便只有柘皋了。直到十七八岁才去过巢城，芜湖更是以后的事了。所以柘皋镇对于我，实有城市启蒙教育的作用。

然而，我对于故乡柘皋却不甚了了。我知道柘皋是个古镇，但是它究竟从何时形成？又为何起名“柘皋”？它的历史沿革、发展、人物、物产、古今变迁等，我是很模糊的。有时起了念头想了解了解柘皋的今昔，但始终无径可寻，连《巢县志》对柘皋的记载与叙述也极为简略。因此，很长一段时间内我所了解的柘皋仍然是记忆中的，是一个模糊不清的概念，我当然很遗憾。

去年，即一九九一年，我偶然回到柘皋，碰到我昔日的老同学昌修云，他告诉我，他和一班有志之士正在编写《柘皋志》，并且得到了当地领导的支持。我听到这个消息很是兴奋。今年秋天，昌修云同志和他的编志办公室部分同志到合肥来了，居然把定稿本带来了。我又惊又喜，我没有想到他们工作速度这么快。他给了我一份打印稿，上下两巨册。并且告诉我，此书即将由安徽人民出版社出版——《柘皋志》终于诞生了，问世了。这实在是一件可喜可贺的事。

我仔细翻阅这本长达70余万字的志稿，我对这本志书的编写者，不由产生了一种敬佩之情。

为区、镇写志书，可参照的成功经验很少，我见过的也寥寥可数。但《柘皋志》的编写者没有胆怯，也没有鲁莽从事。他们根据柘皋的特点，慎重认真地制定了自己的体例，并广征博引，选辑了从历史到现实的各种史实。从成书看，他们在选材上是严肃的，是经过精心考证的。它既有综合性的概述，又有详细的分目。全志有七篇，内容上从建置沿革到人物传略、历史、自然、风俗、古迹、工商农贸、文教卫生，以至乡镇企业、土特名产，应有尽有。虽然记叙的只是一个柘皋，但内涵极丰，细心的读者，一定可以从这里举一反三，从一个柘皋镇，可以窥见江淮大地的历史与现实。因此，我认为它的意义，已远远超出了柘皋！即使不是柘皋人，读一读这本志书，也是大有裨益的。

现在通过这部《柘皋志》，我总算对我的故乡首镇柘皋有了较为具体的了解了。我了解到公元前就有叫橐皋的地方了，也知道橐皋如何演变为今天的柘皋的。我还了解到柘皋的许多我过去只是模糊感觉到或知之不详的方方面面。总之，通过这本志书，柘皋在我心里更为鲜明了，许多童年时的回忆又被勾记起来了，它给了一把我了解故乡的钥匙。我相信，假使有一天我要描写我的故乡的时候，这本书将是大有用场的。因此我感谢这本志书的编写者，并愿意向广大读者推荐！

鲁彦周
1992年

古韵柘皋之歌

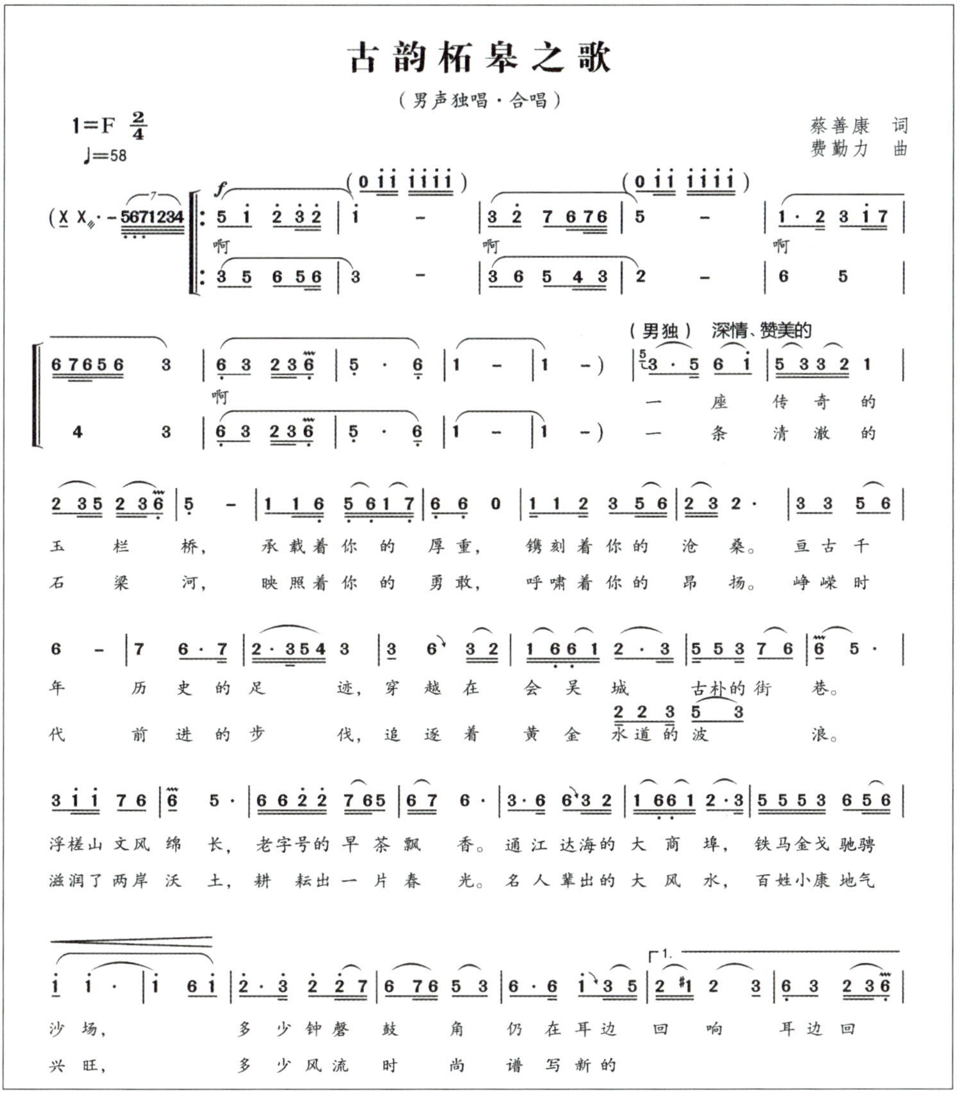
古韵柘皋之歌
（男声独唱·合唱）
1=F 2/4
♩=58
蔡善康 词
费勤力 曲
啊 啊 啊
啊
（男独） 深情、赞美的
一 座 传 奇 的
一 条 清 澈 的
玉 栏 桥， 承 载 着 你 的 厚 重， 镌 刻 着 你 的 沧 桑。 亘 古 千
石 梁 河， 映 照 着 你 的 勇 敢， 呼 啸 着 你 的 昂 扬。 峥 嵘 时
年 历 史 的 足 迹， 穿 越 在 会 吴 城 古 朴 的 街 巷。
代 前 进 的 步 伐， 追 逐 着 黄 金 水 道 的 波 浪。
浮槎山 文风 绵 长， 老字号的 早 茶 飘 香。 通 江 达海的 大 商 埠， 铁马金戈 驰骋
滋润了 两岸 沃 土， 耕 耘出 一 片 春 光。 名 人 辈出的 大 风 水， 百姓小康 地气
沙 场， 多 少 钟 磬 鼓 角 仍 在 耳 边 回 响 耳 边 回
兴 旺， 多 少 风 流 时 尚 谱 写 新 的

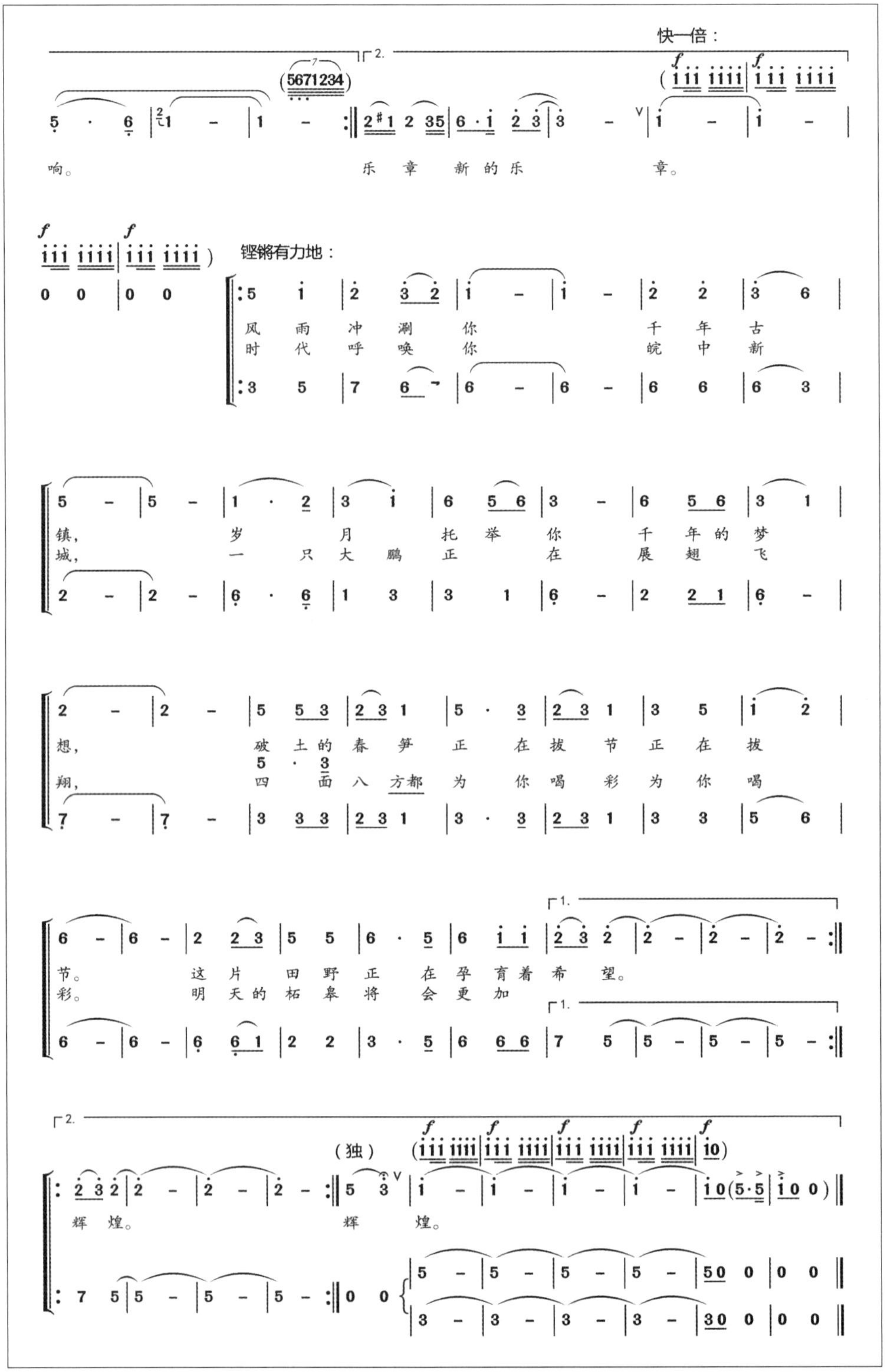

快一倍：
响。
乐 章 新的乐 章。
铿锵有力地：
风 雨 冲 涮 你 千 年 古 镇，岁 月 托 举 你 千 年 的 梦 想，破 土 的 春 笋 正 在 拔 节 正 在 拔 节。这 片 田 野 正 在 孕 育 着 希 望。
时 代 呼 唤 你 皖 中 新 城，一 只 大 鹏 正 在 展 翅 飞 翔，四 面 八 方都 为 你 喝 彩 为 你 喝 彩。明 天 的 柘 皋 将 会 更 加
（独）
辉 煌。
辉 煌。

主要参考文献

臧励龢等:《中国古今地名大辞典》，商务印书馆，1931 年。
苏洵:《苏洵集》（丛书集成本），商务印书馆，1936 年。
张岱:《夜航船》（丛书集成本），商务印书馆，1936 年。
沈钦韩:《春秋左氏传地名补注》（丛书集成本），商务印书馆，1936 年。
全祖望:《汉书地理志稽疑》（丛书集成本），商务印书馆，1936 年。
陈芳绩:《历代地理沿革表》（丛书集成本），商务印书馆，1936 年。
张廷玉等:《明史》，中华书局，1974 年。
司马迁:《史记》，中华书局，1975 年。
班固:《汉书》，中华书局，1975 年。
脱脱等:《金史》，中华书局，1975 年。
刘洵:《旧唐书》，中华书局，1975 年。
脱脱等:《宋史》，中华书局，1977 年。
钱泳:《履园丛话》，中华书局，1979 年。
陈鸿:《全唐文》（影印版），中华书局，1983 年。
王勉夫:《野客丛书》，广陵古籍刻印社，1984 年。
《巢湖市交通志》编纂委员会编:《巢湖市交通志》，安徽人民出版社，1990 年。
李心传:《建炎以来朝野杂记》（影印版），文物出版社，1991 年。
施丁:《汉书新注 · 古今地名对照表》，三秦出版社，1992 年。
陈基余、赵培根:《安徽大辞典》，上海辞书出版社，1992 年。
昌修云、杨恕:《柘皋志》，安徽人民出版社，1993 年。
洪迈:《容斋随笔》，吉林文史出版社，1994 年。

朱启新:《中国春秋战国教育史》，人民教育出版社，1994 年。

范文澜:《中国通史》，人民出版社，1994 年。

陈伟:《包山楚简初探》，武汉大学出版社，1996 年。

张秀平、毛元佑、黄朴民主编:《影响中国的 100 次战争》，广西人民出版社，1998 年。

左丘明:《左传》，岳麓书社，2001 年。

安徽省地方志编纂委员会编:《安徽省志·建置沿革志》，方志出版社，2003 年。

方兆本主编:《安徽文史资料全书（巢湖卷）》，安徽人民出版社，2006 年。

宁业高、张克锁主编:《远古巢湖》，安徽人民出版社，2009 年。

宁业高:《巢湖诗话》，黄山书社，2015 年。

编后记

《柘皋镇志》编纂工作始于2015年7月。柘皋镇党委、镇政府高度重视《柘皋镇志》的编纂工作，聘请钱凤超任《柘皋镇志》主编，朱鹤年任副主编，陆新生、刘三海、金远胜、高金华任《柘皋镇志》编委。原地级巢湖市人大常委会副主任苏士珩任总顾问，中国科技大学教授宁业高任学术顾问。

2016年12月，《柘皋镇志》完成初稿，先后报呈巢湖市、合肥市地方志办公室审核，在审核的基础上对《柘皋镇志》进行修改。2017年3月，安徽省地方志办公室组织专家对《柘皋镇志》进行评审，根据专家评审意见再次修改。2017年8月，《柘皋镇志》上报中国地方志指导小组办公室，根据专家审核意见先后进行三次修改，2019年7月，完善第6稿。

2020年5月，柘皋镇新聘杨临生任《柘皋镇志》主编，柳迎春任《柘皋镇志》副主编。2020年9月，《柘皋镇志》第7稿完成。根据专家评审和质检意见，2021年3月《柘皋镇志》第8稿完成。根据数次质检意见，2021年7月《柘皋镇志》第8稿修改完成。

《柘皋镇志》突出历史悠久、文化厚重、军事要地等内容。《柘皋镇志》行文力求达到文字简洁、用词准确、通俗易懂、可读性强。

《柘皋镇志》在编纂过程中，得到安徽省委党史研究院（安徽省地方志研究院）、合肥市委党史和地方志研究室、巢湖市委党史和地方志研究室、巢湖市文化和旅游局、巢湖市博物馆以及有关部门专家、学者的大力支持，在此谨向为编纂过程中付出辛勤劳动的所有人士致以衷心的谢意！

编纂《柘皋镇志》是一次全新的尝试，也是一次难得的学习机会。虽然大家作了很大努力，终因才疏学浅，缺乏编修经验，书中尚有纰漏之处，敬请各级领导、方志专家、修志同仁及社会各界人士和广大读者指正。

编　者

2021年7月

中国名镇志丛书

《周庄镇志》
《第一关镇志》
《钱清镇志》
《冶源镇志》
《角直镇志》
《同里镇志》
《三阳镇志》
《枫泾镇志》
《李庄镇志》
《天穆镇志》
《虎门镇志》
《小榄镇志》
《北庭镇志》
《青木川镇志》
《永宁镇志》
《沙家浜镇志》
《虞山镇志》
《泽国镇志》
《南翔镇志》
《千灯镇志》
《东山镇志》
《巴城镇志》
《阳澄湖镇志》
《松口镇志》
《震泽镇志》
《黎里镇志》
《浏河镇志》
《锦丰镇志》
《寨市苗族侗族乡志》
《汤池镇志》（安徽）
《湾头镇志》
《中心店镇志》
《乌镇志》
《保安镇志》
《德凤镇志》
《瑷珲镇志》
《王家坪镇志》
《穆云畲族乡志》
《北京街道志》
《王村镇志》
《八一镇志》
《双林镇志》
《棘洪滩街道志》
《凤凰镇志》
《烟店镇志》
《光福镇志》
《梅李镇志》
《高家堡镇志》
《杨岭镇志》
《金港镇志》

《云梯畲族乡志》
《马口镇志》
《杨舍镇志》
《杨店镇志》
《河图镇志》
《浔中镇志》
《孤山镇志》
《汤池镇志》（湖北）
《伍洛镇志》
《汤家汇镇志》
《陇城镇志》
《塘桥镇志》
《兴隆华侨旅游经济区志》
《胜坨镇志》
《来凤街道志》
《木渎镇志》
《锦溪镇志》
《黄龙溪镇志》
《店塔镇志》
《镇湖街道志》
《北七家镇志》
《瓜洲镇志》
《安仁镇志》
《浦口镇志》
《唐崖镇志》
《和顺镇志》
《老城镇志》
《里耶镇志》
《芙蓉镇志》
《博鳌镇志》
《唯亭街道志》
《重安镇志》
《炯炀镇志》
《张谷英镇志》
《鸦滩镇志》
《玉皇庙镇志》
《木洞镇志》
《采育镇志》
《下司镇志》
《德平镇志》
《龙池镇志》
《浦市镇志》
《黄楼街道志》
《冉庄镇志》
《金庭镇志》
《石牌镇志》
《元和街道志》
《古现街道志》
《光塔街道志》
《邵伯镇志》
《石杨镇志》
《杨柳青镇志》
《天桥街道志》
《柘皋镇志》
《西汇镇志》
《咸水沽镇志》
《茶阳镇志》
《崖城镇志》